高等院校经济管理类规划教材

数　字　贸　易

主　编　杜振华
副主编　蔺奕茗　曲　研

北京邮电大学出版社
www.buptpress.com

内 容 简 介

数字贸易是随着数字经济的发展而不断深入发展的贸易形式。人类社会正进入一个被称为"全球化4.0"的数字技术驱动的新时代。随着数字技术的发展及其在经济社会领域的广泛应用,商品贸易和服务贸易进一步发展延伸出数字贸易,国际分工和经贸往来开始由物理世界转向数字世界,引发全球数字贸易浪潮。本书主要研究探讨数字技术赋能贸易给整个国际贸易在理论和实践上带来的新影响、新变化。本书分为3个部分。第1部分为数字贸易理论,主要阐述导言、数字贸易的内涵、传统贸易生态链与数字贸易生态链、国际贸易理论和互联网理论在数字贸易中的适用性、数字贸易的主要内容。第2部分为数字贸易实务,主要包括数字贸易市场现状与数字贸易平台、数字贸易效应分析。第3部分为数字贸易政策与未来发展,主要介绍数字贸易规则、现行数字贸易政策体系、数字贸易的未来发展与中国的应对措施。

本书可作为普通高等学校经济学、国际经济与贸易、国际商务等专业本科生和研究生的教材,也可供对数字贸易感兴趣的读者学习和参考。

图书在版编目(CIP)数据

数字贸易 / 杜振华主编. -- 北京:北京邮电大学出版社,2024. -- ISBN 978-7-5635-7348-6

Ⅰ. F740.4-39

中国国家版本馆CIP数据核字第2024UT6642号

策划编辑:姚 顺　　责任编辑:刘春棠　王小莹　　责任校对:张会良　　封面设计:七星博纳

出版发行:北京邮电大学出版社
社　　址:北京市海淀区西土城路10号
邮政编码:100876
发 行 部:电话:010-62282185　传真:010-62283578
E-mail:publish@bupt.edu.cn
经　　销:各地新华书店
印　　刷:保定市中画美凯印刷有限公司
开　　本:787 mm×1 092 mm　1/16
印　　张:13.75
字　　数:351 千字
版　　次:2024年9月第1版
印　　次:2024年9月第1次印刷

ISBN 978-7-5635-7348-6　　　　　　　　　　　　　定价:45.00元

·如有印装质量问题,请与北京邮电大学出版社发行部联系·

前　言

人类社会正进入一个被称为"全球化4.0"的数字技术驱动的新时代。党的二十大报告指出,"发展数字贸易,加快建设贸易强国"。随着数字技术的发展及其在经济社会领域的广泛应用,以及全球数字经济的蓬勃发展,大量数据以及以数据形式存在的产品和服务开始出现,国际分工和经贸往来开始由物理世界转向数字世界,引发全球数字贸易浪潮,数字贸易成为驱动经贸发展的新动能。

近年来,我们团队在"国际通信服务贸易"和"国际数字服务贸易"教学中遇到了一些新的理论问题和实践问题,在对数字经济特别是数字贸易理论与实践进行研究、调查和探索的基础上,完成了本书的写作。希望本书能够为经济学、国际经济与贸易、国际商务等专业的本科生和研究生以及理论工作者,数字经济、数字贸易的研究人员、实际工作者提供关于数字贸易理论、实务、政策和未来发展的相关知识,为中国数字贸易的健康发展、为中国由数字大国变为数字强国并在数字贸易和数字规则竞争中以强者的姿态出现提供理论支撑。

本书由杜振华、蔺奕茗、曲研3位老师带领编写组成员共同完成,是集体智慧的结晶。本书的撰写分工如下:第1章由杜振华撰写,第2章由冯璐、王旭薇、刘佳瑶、杜振华撰写,第3章由曲研撰写,第4章由蔺奕茗、许文静、王佳慧撰写,第5章由杜振华撰写,第6章由许文静、王佳慧撰写,第7章由丁锋、王慧、潘航撰写,第8章由范美丽、陶炳思源撰写,第9章由曲研、冯璐、王旭薇、刘佳瑶撰写,第10章由丁锋、王慧、潘航撰写,参考文献的整理和部分图表的绘制由孙晓雯完成。本书由杜振华、蔺奕茗和曲研进行修改和完善,并由杜振华统稿和审定。

本书的出版得到了北京邮电大学经济管理学院出版基金的资助,在此表示衷心的感谢!

特别感谢北京邮电大学陈岩教授课题组组织的对数字企业、数字转型企业和5G通信技术应用的系列调研活动,感谢北京邮电大学出版社王晓丹老师、姚顺老师、刘春棠老师、王小莹老师给予的大力支持和帮助,感谢经济管理学院所有领导和同事给予的无私帮助。

在本书的写作过程中,我们团队参阅了大量的数字经济、数字贸易、网络经济、电子商务、国际服务贸易、国际技术贸易等方面的文献,特别是中国信息通信研究院的研究报告以及鼎韬产业研究院(以下简称"鼎韬")的研究成果,在此对这些文献的作者表示衷心的感谢!

数字技术对国际贸易活动广泛而深入的渗透给传统贸易理论带来许多新的挑战,数字贸易理论应该对数字贸易实践进行总结和指导。但目前,与数字贸易相关的书较少,本书将数字贸易领域的最新研究成果以理论、实务和政策3部分呈现出来,以供理论研究者与实践者参考。

  数字技术飞速发展并广泛渗透于国际经济活动之中,数字贸易新理论、新模式、新规则还在不断地发展和变化,本书所述观点可能已经发生变化或正在发生变化,因此,本书可能存在一些不当之处,恳请广大读者给予批评指正。

北京邮电大学经济管理学院

杜振华于经管楼

目　　录

第 1 部分　数字贸易理论

第 1 章　导言 ……………………………………………………………………… 3
1.1　数字贸易的产生和发展 …………………………………………………… 3
1.1.1　数字贸易的产生 …………………………………………………… 4
1.1.2　数字贸易的发展 …………………………………………………… 5
1.2　数字贸易的研究对象 ……………………………………………………… 6
1.2.1　数字贸易理论 ……………………………………………………… 7
1.2.2　数字贸易实务 ……………………………………………………… 8
1.2.3　数字贸易政策 …………………………………………………… 10
1.3　研究数字贸易的意义 …………………………………………………… 11
1.3.1　全球数字贸易日益凸显的重要性 ……………………………… 11
1.3.2　数字技术对全球化进程和国际贸易带来的影响……………… 13
1.4　数字贸易的研究方法 …………………………………………………… 14
1.4.1　唯物辩证法 ……………………………………………………… 15
1.4.2　实证分析法与规范分析法 ……………………………………… 15
1.4.3　历史与逻辑相统一的分析方法 ………………………………… 16
1.4.4　博弈论分析方法 ………………………………………………… 17

第 2 章　数字贸易的内涵 …………………………………………………… 19
2.1　数字贸易的定义 ………………………………………………………… 19
2.1.1　广义与狭义的数字贸易 ………………………………………… 19
2.1.2　数据资源的定义与类型 ………………………………………… 22
2.1.3　数字贸易的作用………………………………………………… 25

2.2 数字贸易的范围与特征 26
　　2.2.1 数字贸易的范围 26
　　2.2.2 数字贸易的特征 27
2.3 数字贸易与传统贸易的联系与区别 30
　　2.3.1 数字贸易与传统贸易的联系 30
　　2.3.2 数字贸易与传统贸易的区别 30
　　2.3.3 数字贸易与服务贸易的关系 32
2.4 数字贸易的测度 33
　　2.4.1 中国关于数字贸易的测度 33
　　2.4.2 国际组织关于数字贸易的测度 35

第3章 传统贸易生态链与数字贸易生态链 39

3.1 传统贸易生态链 39
　　3.1.1 传统贸易生态链的参与主体 39
　　3.1.2 传统贸易生态链的结构 41
　　3.1.3 传统贸易生态链的演变 42
3.2 数字贸易对传统贸易生态链的冲击 43
　　3.2.1 对生态链参与主体的冲击 43
　　3.2.2 对生态链内在结构的冲击 46
　　3.2.3 对生态链中贸易模式的冲击 47
3.3 数字贸易生态链 48
　　3.3.1 数字贸易生态链的参与主体 48
　　3.3.2 数字贸易生态链的内在结构 51
　　3.3.3 数字贸易生态链的演变 52

第4章 国际贸易理论和互联网理论在数字贸易中的适用性 56

4.1 传统贸易理论的适用性 56
　　4.1.1 比较优势理论 56
　　4.1.2 要素禀赋理论 58
4.2 数字贸易的理论基础 61
　　4.2.1 规模经济理论 61
　　4.2.2 异质性企业贸易理论 64
4.3 互联网理论对数字贸易的影响 67
　　4.3.1 长尾理论与利基市场 67
　　4.3.2 互联网四大效应理论 70

4.3.3　平台经济理论 …………………………………………………… 71

第5章　数字贸易的主要内容 ……………………………………………… 74
　5.1　数字技术贸易 ……………………………………………………………… 74
　　5.1.1　数字技术贸易的内涵与外延 ………………………………………… 74
　　5.1.2　数字技术对全球贸易的影响 ………………………………………… 75
　　5.1.3　数字技术贸易的主要内容 …………………………………………… 78
　5.2　数字产品贸易 ……………………………………………………………… 87
　　5.2.1　数字产品贸易的内涵 ………………………………………………… 87
　　5.2.2　数字产品中基于数字内容的贸易 …………………………………… 88
　　5.2.3　数字内容贸易的作用 ………………………………………………… 90
　5.3　数字服务贸易 ……………………………………………………………… 91
　　5.3.1　金融科技和跨境保险 ………………………………………………… 91
　　5.3.2　数字教育、知识产权和技术转让 …………………………………… 94
　5.4　数据贸易 …………………………………………………………………… 96
　　5.4.1　数据贸易的内涵及数据的特点 ……………………………………… 96
　　5.4.2　数据贸易对国际贸易市场的改变 …………………………………… 99

第 2 部分　数字贸易实务

第6章　数字贸易市场现状与数字贸易平台 …………………………… 103
　6.1　主要经济体数字贸易 ……………………………………………………… 103
　　6.1.1　美国数字贸易 ………………………………………………………… 103
　　6.1.2　欧盟数字贸易 ………………………………………………………… 106
　　6.1.3　日本数字贸易 ………………………………………………………… 109
　　6.1.4　中国数字贸易 ………………………………………………………… 111
　6.2　数字贸易平台 ……………………………………………………………… 114
　　6.2.1　数字贸易平台的含义 ………………………………………………… 114
　　6.2.2　数字贸易平台的产生和发展 ………………………………………… 115
　　6.2.3　数字贸易平台的种类 ………………………………………………… 118
　　6.2.4　数字贸易平台的作用 ………………………………………………… 119

第7章　数字贸易效应分析 ………………………………………………… 121
　7.1　数字贸易的经济效应 ……………………………………………………… 121

  7.1.1 数字贸易对消费者产生的经济效应 ················· 121
  7.1.2 数字贸易对生产者产生的经济效应 ················· 123
 7.2 数字贸易的创新效应 ······················· 124
  7.2.1 数字贸易与网络安全政策创新 ··················· 124
  7.2.2 数字贸易与贸易规则创新 ······················ 126
  7.2.3 数字贸易与技术创新 ·························· 130
 7.3 数字贸易的市场效应 ······················· 131
  7.3.1 数字贸易与贸易成本和对外贸易发展 ············· 131
  7.3.2 数字贸易与市场效率 ·························· 134

第3部分　数字贸易政策与未来发展

第8章　数字贸易规则 ·································· 139

 8.1 传统贸易规则向数字贸易规则的过渡 ··········· 139
  8.1.1 数字贸易发展对传统贸易规则的挑战 ············· 139
  8.1.2 电子商务规则向数字贸易规则的过渡 ············· 140
 8.2 WTO框架下的数字贸易规则 ················· 142
  8.2.1 WTO数字贸易规则的谈判背景 ················· 142
  8.2.2 WTO数字贸易规则的谈判进程 ················· 144
  8.2.3 WTO数字贸易规则的谈判内容与谈判障碍 ········ 147
 8.3 区域贸易协定中的数字贸易规则 ··············· 154
  8.3.1 美式数字贸易规则的主要内容及其主要特点 ········ 155
  8.3.2 欧式数字贸易规则的主要内容及其主要特点 ········ 157
 8.4 中国在贸易协定中的数字贸易规则 ············· 159
  8.4.1 中国在WTO框架下的数字贸易规则 ·············· 159
  8.4.2 中国在自由贸易协定中的数字贸易规则 ··········· 161
  8.4.3 "丝路电商"——电子商务合作备忘录 ············· 163

第9章　现行数字贸易政策体系 ······················· 166

 9.1 美国数字贸易政策体系 ······················ 166
  9.1.1 美国数字贸易政策的演变过程 ··················· 166
  9.1.2 美国数字贸易政策的主要特征 ··················· 171
 9.2 欧盟数字贸易政策体系 ······················ 172
  9.2.1 欧盟数字贸易政策的历史演变 ··················· 172

9.2.2 欧盟及其主要国家数字贸易政策的主要特征 …………………………… 174
9.3 日本数字贸易政策体系 ………………………………………………………… 175
9.3.1 日本数字贸易政策的历史演变 ……………………………………… 175
9.3.2 日本数字贸易政策的主要特征 ……………………………………… 176
9.4 中国数字贸易政策体系 ………………………………………………………… 177
9.4.1 中国数字贸易政策的历史演变 ……………………………………… 178
9.4.2 中国数字贸易政策的主要特征 ……………………………………… 182
9.5 数字贸易壁垒与数字贸易自由 ………………………………………………… 182
9.5.1 数字贸易壁垒 ……………………………………………………… 184
9.5.2 数字贸易自由 ……………………………………………………… 184

第10章 数字贸易的未来发展与中国的应对措施 ………………………………… 186

10.1 数字贸易的发展趋势 ………………………………………………………… 186
10.1.1 数字贸易的未来前景 ……………………………………………… 186
10.1.2 数字贸易规则与监管的发展趋势 ………………………………… 188
10.1.3 数字贸易技术的发展趋势 ………………………………………… 189
10.2 中国数字贸易面临的机遇与挑战 …………………………………………… 191
10.2.1 中国数字贸易面临的机遇 ………………………………………… 191
10.2.2 中国数字贸易面临的挑战 ………………………………………… 194
10.3 中国的应对措施 ……………………………………………………………… 198
10.3.1 构建互利多赢的数字贸易规则体系 ……………………………… 198
10.3.2 构建统一的数字贸易法律法规体系 ……………………………… 199
10.3.3 构建与数字贸易协同发展的产业集群 …………………………… 200
10.3.4 构建与数字贸易同步发展的人才体系 …………………………… 201
10.3.5 加快数字贸易基础设施建设 ……………………………………… 202

参考文献 ……………………………………………………………………………… 204

第1部分

数字贸易理论

第1章 导　　言

人类社会正进入一个被称为"全球化4.0[①]"的数字技术驱动的新时代[②]。"数字生态全球化"扑面而来,由此形成了一种主导经济的新型企业形态——数字生态共生体。数字经济已成为经济发展的一个核心引擎。随着现代信息通信技术的推广应用和数字经济的快速发展,以数据为生产要素、以数字服务为核心、以数字订购和数字交付为特征的数字贸易蓬勃兴起,成为数字经济时代的重要贸易方式。

新一轮的数字技术革命不是以一种主导产品或主导技术为基础,而是以具有革命性的发展价值观为指引,使几乎所有领域都发生了深刻的变化,并成为所有产业共同的经营工具和底层基础。

二战后不论是中国还是全球的经济发展,都离不开技术革命和国际化发展浪潮。从贸易全球化到制造全球化再到服务全球化,载体出现了货物—资本—智能化制成品+数字化服务的转变,即从有形向无形过渡,最终实现了有形和无形的结合[③]。中国正处于传统产业数字化转型升级的重要阶段,数字贸易发展的驱动力强劲。因此,研究数字贸易发展变化的规律,对于人类社会的全面发展与进步将起到重要作用。

1.1 数字贸易的产生和发展

技术革命在生产领域的变革以及全球化是全球贸易发展的两大根本驱动要素。全球贸易至今大致经历了3个阶段:传统商品贸易阶段、全球价值链贸易阶段和数字贸易阶段。与此相适应,经济全球化也大致经历了3个阶段:第一个阶段为跨境消费;第二个阶段为跨境生产和资本流动;第三个阶段为跨境信息和数据流动。同时,人类社会经历了4次全球化浪潮:第一次浪潮(1763—1946年)为以英国为代表的殖民时期,主要贸易对象为原材料和初级产品;第二次浪潮(1947—1994年)为以美国为代表的关税与贸易总协定(General

---

[①] 全球化4.0:在2019年达沃斯世界经济论坛(World Economic Forum)上提出,由世界经济论坛创始人兼执行主席克劳斯·施瓦布(Klaus Schwab)发布。全球化4.0是基于领先技术如人工智能、无人驾驶汽车,以及物联网等数字时代技术的变化之上的全球融合,是有赖于跨国的数字和虚拟系统的互联互通、理念和服务的融通,也就是智能化的全球化。在全球化4.0时代,人们更多地利用AI、大数据、机器人、物联网等,根据数据分析做出决策。

[②] 世界经济论坛在2019年发布了 *A Brief History of Globalization*。

[③] 《鼎韬观点:逆全球化时代下服务贸易的出路》,http://www.chnsourcing.com.cn/outsourcing-news/article/109445.html.

Agreement on Tariffs and Trade，GATT）规制阶段，贸易对象为产成品；第三次浪潮（1995—2015 年）为以中国为代表的世界贸易组织（World Trade Organization，WTO）规制阶段，贸易对象为中间品；第四次浪潮（2016 年以后）为数字经济阶段，贸易对象主要是数字产品等。

当前，数字化正改变着人类交易的对象和方式，使其从实体交付到可以通过数字化便利条件实现更广泛的物理贸易和虚拟贸易。技术革命是全球贸易发展的核心动力和根本影响因素。随着数字技术革命的兴起，数字技术给全球化进程和全球贸易带来了全面的影响和颠覆，全球化进入数字驱动的 4.0 阶段，从而催生了数字贸易这一全新的贸易形态[1]。

1.1.1 数字贸易的产生

一般认为，数字贸易是电子商务的发展与延伸，是数字技术革命背景下货物贸易和服务贸易利用数字技术后出现的新变化。从电子商务到数字贸易大体经过了 3 个阶段。第一个阶段即电子商务阶段，在这一阶段整个贸易活动实现了电子化。第二个阶段即跨境电子商务阶段，在这一阶段传统商务与贸易发展为电子商务，继而跨越国界发展为跨境电子商务。如今发展到第三个阶段，即数字贸易阶段。数字贸易是通过互联网传递产品和服务的国内商务和国际商务活动，其主要特征是交易内容数字化。

数字技术革命的核心特征就是带动全社会生产率特别是服务业生产率和全球化水平显著提高。在数字革命背景下，越来越多的服务领域高密度地使用数字技术，在生产、流通、消费和传播各个方面都产生了极为显著的规模经济，这源于许多网络服务的初始成本很高，而边际成本很低，特别是可复制的文化类、信息类服务更是如此。总体来看，服务业整体行业生产率显著提高，有些甚至超过了现代制造业。例如，网络上的教育类节目和文字信息可以无限次观看，边际成本极低，规模经济极为显著，效益递增几乎没有边界，任何制造业都无法与之相比。

在数字贸易时代，数据流牵引和驱动物流、服务流、技术流、资金流和人流，平台集聚资源，它们共同推动协同、提升效率、构筑生态。国际贸易活动从物理世界延伸至数字世界，深刻影响国际经贸的发展走势[2]。

经济合作与发展组织（Organization for Economic Cooperation and Development，OECD）、世界贸易组织、国际货币基金组织（International Monetary Fund，IMF）和联合国贸易与发展会议（United Nations Conference on Trade and Development，UNCTAD）于 2019 年发布了《数字贸易测度手册》（*Handbook on Measuring Digital Trade*，又简称 OECD-WTO 框架）第 1 版后，又于 2023 年 7 月 28 日发布了第 2 版，以期全面衡量和统计数字贸易中涉及的各方面问题。其将数字贸易定义为"所有通过数字订购和数字交付的贸易"，并对数字中介平台（Digital Intermediary Platform，DIP）的功能与作用进行了分析。因此，由上述定义可知，全部采用数字化技术支持或利用数字化技术本身所产生的贸易都属于数字贸易的范畴，这是数字贸易广义的定义，标志着数字贸易的诞生。

---

[1] 鼎韬，《全球化 4.0：数字贸易时代的到来》，2021 年 12 月。
[2] 鼎韬，《全球化 4.0：数字贸易时代的到来》，2021 年 12 月。

1.1.2 数字贸易的发展

随着互联网技术和数字技术的快速更迭,可进行数字化贸易的商品和服务的范围大幅拓展,数字贸易已成为国际贸易的重要组成部分。全球数字贸易的发展是以欧美为主导的,由于欧美的技术较为先进和成熟,发展起步较早,因此在进行全球数字贸易时其具有很大的优势,一直处于全球数字贸易的第一梯队中。

二战后,美国之所以一直作为世界第一大经济体存在,最主要的原因在于科技创新对生产率的提高和对社会经济的引领。图1-1所示为1950年以来美国的全要素生产率(Total Factor Productivity,TFP)的变化,TFP的每一次快速提升都意味着一次颠覆性的技术革命的发生。美国是数字贸易第一大国,数字贸易的发展被提升到国家战略层面。完善的数字产业体系、发达的网络基础设施和较强的科技创新能力使其成为世界数字贸易第一大国。UNCTAD的数据显示,2010—2020年,美国通过数字形式交付的服务出口规模从3,379.24亿美元增至5,330.93亿美元,占世界总额的近1/5,年均增速为4.66%①。

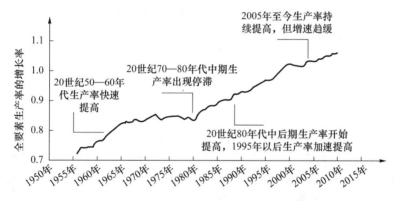

图1-1 1950年以来美国的全要素生产率的变化

(资料来源:鼎韬,《全球化4.0:数字贸易时代的到来》,2021年12月)

全球数字贸易蓬勃发展,数字贸易继制成品贸易、中间品贸易后,成为国际贸易的主体。UNCTAD报告的相关数据显示,全球数字服务贸易的占比由2011年的48%增大至2020年的63.6%②。全球数字服务贸易增长迅猛,2010—2020年间,全球通过数字形式交付的服务出口规模从1.87万亿美元增长至3.17万亿美元,年均增速为5.4%,数字贸易在全球服务贸易中的主导地位逐步显现③。据WTO预测,到2030年数字技术将促进全球贸易量每年增长1.8~2个百分点,全球服务贸易占比将从2016年的21%提高到25%,以数字贸易为核心的全球贸易竞争格局正在重塑,数字贸易规则主导权的争夺日益激烈。

从中国数字贸易的发展来看,根据商务部统计的数据,2019—2021年,中国可数字化交付的服务贸易进出口额从18,778.0亿元增至23,258.6亿元,增速从10.8%提升至

---

① 发声说财经,《全球、发达经济体数字贸易发展概况》,2022年6月8日。
② 前瞻,《2022年数字贸易行业发展研究报告 中国数字贸易展望分析》,2022年8月19日。
③ 发声说财经,《全球、发达经济体数字贸易发展概况》,2022年6月8日。

14.4%,其占服务贸易总额的比例由44.5%降为43.9%,疫情期间仅下降0.6个百分点,反映了数字贸易发展的韧性①。

2022年我国数据产量达8.1 ZB②,同比增长22.7%,全球占比达10.5%,位居世界第二(图1-2)。截至2022年年底,我国数据存储量达724.5 EB,同比增长21.1%,全球占比达14.4%③。数字贸易方兴未艾。

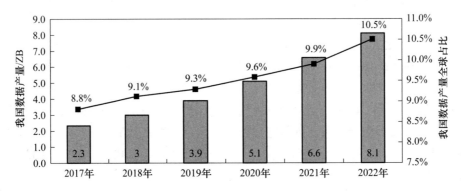

图1-2　2017—2022年我国数据产量及全球占比情况

(资料来源:国家互联网信息办公室,《数字中国发展报告(2022年)》)

1.2　数字贸易的研究对象

研究对象是一门学科能够独立存在的基本条件,是区分不同学科的主要标志。数字经济时代是"数据、技术与思维三足鼎立④"的时代。数字贸易的研究对象就是数字经济条件下数字贸易发展的理论、实务和政策。研究数字经济时代贸易方式的数字化和贸易对象的数字化及其发展规律,以运用这些规律加速数字经济社会的发展。

伴随着全球数字经济的蓬勃发展,大量数据以及以数据形式存在的产品和服务出现,在原有"物理国家"的基础上形成了"数字国家"。人们在日常生活中通过互联网获取的教育、医疗、娱乐等服务可能来自其他国家,工厂生产中的实时指令也可能来自其他国家。国际分工和经贸往来开始由物理世界转向数字世界,引发全球数字贸易浪潮。数字贸易成为中国的一项发展战略。党的二十大报告指出,"发展数字贸易,加快建设贸易强国"。因此,研究数字贸易理论、实务和政策,可为促进数字经济的发展助力。

---

① 鼎韬,《2021年中国数字贸易发展报告(简版)》,2022年5月。
② 计算机中数据的计量单位为比特(bit),它是计算机中最小的数据单位,每一位的状态为1或者0。一个字节(byte)可以存储一个英文字母或者半个汉字。数据单位有B、KB、MB、GB、TB、PB、EB、ZB、YB等。1 KB=1 024 B,1 MB=1 024 KB,1 GB=1 024 MB,1 TB=1 024 GB,1 PB=1 024 TB,1 EB=1 024 PB,1 ZB=1 024 EB。ZB,中文名是泽字节,外文名是Zettabyte,代表的是十万亿亿字节。
③ 国家互联网信息办公室,《数字中国发展报告(2022年)》。
④ 迈-舍恩伯格,库克耶.大数据时代——生活、工作与思维的大变革.盛杨燕,周涛,译.杭州:浙江人民出版社,2013.

1.2.1 数字贸易理论

数字贸易理论是研究如何利用数字技术和互联网进行经贸活动及其所遵循的客观经济规律的一系列理论。

建立数字贸易理论首先要明确数字贸易的内涵和外延,特别是从国民经济分类的角度明确统计上的边界,这样才能对行业的发展具有现实的指导意义①。数字贸易是数字技术赋能、以数据流动为关键牵引、以现代信息网络为重要载体、以数字平台为有力支撑的国际贸易新形态,是贸易模式的一种革命性变化,其内涵在不断地发展和丰富②。尽管全球已经进入了数字贸易时代,但目前仍然没有一个能够为贸易领域和理论界所普遍接受的数字贸易的统一定义。不同国家或国际组织对数字贸易的定义不同。最狭义的定义是将数字贸易定义为数据的跨境交易,而最广义的定义是将数字贸易定义为一切利用信息通信技术(Information and Communication Technology,ICT)进行的贸易活动。有的国家和研究机构认为数字贸易的重点在于数字服务贸易。总体来看,UNCTAD、OECD和WTO等国际组织基于统计的目的,采用宽口径的数字贸易概念,美国国际贸易委员会和欧盟等从数字化变革的角度出发,采用窄口径的数字贸易概念(图1-3),美国强调数字贸易的在线服务,欧盟将数字贸易定义为通过电子手段实现的商品或服务贸易。

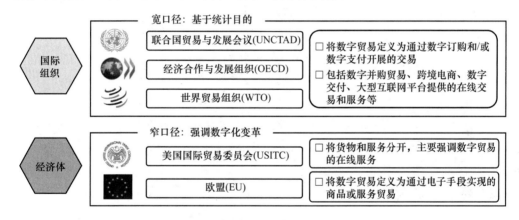

图 1-3 宽、窄口径的数字贸易概念

(资料来源:前瞻产业研究院,《2022年中国及全球数字贸易发展趋势研究》,2022年8月)

目前,中国采用宽口径的数字贸易概念,这样不仅可以更好地和UNCTAD、OECD、WTO等国际组织的概念对接,推动中国跨境电商的成熟实践上升为国际规则,而且可以更好地把跨境电商培育为贸易增长的新动能,丰富制度型开放的内涵,推动贸易强国、数字中国等国家重大战略目标的实现。

从数字贸易的定义出发,逐渐深入研究数字贸易活动,从而形成数字贸易理论,这是数字贸易研究的基本任务之一。数字贸易理论是分析国际数字贸易实践的工具,并随着数字贸易实践的发展和深入而不断完善;它提供了思考和分析数字贸易问题的框架,为数字贸易

---

① 鼎韬,《全球化4.0:数字贸易时代的到来》,2021年12月,第47页。
② 《数字化转型专家谈 | 中国信通院岳云嵩:如何把握数字贸易发展机遇?》,2022年9月1日。

实践提供了指导和支持。数字贸易理论的产生和发展离不开人们对数字贸易实践的观察和思考。数字贸易理论具有指导和引领数字贸易实践的功能,通过理论的指导,数字贸易实践可以更加科学和高效。同时,数字贸易理论还具有创新的功能,能够提出新的观点和假设,而数字贸易实践可以验证这些新的观点和假设,以推动理论的进一步发展。

纵观全球针对数字贸易的研究可以发现,数字贸易统计是基于服务贸易展开的,这是因为在相当程度上,数字贸易本质上就是服务贸易的数字化:一方面,服务贸易的十二大领域①的数字化转型为数字贸易提供了现实基础;另一方面,数字经济发展所产生的全新数字服务领域又丰富并扩大了服务贸易的内涵和外延。可以说,数字贸易天然就是服务贸易,是服务贸易的创新和发展,但服务贸易并不天然就是数字贸易②。同时,数字经济又是数字贸易的基础,没有强大的数字经济,就不会有数字贸易的快速发展;数字贸易是数字经济的支撑,没有数字贸易的推动,数字经济也就缺乏国际化的背景和支撑,很难跟上国际经贸发展的脚步。图 1-4 反映了数字经济、数字贸易与服务贸易之间的关系。

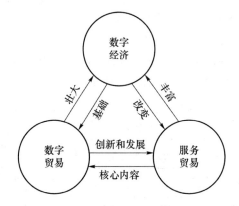

图 1-4　数字经济、数字贸易和服务贸易之间的关系

(资料来源:鼎韬,《2021 年中国数字贸易发展报告(简版)》,2022 年 5 月)

1.2.2　数字贸易实务

数字贸易实务是指以数字化技术为基础,以电子商务平台为载体,通过互联网等信息网络进行经贸活动的交易行为。马克思指出:"各种经济时代的区别,不在于生产什么,而在于怎样生产,用什么劳动资料生产。劳动资料不仅是人类劳动力发展的测量器,而且是劳动借

---

① 服务贸易的十二大领域:世界贸易组织划分的服务贸易的十二大领域也即十二大类,包括商业服务(包括专门服务和计算机服务)、通信服务、建筑及相关工程服务、金融服务(包括银行和保险服务)、旅游及与旅行相关的服务、娱乐文化与体育服务、运输服务、健康与社会服务、教育服务、分销服务、环境服务及别处未包括的其他服务。2010 年,联合国、联合国贸易与发展会议、欧盟统计局、国际货币基金组织、经济合作与发展组织、世界旅游组织、世界贸易组织等 7 个国际组织对《国际服务贸易统计手册》进行了修订。《国际服务贸易统计手册》(MSITS 2010)按照《国际收支服务扩展分类》(EBOPS 2010),将服务贸易分为十二大类,分别是对他人拥有的有形投入进行的制造服务,别处未包括的保养和维修服务,运输,旅行,建筑,保险和养恤金服务,金融服务,别处未包括的知识产权使用费,电信、计算机和信息服务,其他商业服务,个人、文化和娱乐服务,别处未包括的政府货物和服务。各国定期向世界贸易组织上报该分类标准下的服务贸易统计数据。

② 鼎韬,《2021 年中国数字贸易发展报告(简版)》,2022 年 5 月。

以进行的社会关系的指示器。"①

每一次科技革命都会推动社会经济的全球化发展。纵观世界科技发展史,从19世纪50年代的蒸汽机革命,到20世纪50年代的电力革命,再到20世纪90年代的信息革命(信息技术和互联网的普及),全球化走过1.0、2.0、3.0阶段,人类社会正进入一个被称为"全球化4.0"的数字技术驱动的新时代。颠覆性的技术革命是新质生产力发展的基础,能够对各行各业产生影响,从而提高社会整体的生产率。它会颠覆既有的生产方式,从而产生"创造性毁灭"的效果。回顾国际贸易的发展进程,用全球进出口贸易总额占GDP的比重来衡量国际贸易的繁荣程度,可以发现,领先国家科技创新带动生产率大幅提升后,国际贸易和全球化就会进一步达到一个新的高度②。

在信息技术背景下,信息成本和运输成本持续下降,生产过程愈发呈现出"跨国碎片化"的特征,这从根本上改变了国际贸易的方式,即从商品贸易转向了生产任务和活动的贸易。生产者在价值链序列的生产过程中附加价值,并以中间品的形式将其传递给下一个生产者,经过多阶段的生产和多次跨境交易,其最后到达最终需求者手中。这就是全球价值链(Global Value Chain,GVC),全球价值链的兴起极大地改变了全球的生产格局和贸易方式③。

进入数字经济时代的当下,全球数字贸易活动是数字贸易理论的源泉和检验场,它是对数字贸易理论的实际验证,也是数字贸易理论实践化和具体化的过程。国际数字贸易在不断的贸易活动中推动数字贸易理论形成、发展和不断完善。在数字贸易活动中,人们会遇到各种具体的问题和挑战,解决这些问题和面对这些挑战,就可以不断地丰富和完善数字贸易理论,使其能更好地指导实践。

数字技术对社会生产力产生的影响是革命性的,它提供了一种更加先进的生产方式,赋能、赋值、赋智社会各领域,对各行各业产生影响,进而提高整个社会的生产率。数字贸易与数字技术紧密联系。数字技术在数字贸易中一直扮演着关键角色,今天人类正处于一个史无前例的技术变革时代,一系列撬动互联网的数字技术创新都会产生重大影响,如物联网、人工智能、3D打印和区块链等,都有可能深刻地改变贸易方式、贸易对象和贸易标的。因此,研究数字贸易活动和分析数字技术对贸易活动的渗透,将为数字贸易理论的构建和完善提供丰富的实践来源。

从国际上看,全球很多国家正在借助数字技术塑造新的更强的竞争力:美国打造"创新纽约",英国部署"智慧伦敦",日本建设"智慧东京",中国北京打造"数字标杆城市",都在加速推动数字贸易的发展。种种迹象表明:数字贸易正在成为全球数字经济发展的新趋势,成为拉动经济复苏和创新的强劲引擎。而数字贸易理论也将在数字贸易活动中不

---

① 马克思,恩格斯.马克思恩格斯文集(第5卷)[M].中共中央马克思恩格斯列宁斯大林著作编译局,编译.北京:人民出版社,2009:210.
② 鼎韬.《全球化4.0:数字贸易时代的到来》,2021年12月。
③ 鼎韬.《全球化4.0:数字贸易时代的到来》,2021年12月。

断得以完善,并用在"不确定的时代,不稳定的生活"中,在转型的世界中塑造人类的未来①。

1.2.3 数字贸易政策

数字贸易政策是指一国政府为促进数字贸易的发展而制定的各种激励微观主体贸易发展的引导性措施。政府对经济活动进行干预主要是因为市场机制失效。而数字贸易政策是政府对经济活动进行干预的重要工具。政策是国家或政府为了实现一定历史时期的任务和目标而制定的行动准则。在数字经济条件下,认识和掌握数字贸易的发展规律,是为了使构建的数字贸易政策和规则符合数字贸易的发展规律,从而使数字贸易的发展更加有序和富有效率,营造更加开放包容、平等合作、高效监管、风险可控的制度环境。研究世界各国的数字贸易政策,可以更好地使数据在各国安全便利地流通,促进世界各国资源的优化配置,激发各个国家的创新活力。

国家政策一般分为对内与对外两大部分。对内政策一般包括经济政策、文化教育政策、军事政策、劳动政策、宗教政策、民族政策等。对外政策即外交政策,主要是用于处理与其他国家、国际组织和区域组织的政治、经济、文化、军事等事务的政策。

数字全球化使得政策的选择更加复杂。各国的对外贸易政策渗透在方方面面,特别是渗透在与世界各国和国际贸易组织、区域贸易组织达成的各种协议中。截至 2022 年 7 月底,全球包含数字贸易的全面协定已达 120 个,涉及约 70% 的 WTO 成员②。这些数字贸易协定都可以作为数字贸易政策的研究对象,对各国数字贸易政策的精准把握会使与相应国家的数字贸易更加顺畅。

通过对数字贸易政策的研究,推动完善数字贸易的国际规则。数字贸易的不断发展将逐渐改变现有的国际贸易规则,有效的多边国际贸易规则对全球数字贸易的健康发展都具有重要意义。因此,积极参与数字贸易国际规则制定,与世界各国共商共建共享新的国际规则体系,不仅有助于扩大国际贸易规模,而且有利于缩小发达国家与发展中国家之间的数字鸿沟,促进世界各国贸易均衡协调发展。

目前全球化的衡量方式正在逐渐发生变化,衡量内容更多地表现为数据的跨境流动,也就是数字设计、数字服务和数据交易等;支付方式逐渐从纸币向数字货币转移。贸易能否发展的关键因素是数据能否在国际上安全流动等,尤其是最后一公里的配送、网络的安全等③。发展数字贸易平台,培育数字贸易新业态,促进数字贸易快速发展,都需要掌握数字贸易的发展规律,制定适宜的、与时俱进的数字贸易发展政策。

---

① 联合国开发计划署年度报告,《2021/2022 年人类发展报告——不确定的时代,不稳定的生活:在转型的世界中塑造我们的未来》。
② 陈红娜,罗雨泽,《全球数字贸易规则制定的挑战与应对》,中国日报,中国观察智库,2022 年 12 月 1 日。
③ 宋德勇,《数字贸易,一扇全新机遇之门》,智纲智库战略研究院,2022 年 4 月 22 日。

1.3 研究数字贸易的意义

大力发展数字贸易,发挥中国海量数据和超大规模市场优势,对于畅通经济循环,助力经济全球化发展,加快构建新的发展格局,推动全球价值链变革,更好地满足人民群众的美好生活需要具有重要意义。

1.3.1 全球数字贸易日益凸显的重要性

数字经济正在成为重组全球要素资源、重塑全球经济结构、改变全球竞争格局的关键力量,数字贸易作为全球数字经济发展的新趋势,正在成为拉动经济复苏和增长的强劲引擎。

数字贸易成为继制成品、中间品贸易之后国际贸易的主体。根据联合国贸易与发展会议报告的相关数据,全球数字服务贸易占服务贸易的比重由2011年的48.00%增长至2020年的63.60%。预计到2030年,其占服务贸易的比重为75.00%[①](图1-5)。

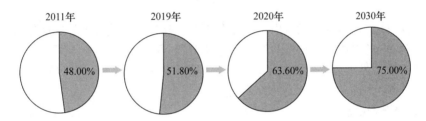

图1-5 2011—2030年全球数字服务贸易比重的变化

(资料来源:前瞻,《2022年数字贸易行业发展研究报告 中国数字贸易展望分析》,2022年8月19日)

1. 是新一轮大国竞争的焦点

全球数字贸易的发展是以欧美为主导的,由于欧美的技术发展较为先进和成熟,发展起步较早,因此在进行全球数字贸易时其具有很大的竞争优势,一直处于全球数字贸易的第一梯队。图1-6所示为2020年全球可数字化服务贸易进出口额排名前十的国家。美国无论出口额还是进口额排名均为第一,而中国出口额排名为第六,进口额排名为第五。另据联合国贸易与发展会议的数据,2011—2020年,中国数字贸易规模由1,684.3亿美元增至2,939.9亿美元,年均增长6.7%,全球排名由第十快速上升至第五。2022年中国数字服务进出口总额为3,710.8亿美元,同比增长3.2%,占服务进出口额的比重为41.7%。其中,数字服务出口额为2,089.1亿美元,同比增长7.2%,超过世界平均水平;数字服务进口额为1,621.6亿美元,同比下降1.6%[②]。发展数字贸易,既是中国高质量发展的需要,也是应对新一轮全球竞争的有力方式。

发展数字贸易可促进中国贸易的高质量发展。从贸易规模来看,在传统贸易势头逐渐减弱的情况下,数字贸易将为中国贸易规模持续稳定增长提供重要动力;从贸易结构来看,

---

① 前瞻,《2022年数字贸易行业发展研究报告 中国数字贸易展望分析》,2022年8月19日。
② 国务院发展研究中心对外经济研究部,中国信息通信研究院,《数字贸易发展与合作报告2023》。

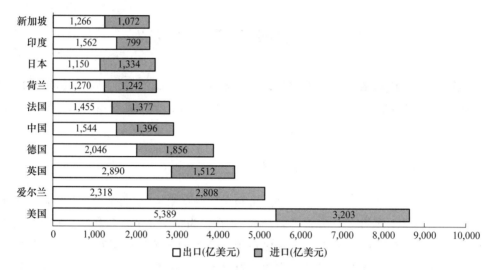

图1-6　2020年全球可数字化服务贸易进出口额排名前十的国家

(资料来源:UNCTAD)

发展数字贸易有利于中西部地区、中小企业和更多差异化产品获得贸易发展机遇,促进中国贸易区域结构、市场主体结构和产品结构的优化升级;从贸易竞争的角度来看,在世界主要国家抓住数字贸易发展机遇的背景下,发展数字贸易是中国构建新的贸易比较优势和竞争优势,从贸易大国向贸易强国转变的重要起点。

2. 提升消费者福利水平

从消费者角度来看:

(1) 数字贸易可以直接或间接增加交易产品的种类和数量,提升消费者福利水平。在传统贸易模式下,可交易产品主要是有形实物产品和生产要素。数字贸易的出现和发展将催生更多的数字消费品。在原有传统可贸易产品的基础上,原有非贸易产品将成为可贸易产品,可贸易产品的种类增加。随着数字经济的快速发展,数字产品和服务的类型进一步丰富,为消费者带来新的福利。

(2) 随着互联网和数字技术继续与金融、保险、娱乐、教育、医疗、零售等多个行业深度融合,数字贸易将渗透到几乎所有行业,促进大多数传统贸易产品转型升级,增加贸易产品的种类。

(3) 数字贸易可以降低交易成本,有利于促进贸易企业新产品的研发,间接增加贸易商品的种类,促进贸易商品价格下降。具体来说,从微观主体、市场效率和全球贸易发展势头来看,数字贸易可以产生直接的外部经济效应。1996—2014年,数字技术使全球贸易成本下降15%[①],尤其是服务业贸易成本下降明显,对于发展中国家而言,这种下降尤其明显。

3. 为创新提供新的动力来源

数字贸易通过数据流动强化各产业间知识和技术要素共享,推动贸易产品和服务的价值提升。从生产者角度来看,数字贸易可以为全球价值链的发展提供新的动力。经过几十年的发展,全球有形产品的生产分工已经非常深入,其全球价值链越来越长,协调成本越来

---

① 《WTO展望2030:数字技术将从根本上改变全球贸易》,第一财经,2018年10月4日。

越高。一些分工的成本已经超过了分工的收益,这也是近年来全球生产分工深化和放缓的重要原因。

数字技术的广泛应用和数字贸易的快速发展不仅可以降低现有产品全球价值链的组织和协调成本,还可以提供一系列新的可交易产品和相应的全球新产品价值链。数字贸易有望继续为全球价值链提供新的动力,推动构建新的全球价值链体系,开辟新的发展路径,推动全球价值链转型升级。WTO在《2018年世界贸易报告》中认为,新技术可以通过降低运输和存储成本来降低贸易成本,同时也可以减少运输时间,而更好的物流也可以消除交货时间的不确定性。这些成本通常在整体贸易成本中占较大的比重。同时,区块链和人工智能技术的结合可以大幅降低企业在海关和物流方面所花费的时间:两大技术结合的最大潜力在于运输"时限紧迫"的货物,如与全球价值链息息相关的产品或易腐产品。

4. 打破贸易壁垒和降低信息不对称程度

从市场效率角度来看,数字贸易可以打破贸易壁垒,降低信息不对称程度。数字贸易的发展和数字技术广泛应用的直接作用是增加市场信息,促进市场参与者之间的互动,提高市场效率。数字贸易的集约化、无边界化和平台化发展趋势将使贸易参与者之间的联系更加紧密,有效降低信息不对称程度,实现生产要素的有效配置。

1.3.2 数字技术对全球化进程和国际贸易带来的影响

数字技术对整个社会经济产生了重大影响,数字化已经改变了传统的货物贸易和服务贸易的方式,创造出更多新的产品和新的交易方式。数字贸易不仅是数字经济的重要组成部分,也是全球贸易发展的新趋势。随着数字技术的发展及应用,数字经济迅猛发展,数字贸易越来越多地影响世界经贸格局。数字技术对全球化进程和全球贸易本身带来了颠覆性的影响,带动全球化进入数字驱动的4.0阶段,催生了数字贸易这一全新的贸易形态。

1. 数据流、信息流逐渐成为国际贸易往来的主体

数字贸易是信息通信技术发挥重要作用的贸易形式,其突出特征在于贸易方式的数字化和贸易对象的数字化。数字经济是数字贸易的基础,数字贸易是数字经济的重要组成部分,也是发展外向型数字经济的主要载体。

随着数字技术与产业加速融合,数据流、信息流逐渐成为国际贸易往来的流动性主体,有形的商品货物伴随着无形的数据信息进行流转,带动了相关的金融、保险、结算、电子商务、供应链管理等数字服务出口,提升了传统贸易价值链的增值水平。同时,数字贸易打破了有形货物贸易的流进流出方式,突破了传统贸易的时空约束,加速了全球资金、技术、人才、知识、数据、服务等要素的流动,不断拓展了服务可贸易的边界,并提升了规模经济和范围经济效应。

2. 全球化分工呈现精准化和精细化趋势

数字技术使市场更加公开、透明,信息流转更为迅捷,全球价值链中各个国家的定位、分工、分配关系出现不同程度的变化。WTO在2018年世界贸易报告中指出,数字技术正在将供应链管理从一种线性模型(供应商—生产商—分销商—消费者)转变为一种更综合的信息向多个方向同时流动的模型。

3D打印技术的应用可能会对未来全球价值链产生重大影响。从长远来看,3D打印可能会在某种程度上替代传统的制造方法,减少对外包生产、装配、仓储、分销、零售和包装的需求。WTO还在报告中指出,伴随着3D打印技术的大规模使用,全球价值链不仅有可能变得更短(生产中心靠近每个大客户群或靠近创新中心),而且还可能变得非常不同,即全球价值链将以跨境交换数据的设计和软件形式出现,而不是以跨境商品和服务的交换形式存在了。

一般认为,技术对贸易的影响将超过关税:仅3D打印技术一项就将减少高达40%的商品贸易。WTO预计到2030年,数字技术将使全球贸易增加34%,并重塑全球价值链,可能会改变世界贸易的既定方式,并使得各经济体的比较优势发生变化。

数字贸易通过人工智能、大数据和云计算等技术的应用实现实体货物、数字产品与服务、数字化知识与信息的精准交换,进而推动消费互联网向产业互联网转型并最终实现制造业智能化的新型贸易活动,是世界经济发展的新引擎,为发展中国家提供了机遇。互联网的存在使生产者和消费者可以直接进行货物和服务的交易,分销商的角色作用减弱,甚至消失,这大大降低了贸易成本,增加了贸易利润。

3. 技术变革颠覆了人们对传统贸易的认知

越来越多的贸易通过数字平台开展,随着物流方式的日新月异,技术变革颠覆了人们对传统贸易的认知。数字贸易通过数字技术和数字服务带来了各领域的颠覆性创新,催生了大量贸易新业态、新模式,为全球经济增长注入了新动力。

数字技术深刻地改变了贸易主体、贸易方式和贸易形态,推动了跨境贸易效率的提高、国际分工的深化和变革。在数字技术赋能下,传统贸易行为从产品搜寻、商业谈判、交易发生、资金兑付、货物运输、服务交付到最终交易完成的全过程的效率大大提高,时间周期从季结、月结走向现结、秒杀。例如,数字贸易最典型的模式——跨境电商通过打通生产、流通与支付等全链体系,实现了海外消费者数据与国内供应链的深度融合,让国内出口的商品能更好地匹配全球消费者需求,进而引导本土制造与海外消费进行更精准的对接,大大降低了终端零售成本。

未来货物贸易和服务贸易之间的差距会逐渐缩小,尤其对于贸易者以及贸易谈判者来说,更多的货物会变成实际上的数字或者数据传输。因而数据的流动愈发重要。数据流量呈爆炸式指数增长。此外,3D打印技术不会使得货物贸易的量明显增加,但会使更多的数据进行跨境传输。技术的应用使贸易成本下降,这对于发展中国家以及各国的小企业来说尤为重要。如果有配套的相关政策,那么发展中国家在全球贸易中的份额会越来越大。

通过使用亚马逊(Amazon)、脸书(Facebook)和阿里巴巴(Alibaba)等数字平台与其他国家的客户和供应商联系,世界各地的小企业逐渐成为"微型跨国公司"。即使规模很小的企业也可以成为国际性企业。

数字贸易引领全球贸易升级迭代。在数字时代,数字化赋能的新业态、新应用正在改变传统服务贸易的形态和路径。数字贸易正日益成为数字经济的重要组成部分和全球贸易发展的重要趋势。

1.4 数字贸易的研究方法

数字贸易是一门理论性与实践性紧密结合且实践性突出的经济学应用学科,因而其在研究方法、分析方法和叙述方法上必然吸收了现代科学哲学的优秀成果,逐渐形成了一套科学的研究分析方法。马克思说:"分析经济形势,既不能用显微镜,也不能用化学试剂。二者必须用抽象力来代替。"①一方面,将一般经济理论特别是国际贸易理论从数字贸易的角度进一步深化和重新阐释;另一方面,以一般经济理论、国际贸易理论和信息经济理论以及数字技术应用为基础,在互联网思维下,对数字贸易实践进行理论性分析和凝练。同时,数字贸易也是一门在数字经济中探索数字贸易实践运行规律并将其上升为数字贸易理论,继而将数字贸易理论应用于全球的数字贸易实践,为数字贸易实践提供科学的理论依据、指导数字贸易实践的应用性学科。互联网思维是具有数字时代特征的思维,是以互联网技术为思维基础,以重视、适应、利用互联网为思维指向,以收集、积累、分析数据,激发数据内在价值为思维特点的思维方式。

1.4.1 唯物辩证法

唯物辩证法是马克思主义创立的科学的研究方法,是自然科学和社会科学研究都必须遵循的科学的方法论。唯物辩证法包括三大规律:对立统一规律、量变质变规律和否定之否定规律。数字贸易是随着数字技术的应用和数字经济的发展而迅速发展的领域。要完全认识和掌握数字贸易的内在本质和发展规律,就必须有成熟的数字贸易发展实践。然而,目前数字贸易方兴未艾,对于数字技术融入传统贸易领域所带来的深刻变化,人们还不能很快地发现其所有的内在规律,特别是现象背后的本质,更需要人们进行深入而细致的分析和挖掘,并通过实践反复检验。

同时,人类对数字贸易领域的认识不是一次完成的,而是一个多次反复、无限深化的过程。数字贸易实践是数字贸易理论得以建立的基础,是数字贸易理论的来源和发展动力。因此,本书所揭示的部分理论和规律可能具有暂时性,对数字贸易实践不具有永久的指导性和前瞻性。希望通过不断发展和成熟的数字贸易实践来完善数字贸易理论。

数字贸易理论将随着数字贸易实践的发展而不断完善。人的认识是一个不断深化、能动的辩证发展过程。认识的辩证法表现在认识和实践的关系上,认识来源于实践,又反过来指导实践,为实践服务。因此,只有在深入分析社会现实的基础上,借助于大数据分析挖掘技术,运用人类的抽象思维能力,剥离那些外在的、偶然的、非本质的关系,才能探寻到事物内在的、必然的、本质的联系,这是建立科学理论体系的必由之路。

1.4.2 实证分析法与规范分析法

实证分析法和规范分析法是两种相互联系又相互区别的研究方法。一般来说,数字贸易的研究方法是这两种具体研究方法的统一。

1. 实证分析法

实证分析法是指按照事物的本来面目来描述事物,说明研究对象究竟"是什么"的方法。实证分析法的主要特点是通过对客观存在事物的验证,即所谓"实证",来概括说明已有的结

---

① 马克思.资本论(第一卷)[M].中共中央马克思恩格斯列宁斯大林著作编译局,编译.北京:人民出版社,1975.

论是否正确。它的主要作用是弄清楚事物的来龙去脉,进而得出事物究竟是什么的结论。

将实证分析法运用于数字贸易分析中,就是通过对数字贸易活动实际情况的分析与描述,阐述数字贸易活动的现实情况,对国际经贸活动产生了什么样的影响以及将来会有怎样的发展趋势,各国政府如何通过政策博弈抢夺数字贸易规则的制定权,在协调各国之间的利益关系中最大化实现本国在数字贸易中的利益。

2. 规范分析法

规范分析法是指根据一定的价值判断提出某些标准并将其作为分析处理经济问题的标准,通过分析,回答"应该是什么"的问题的方法。规范分析法的主要特点是在进行分析以前,要先根据一定的价值判断确定相应的准则,再依据这些准则来分析判断研究对象目前所处的状态是否符合这些准则,如果不符合,那么其偏离程度如何,应当如何调整等。

将规范分析法运用于数字贸易,就是要根据一系列准则来分析和判断现行数字贸易活动是否与国际既定准则以及贸易活动的便利化相符合,必须突破哪些限制才有利于数字贸易的发展。至于如何运用规范分析法研究数字贸易行为,则要视具体的研究对象而定。例如,数据安全与国家安全问题、企业秘密和个人隐私问题、数据伦理问题等都是数字贸易必须遵循的道德准则和安全底线。如果将规范分析法用于对现行数字贸易规则的研究,就需要根据各国数字经济发展所处的不同阶段,来分析和判断现行数字贸易规则是否符合这些规则,如果不符合,那么究竟在哪些方面存在偏离,应当如何协调各国的不同诉求才能使数字贸易规则能平衡各国之间的利益。

3. 实证分析法与规范分析法之间的关系

对数字贸易理论乃至所有经济学理论来说,实证分析法和规范分析法具有同等重要的作用。作为研究和分析的方法,两者只是适用的条件、服务的目的不同而已。两种分析方法是相互联系、相互补充的。在数字贸易的研究中,一方面,在运用规范分析法研究某些问题时,常常需要运用实证分析法论证数字贸易与既定准则之间的符合程度;另一方面,在运用实证分析法研究某类国际规则与各国政府政策问题时,常常需要运用某些既定准则来验证分析结果。此外,某些规范分析准则实际上也是人们在实践探索的基础上,运用实证分析法概括、归纳、抽象和总结出来的。

1.4.3 历史与逻辑相统一的分析方法

分析思维坚持历史与逻辑的统一,也就是思维的逻辑进程与客观的历史进程相统一。思维方法本质上是主体化了的客观事物的规律,是在客观规律的基础上依据主体需要而形成的思维规则、工具和手段。

所谓历史,一是指认识对象本身的发展史;二是指人们对认识对象的认识的发展史。所谓逻辑,是指理性思维以概念、范畴等思维形式所构建的理论体系。历史法是对数字贸易发展的归纳,它是通过对数字贸易发展的事实和经验的概括与抽象,归纳出数字贸易发展的本质和规律的方法。逻辑法是通过逻辑的演绎,以基本假设或基本概念为前提或起点,通过严密的逻辑分析,推导出一定结论的方法。历史和逻辑相统一是指主观的逻辑要以客观的历史为基础和内容,逻辑是历史的理论再现。恩格斯说:"历史从哪里开始,思想进程也应当从哪里开始。而思想进程的进一步发展不过是历史过程在抽象的、理论上前后一贯的形式上的反映;这种反映是经过修正的,然而是按照现实的历史过程本身的规律修正的。"[①]历史分析与逻辑分析相统一,就是要求在数字贸易的分析研究中要有广阔的视野,能够从数字贸易的产生和实践的发展中,掌握其发展规律和未来的发展趋势。

逻辑与历史相统一并不是无差别的等同,逻辑反映历史,应抛弃数字贸易发展中大量非本质的、非主流的、偶然的东西,集中反映数字贸易发展中本质的、主流的、必然的规律,从而形成数字贸易理论体系。数字贸易理论反映了数字贸易发展的历史和实践是一个不断修正的过程,"是按照现实的历史过程本身的规律修正的"。这种不断修正的结果不是对历史的背离,而是以严密的逻辑、前后一贯的形式对历史的深刻反映。

历史法是逻辑方法的基础,没有对数字贸易发展历史的考察,逻辑的分析便会脱离实际,流于空泛;逻辑法是历史方法的依据,没有对事物发展的内部逻辑关系的分析,历史的考察就会成为杂乱无章的事实堆砌。

1.4.4 博弈论分析方法

博弈论(Game Theory)在国际贸易分析研究中被广泛应用。博弈论最早是由德国数学家戈特弗里德·威廉·莱布尼兹(Gottfried Wilhelm Leibniz)于1710年提出的。1944年数学家约翰·冯·诺伊曼(John von Neumann)和经济学家奥斯卡·摩根斯坦(Oskar Morgenstern)在《博弈论与经济行为》一书中首次把博弈论应用于经济分析,并取得了成功。之后这一研究在约翰·纳什(John F. Nash)、莱因哈德·泽尔腾(Reinhard Selten)和约翰·海萨尼(John Harsanyi)等一批数学家和经济学家的努力下又获得了进一步的发展。

博弈论也称对策论,是研究在某种竞争下,当成果无法由个人完全掌控,而结局需视局中人共同决策而定时,个人为了取胜应采取何种策略的一种数学理论和方法。它是应用数学的一个分支,也是运筹学的一个重要组成部分。

博弈分为合作博弈和非合作博弈两种类型。合作博弈也称正和博弈,假设存在一种制度,其对局中人之间的任何协议都有约束力,博弈的结果是使博弈双方的利益都有所增加,或至少是一方的利益增加,而另一方的利益不受损害,因而整个社会的利益有所增加。合作博弈研究人们达成合作时如何分配合作得到的收益,即收益分配问题。合作博弈采取的是一种合作的方式,或者说一种妥协的方式。妥协之所以能够增加妥协双方的利益以及整个社会的利益,是因为合作博弈能够产生一种合作剩余。而数字贸易中数字规则的博弈就是一种合作的博弈。非合作博弈是指参与者不可能达成具有约束力的协议的博弈类型。非合作博弈研究人们在利益相互影响的局势中如何决策使自己的收益最大,即策略选择问题。负和博弈和零和博弈统称为非合作博弈。合作博弈和非合作博弈的区别在于相互发生作用的当事人之间有没有一个具有约束力的协议:如果有,就是合作博弈;如果没有,就是非合作博弈。

---

① 马克思,恩格斯.马克思恩格斯选集(第2卷)[M].中共中央马克思恩格斯列宁斯大林著作编译局,编译.北京:人民出版社,1972:122.

博弈论作为一门方法论科学,提供了分析和解决国际经贸问题独特而新颖的战略思维的思想方法。如何进行国际合作,在遵守共同贸易规则下进行竞争;如何解决数字贸易中面临的共同问题,如数据的国际流动、数字贸易国际规则的确立、数字贸易壁垒问题;如何进行双边与多边数字贸易协作;等等。数字贸易作为应用性学科,包括对企业理性、国家理性以及国际数字贸易秩序的矛盾与相容的研究,因此采用博弈论的方法研究数字贸易将为研究各种经济现象开辟全新的视角。

当然,除了以上研究分析方法之外,演绎和归纳分析方法等也是研究分析数字贸易的基本方法。随着数字贸易的发展,还会有新的研究方法不断涌现。总之,一个数字贸易学科体系正在逐步形成,并在数字贸易的发展中不断得到完善。

本章关键词

数字贸易的研究对象　互联网思维　实证分析　规范分析　历史和逻辑相统一的分析方法　合作博弈　非合作博弈

本章思考题

1. 数字贸易的研究对象有哪些?
2. 研究数字贸易的意义是什么?
3. 简述数字贸易的主要研究方法。

第 2 章 数字贸易的内涵

数字贸易是生产力发展到一定阶段的产物,伴随着数字技术应用带来的颠覆性创新,一系列不同于传统贸易的新产品、新模式与新业态产生了。数字技术、数字产品、数字信息等贸易内容所构成的数字贸易在国际贸易中的地位愈发重要。理解数字贸易的内涵是理解数字贸易的基础。发展数字贸易首先要解决的就是数字贸易的定义和外延等问题。数字贸易与传统货物贸易和服务贸易既有区别,又有联系。数字贸易是传统贸易在数字经济时代的拓展、延伸和迭代。数字贸易已成为全球贸易的主流,数字技术实现了与传统产业的融合,促进了全球数字贸易的飞速发展,成为推动全球经济增长的核心动力。

2.1 数字贸易的定义

2.1.1 广义与狭义的数字贸易

目前,国内外学术界对数字贸易还没有给出统一的定义,一般是从广义和狭义两个角度对数字贸易的范畴进行阐释。最狭义的定义是数字贸易指数据的跨境交易,而最广义的定义是数字贸易指一切利用信息通信技术进行的贸易活动。综合来看,数字贸易的内容既包括数字产品,也包括数字服务。

1. 广义的数字贸易

(1) 国际组织对数字贸易的定义

世界贸易组织、经济合作与发展组织、国际货币基金组织和联合国贸易与发展会议分别于 2019 年和 2023 年共同发布了《数字贸易测度手册》第 1 版和第 2 版,以建立完善的数字贸易统计体系,为世界各国提供一个可操作的数字贸易统计指南。《数字贸易测度手册》第 2 版在数字贸易的定义方面沿袭了第 1 版的提法,将数字贸易定义为"所有通过数字订购和数字交付的贸易",认为数字贸易是数字技术革命背景下货物贸易和服务贸易利用数字技术后出现的新变化,而不是数字技术催生的全新贸易领域。如果某交易满足两个标准中的任何一个——通过数字订购或数字交付,就可以定义该交易为数字贸易。因此,从数据来源的角度看,数字贸易统计是在现有贸易统计基础上的数据剥离。

按照交易的性质划分,OECD-WTO 框架将数字贸易分成两部分:数字订购贸易和数字交付贸易。数字订购贸易强调贸易方式的数字化,即订购环节通过计算机网络或者数字化技术进行,买卖环节通过专门用于接收或下订单的方法在计算机网络上进行,而交付环节必须采用线下的方式进行。数字交付贸易重点强调贸易对象的数字化,可以通过数字形式进行交易,是通过 ICT 网络以电子可下载格式远程交付的所有跨境交易,如文件、数据与信息的下载,视频与音频版权的购买等。

《数字贸易测度手册》第 2 版进一步明确数字中介平台赋能的贸易是数字订购贸易的组成部分,数字贸易只包括数字订购贸易和数字交付贸易两类。数字中介平台赋能贸易是数字订购的重要表现形式,它包含于数字订购贸易中,不再是与前两者并列的贸易分类(第 1 版包括第三类:数字中介平台赋能贸易)。数字中介平台赋能贸易主要指的是为买卖双方提供交易平台和中介服务的行为,如以跨境电商为代表的新型贸易方式。数字贸易的源头是数据资源,由数据资源形成数据要素、数据资产。弄清数字贸易遵循怎样的规范是深入分析研究数字贸易的前提。

亚太经济合作组织(Asia Pacific Economic Cooperation,APEC)对数字贸易的定义强调跨境数字流动和数字技术在贸易中的广泛应用,认为数字贸易主要包括数字产品、数字服务、数字平台和数字交付 4 个方面。目前 APEC 对数字贸易的讨论已逐渐由数字贸易研究、隐私保护、云端运算机制、信息跨境流通、中小微企业参与全球价值链及创新发展的数字贸易政策拟订等方面拓展至人工智能与区块链、数字贸易法规等方面。

总之,数字贸易不是独立的贸易形态,而是包含于货物贸易和服务贸易之中的。依据该定义,数字贸易统计本质上就是以数字交付或数字订购为标准将二者从现有的全球贸易总额中进行剥离。

(2) 中华人民共和国商务部对数字贸易的定义

中华人民共和国商务部在 2019 年的《中国数字服务贸易发展报告》中对数字贸易进行了定义。所谓数字贸易,是指以数字技术为生产工具、以数据流动为主要载体、以数字化交付为表现形式的服务与产品的跨境交付,以及完全依赖于数字技术、数据要素的各类贸易活动。2021 年,中华人民共和国商务部将数字贸易划分为数字技术贸易、数字产品贸易、数字服务贸易(即通过数字交付的服务)、数据贸易,如图 2-1 所示,这种分类形式既包含了传统认知上的数字贸易,又纳入了数据和新兴技术。

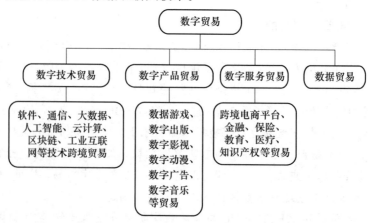

图 2-1　中华人民共和国商务部对数字贸易的分类

数字贸易不仅包括电子商务在数字中介平台上订购的贸易,也包括采用数字技术进行研发、设计、生产,并通过互联网和现代信息技术手段为用户交付的产品及服务,是以数字服务为核心、以数字交付为特征的贸易新形态。

2. 狭义的数字贸易

狭义的数字贸易定义为:以数字技术为基础实现的完全或主要通过数字形式交付的服务或物理产品数字对应品的跨境贸易形态。数字贸易即 OECD-WTO 框架中的"数字交付贸易",也就是服务贸易中的金融服务,保险服务,电信、计算机和信息服务,知识产权使用费,个人、文化和娱乐服务,其他商业服务等六大类服务,也称为可数字化交付的服务。

3. 广义与狭义的数字贸易的区别与联系

广义的数字贸易定义的核心是贸易方式的数字化,而狭义的数字贸易定义的核心是贸易标的的数字化。为传统贸易提供数字化贸易服务最典型的方式就是跨境电商。因此,是否包含跨境电商就成为广义和狭义的数字贸易定义最本质的区别,也是影响数字贸易统计的首要问题。

从广义和狭义的数字贸易的区别看,其本质区别在于数字贸易是贸易方式的数字化还是贸易标的的数字化,是数字订购还是数字交付,二者之间是和的关系还是或的关系。在狭义的数字贸易中,数字化交付是判断贸易是不是数字贸易的关键和唯一标准。单独的数字订购并不能说明贸易的性质,例如:跨境电商交易的标的仍然是货物,属于货物贸易的范畴;利用携程平台购买的出境游服务仍然需要自然人的跨境移动,其交易的标的仍然是服务,属于服务贸易的范畴。在数字订购的基础上,只有交付的标的也是数字化的,才属于狭义的数字贸易的范畴[①]。

广义的数字贸易不仅包括狭义的数字贸易,还包括在订购、生产以及传递产品或服务过程中依靠互联网或互联网技术的国内商业活动和国际贸易活动。数字贸易不仅包括互联网的商品销售和在线服务提供,还包括支撑全球价值的数据流、支撑智能制造的服务,以及无数数字平台及其应用。数字贸易是货物贸易和服务贸易中数字化支撑的贸易,涉及消费者、企业和政府参与的交易,既可数字化交付,也可实体交付,包括:数字软件、电子书、数据或数据库服务等;通过数字化交易但需实际交付的商品和服务,如在网店上购买商品或通过匹配服务预订酒店等;企业间全球价值链的内部交易,以及消费者或企业通过网络平台进行的交易。

中国目前采用的是商务部的宽口径数字贸易定义,与国际组织的 OECD-WTO 框架基本一致。数字贸易包括数字化的贸易、数字支持的贸易和数字驱动的贸易 3 个核心范畴。

① 数字化的贸易:以数字技术为基础实现的完全或主要通过数字形式交付的服务或物理产品数字对应品的跨境贸易形态。这也是狭义的数字贸易定义。

② 数字支持的贸易:通过数字技术,特别是互联网技术实现的产品和在线服务的跨境贸易以及电子支付。这也是传统意义上电子商务所提供的服务的范畴。

③ 数字驱动的贸易:通过数据流实现的全球价值链、通过数字技术实现的智能制造等所有商业模式的可数字化操作部分,以及所有行业中能利用数字技术实现国际化的部分所

---

① 鼎韬,《实现数字贸易规模测度的三个可行路径(上)》,2023 年 2 月 22 日。

形成的跨境贸易交付。

综上所述,本书将数字贸易定义为依托数字产业,通过互联网等数字技术进行实体或数字商品服务交易的国内商业活动和跨境交易活动的总称。这是广义的数字贸易。

2.1.2 数据资源的定义与类型

1. 数据资源的定义

很多数字贸易交易的对象都属于数据和数据要素,它们都来自数据资源。数据是用来记录客观事物并存储在介质上的可识别符号,是记录事物属性、状态和相互关系的物理符号或符号组合。根据2023年5月公开的《中华人民共和国数字经济促进法(专家建议稿)》可知,数据资源指以电子化形式记录和保存的具备原始性、可机器读取、可供社会化再利用的数据集合。企业在运作过程中会积累各种各样的数据,如客户数据、销售数据、人力资源数据、采购数据、财务数据和库存数据等。数据资源通常存储在数据库管理系统或其他软件(如电子表格等)的数据库中。数据资源可能来自世界各地,也可能汇聚在一个数据库中,还可能从一个部门发送到另一部门。

中华人民共和国财政部制定印发了《企业数据资源相关会计处理暂行规定》,其自2024年1月1日起施行,这标志着数据要素正式计入资产负债表。对于企业使用的数据资源,满足条件的可确定为无形资产,在提供服务后摊销损益并确认收入;对于企业出售的数据资源,满足条件的可确定为存货,在出售后结转损益并确认收入。《企业数据资源相关会计处理暂行规定》明确了数据资源的适用范围、会计处理标准以及披露要求等内容,涵盖了对无形资产或存货中数据资源的各种会计处理情况,秉持了合规性、实用性、指导性和创新性的原则。

2. 数据资源的主要类型

根据数据来源、获取方式和使用范围等,可以将数据资源分为多种类型。

(1) 公开数据

公开数据指由政府机关或其他组织主动公开发布的数据。这种数据通常包括各类经济和社会指标、统计数据、天气数据、环境数据等。这些数据通常以公共利益为导向,可以帮助政府和公众做出更好的决策。公开数据通常由政府或公共机构发布,并具有权威性和公正性。公开数据的获取和使用通常是免费的,其透明度高,质量较高。

(2) 开放数据

开放数据比公开数据更注重数据的交互和共享,是指任何人都可以使用、复制、发布、分发的数据,数据格式通常是开放标准的。技术上开放数据主要依赖技术开放和数据格式开放。例如,Wikipedia等社会化百科知识平台上的数据资源就是典型的开放数据资源。开放数据不仅包括政府公开的数据,还包括企业、组织等公开的各类数据资源。开放数据具有开放性和共享性,可以促进数据的流通和创新应用。

(3) 传统数据

传统数据指企业、组织内部的数据,这些数据通常由企业自己维护,在组织内部管理和使用,如企业的销售数据、财务数据和人力资源数据等。这些数据通常需要高度保密,只有组织内部的特定人员才能访问或使用。传统数据具有私密性和专有性。传统数据的获取和使用需要遵守企业的内部规定和保密要求,以保证数据的安全性和机密性。

(4) 开放共享数据

开放共享数据是连接不同数据资源的桥梁。开放共享数据与开放数据不同。开放共享平台仅仅是一个访问开放数据资源的接口,数据并不实际存储在开放共享平台上。例如,可在开放共享平台上访问政府公开发布的数据。开放共享数据是由多个组织或个人共同维护和开放的数据资源,具有开放性和协同性。开放共享数据可以来自不同的组织、国家和领域,通常以公益为目的,以促进数据的共享和利用。

(5) 个人数据

个人数据是指个人使用智能设备、智能家居等产生的数据,包括健身数据、交通数据等。这些数据主要存储在设备中,并不是所有人都愿意共享这些数据,因此,使用这些数据时要遵循保护个人隐私的原则。个人数据通常由个人自行掌握和管理,也有的由企业收集和持有,具有隐私性和个性化特征。个人数据的获取和使用需要遵循相关法律法规和隐私保护要求,以保护个人隐私和数据安全。

(6) 科学研究数据

科学研究数据是指科学研究活动中产生的数据,包括实验数据、观测数据等。科学研究数据通常有一定的时效性,可以让人们对已有的知识进行更好的理解和验证。并且,科学研究数据通常由科研机构或研究团队收集和管理,具有科学性和专业性。科学研究数据的获取和使用需要遵循科研规范和伦理要求,以保证数据的可靠性和可重复性。

3. 数据资源的其他类型

(1) 按数据格式划分

① 结构化数据:简单来说就是数据库,也称作行数据,是用二维表结构逻辑表达和实现的数据。结构化数据严格遵循数据格式与长度规范,主要通过关系型数据库进行存储和管理。

② 半结构化数据:有相对明确的含义说明,但是结构并不严谨,格式相对比较灵活。大多数半结构化数据的格式为 XML、JSON 等。半结构化数据多用于日志记录、多类型信息传递等。

③ 非结构化数据:没有明确的数据格式,数据结构不规则或不完整,没有预定义的数据模型,不方便用数据库二维逻辑表来表示。非结构化数据有文本、各类报表、图像、音频和视频等。

(2) 按存储形式划分

① 存储在数据库中的数据:如存储在 Oracle、SQL Server、MySQL 等数据库中的数据。

② 存储在文件中的数据:半结构化数据和非结构化数据通常存储在一个文件中,如果数据量大,它们就被存储在一个文件夹下。

③ 流存储数据:用于信息传递的数据流,由于其数据量大或者无存储意义,因此其流过之后它的生命周期就结束了。

④ 数据服务中的数据:依托 HTTP、SOAP、REST 等网络协议,为传输或记录而提供的

数据,有明确的请求格式和响应内容。

(3) 按数据描述内容划分

① 实体数据:描述一个客观的实体和实体相关属性的数据。

② 交易数据。

③ 行为数据。

④ 统计结果数据。

(4) 按数据来源划分

按数据来源划分,数据资源可分为内部数据和外部数据两种类型。

(5) 按数据的组织形式划分

按数据的组织形式划分,数据资源可分为数据库、电子期刊、电子图书、网页、多媒体资料等类型。

(6) 按存储介质划分

按存储介质划分,数据资源可分为磁介质数据资源和光介质数据资源两种类型。磁介质包括软盘、硬盘、磁盘阵列、活动硬盘、优盘、磁带等;光介质包括 CD、DVD、LD 等。

(7) 按数据传播的范围划分

按数据传播的范围划分,数据资源可分为单机数据、局域网数据和广域网数据等类型。单机数据是指存储在光盘或一台计算机上的数据。局域网数据是指用户能在机构内部浏览和检索,但在机构的局域网以外的网络环境中不能访问的数据。广域网数据是指用户可以在任何一个有 Internet 的地方通过一定的身份认证方式或者不需要认证就可以访问的数据。

(8) 按资源提供者划分

按资源提供者划分,数据资源可分为商业化的数据资源和非商业化的数据资源。商业化的数据资源包括数据库商、出版商和其他机构以商业化方式提供的各种电子资源。例如,对于 Elsevier 公司的 SDOS、EBSCO 公司的 Academic Source Premier、中国期刊网等数据库,需要读者支付一定的费用后才能使用(由图书馆提供给读者),或者读者个人通过读书卡和其他方式购买这些数据库的使用权。这些数据资源内容丰富、数据量大,是图书馆馆藏资源的重要内容。非商业化的数据资源主要指机构自建的特色资源库、开放获取的资源、机构典藏资源和其他免费的网络资源,这些资源或者由图书馆自行建设,或者由网络免费提供。当然,图书馆特色资源库在建成之后也可以以商业化方式运作,此时对其他图书馆的免费数据资源而言,其就称为商业化的数据资源。

总之,数据资源的本质特征是数据可重复利用。由于任何一种类型的数据都包含大量的冗余信息,因此只有有效识别并剔除这些冗余信息,才能真正实现对数据的重复利用,大大节省用户的成本,提高效率。数据资源既有自身的价值,又有相当高的使用价值。不同的数据资源类型对应于不同的管理和使用方式。合理利用数据资源将会给企业和组织带来很高的收益。数据资源的体系架构如图 2-2 所示。

根据 2022 年麦肯锡咨询公司的预测,今后 10～15 年,数字贸易会实现高速增长,20 年后世界贸易将形成货物贸易、服务贸易、数字贸易三分天下的格局。

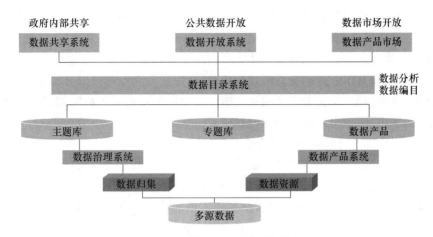

图 2-2　数据资源的体系架构

（资料来源：中国电子云和 IDC，《2023 中国数字政府建设与发展白皮书》）

2.1.3　数字贸易的作用

1. 数字贸易对于产业发展起到一定的促进作用

例如，农村地区通过数字贸易，可以使其线上市场不断扩大，并且可以使农业交易的成本费用不断降低，进一步推动农业的发展。数字贸易已经成为新一轮大国竞争的焦点。

2. 数字贸易对消费者的行为产生一定的影响

数字贸易无须中间机构参与，在生产者与消费者之间直接建立联系，不仅有效降低了双方的搜寻成本，还可以让消费者在不同生产者之间进行选择。

3. 数字贸易使公共政策变得更加完善

随着全球数字贸易的不断发展，为了维护国际贸易的稳定性，各个国家都需要不断完善自己的贸易政策。各个国家只有制定严格的监督机制来维持经济市场的有序性，才能使自己在当前激烈的数字贸易竞争中不断增强竞争力。

4. 数字贸易在重构全球价值链中发挥着关键作用

（1）数字贸易的发展推动数字产品嵌入全球价值链①

全球价值链是不同企业在全球范围内以某一种共同商品为载体实现各自价值而形成的链条，不论这种商品是有形的还是无形的，其中不可或缺的都是作为中间投入品的生产性服务，如研发、设计、广告、分销、售后服务等。随着新一代信息通信技术的快速发展，这些服务越来越多地被数字化，从而以数字产品的形式嵌入最终商品，这个嵌入过程本身就是数字贸易过程，因此数字贸易的发展推动了更多的生产性服务数字化，促使更多的数字化服务嵌入全球价值链。

（2）数字贸易的发展改变全球价值创造模式

广义的数字贸易除了包括以数字为内容的贸易外，还包括数字贸易方式。一方面，广义的数字贸易促使更多的产品和服务在更广的空间范围内更便利地找到其实现最大价值的

---

① 夏杰长，《数字贸易与全球价值链》，发表于《团结》，2021 年 1 月。

路径,在更大程度上实现了贸易双方的双赢。另一方面,广义的数字贸易使供需双方的信息和特征以数字形式储存和传输,这些信息和特征易于被迅速地捕捉和分析,并可形成有效匹配,从而能更精准地满足个性化需求。数字贸易的上述功能使更多的企业融入了诸多纵横交错的价值网络,相对于传统的贸易模式和价值链,每一个企业都可以更加灵活和低成本地融入不同的产业链,同一个企业在不同价值链中所处的位置也不尽相同,因此价值链不再是简单线性的链状模式,而是错综复杂的网状模式。

(3) 数字贸易的发展形成全新的价值链

在数字经济时代,数字内容产品大量涌现,数字产品从创意、设计、制作到分销和售后本身就构成了全新的价值链条。该价值链条的载体不再是有形的产品,而是无形的数字,并自始至终由数字贯穿。数字产品先天具有贸易成本低的特点。借助于现代信息技术,数字产品具有可编码、可重复、可检验的特点,以数字为内容的价值链克服了无形产品的信息不对称性问题,这极大地降低了由无形产品的信息不对称性带来的交易成本,使数字产品贸易更加顺畅,因此价值链上的各个企业更容易在全球范围内根据每个环节的相对优势寻找上下游合作企业,从而形成全新的全球价值链。

2.2 数字贸易的范围与特征

2.2.1 数字贸易的范围

广义的数字贸易包括两大类:第一类是通过数字技术订购、交易、支付,并进行线下交付的实体商品和服务交易(数字化支撑货物贸易——电子商务);第二类是通过数字技术进行交付的服务(数字化支撑服务贸易)和数字内容的交易(数字内容贸易)。而狭义的数字贸易仅包括第二类。第一类和第二类的跨境数字贸易与传统国际货物和服务贸易密切相关,受到WTO的《货物贸易多边协定》《服务贸易总协定》《与贸易有关的知识产权协定》的约束,贸易争端可通过既有多边框架进行协调。此前第二类的数字内容贸易具有许多"不可贸易"性质,现在此类商品跨境交易存在诸多新情况、新特点和新问题,存在一定程度的监管和国际协调真空,成为争端频发的领域,需要加强在双边或区域以及WTO框架下的监管政策协调。

此外,第二类的数字内容贸易除依靠跨境交付方式外,还依靠商业存在方式交付。因此,需要在现有WTO框架下完善《服务贸易总协定》及《与贸易有关的投资协议》等有关规则或在双边与区域投资协定中补充和完善相关内容。从数字贸易的定义及分类可以看出,数字贸易自由化的阻力主要在于第二类的数字内容贸易。由于其是新生的贸易类型,出于对政治、文化、安全等因素的考虑,各国相关贸易壁垒较多,且目前与此有关的贸易自由化政策的国际协调难度较大,因此其成为贸易争端多发的领域。

数字内容产业是信息技术与文化创意高度融合的产业形式,涵盖数字游戏、互动娱乐、影视动漫、立体影像、数字学习、数字出版、数字典藏、数字表演、网络服务、内容软件等,为三网融合、云计算、无线网络等新兴技术和产业提供内容支撑。

表2-1为UNCTAD揭示的2010—2020年世界和中国数字服务贸易出口额、服务贸易

出口额以及数字服务贸易出口额占服务贸易出口额的比重。在数字服务贸易出口上我国与世界平均水平存在差距。当然,从发展趋势来看,这个差距正在逐渐缩小。

表2-1 2010—2020年世界和中国数字服务贸易出口情况

年份	数字服务贸易出口额/亿美元		服务贸易出口额/亿美元		数字服务贸易出口额占服务贸易出口额的比重/%	
	世界	中国	世界	中国	世界	中国
2010年	18 928.40	576.53	38 322.30	1 702	49.39%	33.87%
2011年	21 666.23	750.07	43 230.18	2 010	50.12%	37.32%
2012年	22 410.26	736.54	44 436.84	2 016	50.43%	36.53%
2013年	23 961.31	825.49	47 278.55	2 070	50.68%	39.88%
2014年	26 198.71	990.24	50 385.53	2 191	52.00%	45.20%
2015年	25 383.89	919.44	47 990.10	2 186	52.89%	42.06%
2016年	26 262.78	924.37	48 569.46	2 095	54.07%	44.12%
2017年	28 404.20	983.76	52 976.55	2 281	53.62%	43.13%
2018年	31 517.92	1 321.37	58 337.01	2 668	54.03%	49.53%
2019年	32 624.10	1 437.75	59 845.77	2 836	54.51%	50.70%
2020年	31 994.38	1 543.75	49 206.52	2 806	65.02%	55.02%

数据来源:UNCTAD。

2.2.2 数字贸易的特征

数字贸易是数字技术发挥重要作用的贸易形式。与传统贸易相比,数字贸易的突出特征在于贸易方式的数字化和贸易对象的数字化。

贸易方式的数字化是指信息技术与传统贸易开展过程中的各个环节深度融合,从而带来贸易效率的提升和成本的降低。例如,电子商务、线上广告、数字海关、智慧物流等新模式和新业态对贸易的赋能,表现为传统贸易方式的数字化升级。贸易方式的数字化打通了产业链的生产端、交易端以及供应链端的信息交互与响应通道,构建了产业链的新型供需关系和协同关系,进而提升了整个产业链的运转效率。

贸易对象的数字化是指数据以及以数据形式存在的产品和服务。其主要包括3个方面:一是研发、生产和消费等过程产生的基础数据;二是图书、影音、软件等数字产品;三是通过线上提供的教育、医疗、社交媒体、云计算、人工智能等数字服务,表现为贸易内容的数字化拓展。贸易对象的数字化使国际分工从物理世界延伸至数字世界,极大地拓展了现有服务贸易的深度和广度。

图2-3所示为数字贸易的总体框架。在综合性数字基础设施(如云计算、云存储、区块链、5G、工业互联网标识等)的基础上,建立数字化贸易平台。数字化贸易平台包括数字服务贸易平台、数字货物贸易平台、公共服务贸易平台等。由此产生了数字贸易,形成了贸易方式的数字化和贸易对象的数字化。

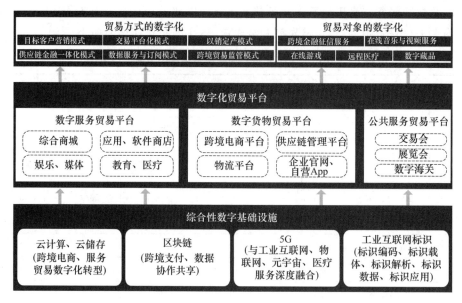

图 2-3　数字贸易的总体框架

(资料来源:中国信息通信研究院,《释放中国-东盟数字贸易发展潜力:新基建与新路径》,2022年9月)

随着数字贸易的发展,数字贸易的内涵日益丰富,它不仅包括依托互联网进行的贸易活动,还包括实现全球价值链的数据流、智能制造及服务、无数平台及应用。作为一种新型的贸易方式,数字贸易的具体特征如下。

1. 数据成为战略性生产要素

数据成为国家比较优势的来源。数字技术成为降低贸易成本、提升贸易效率的重要支撑。数据作为新型生产要素,已成为经济高质量发展和产业数字化的关键要素。数据与信息逐渐对低素质劳动力产生了替代作用,政府治理效率和地区间的空间距离对贸易的限制越来越少,而数据要素的流转和信息要素的集成逐渐成为产业发展的基础性优势,也逐步成为国家竞争力的重要来源。例如,目前越来越多的科技企业加入"无人工厂"建设热潮,人工智能(Artificial Intelligence,AI)等技术的发展使智能化机械在很大程度上代替了人工,数据作为生产要素的红利和优势逐渐显现。

2. 贸易运作环节虚拟化

在生产过程中采取虚拟化的数字化知识和信息,如数字孪生等;交易环节往往是在虚拟的互联网平台上开展和实现的,交易双方通常使用虚拟化的电子支付方式;数字化产品和服务的运输可以通过虚拟化的方式实现。

3. 数字化贸易平台是贸易活动的重要载体

依托互联网技术建立的数字化贸易平台逐步代替了传统贸易的一系列中间环节,如贸易代理机构、承运人和纸质单据等,为生产方与需求方搭建起直接沟通的桥梁。数字化贸易平台一方面为生产方提供商品展示和接受预订的渠道,另一方面为需求方提供商品与服务检索和在线交付的功能,通过收取服务费,持续不断地为交易双方提供更快捷、更方便、更优质的服务,降低了交易过程中信息的不对称程度。数字化贸易平台为企业之间开展研发、创新和生产等活动的协同合作提供重要支持,使供应链各方能够高效沟通,及时获取信息和享受技术溢出带来的协同创新效应。数字化贸易平台的服务范围并不局限于平台企业所在国家,事实上几乎所有超大型平台企业都在开展跨国业务,如亚马逊的跨境电商业务、苹果的应用商店业务、谷歌的搜索引擎业务等。数字化贸易平台通过跨国经营活动,可以获取更多国家的数据资源和用户流量,从而强化平台在资源整合和生态构建方面的优势。

4. 贸易生产实现集约化管理

在数字贸易中,贸易活动主要通过数字化的方式实现。互联网、大数据等数字技术与贸易的各个环节深度融合,促进了产品和服务的研发设计、生产制造、市场营销、交易结算、运输支付、海关通关、售后服务等贸易环节的集约化,不仅实现了精准的供需匹配,促进了要素资源的集约化,减少了库存积压情况,而且降低了运营成本,减少了信息不对称问题,有效提高了贸易的效率。数字技术改变了服务的生产和提供方式,一些服务变得可存储、可复制和可线上交付,服务的边际成本几乎为零,服务的内容不断增加,服务的范围不断扩张,有了"一点接入,全网服务"的可能。例如,以前音乐和电影存储于CD、DVD等分散的物理载体中,现在被集中存储于云服务器中,可以通过网络更方便、快捷地为全球消费者提供影音服务。在国际贸易领域,经济服务化、服务数字化将改变人们对传统服务和服务贸易的认识,大大拓宽数字服务贸易的范围。

5. 贸易主体多元化

在以信息通信技术为基础的数字贸易中,交易主体不仅包括大型跨国公司,还包括中小型企业和个人消费者,这些中小型企业和个人消费者也直接参与贸易活动——这是传统贸易并不具备的特点。在传统贸易中,中小型企业和个人消费者难以享受贸易红利。在数字贸易中,贸易潜力被深度挖掘。数字化的信息在个体经营者、中小微企业和大型跨国公司之间共享,为各个贸易主体提供更加平等的贸易环境,促进贸易普惠化。

6. 贸易监管复杂化

数字技术的融入使数据跨国流动更加频繁,全球贸易往来更加密切。跨境数据流动一方面为不同国家间经济主体的信息传递提供了支持,使得价值链能够更高效地配置、协同,推动货物流、服务流、资金流向更低成本、更高效率、更贴近用户的方向发展;另一方面促进了数字服务贸易的发展,使得搜索引擎、社交媒体、云计算等基于数据流动的新业态、新模式成为国际贸易的一部分。个人隐私、数据安全、数据跨境流动、贸易双方数字贸易协定的签订正在成为监管领域关注的焦点。数据与个人隐私、商业秘密和国家安全等问题相伴,只有建立安全、有序、可信的跨境数据流动规则制度,才能更好地推动各个国家减少对跨境数据流动的限制,从而促进数字贸易的健康快速发展。

7. 跨界融合的全球性数字生态逐渐形成

伴随着IT、金融、咨询、物流等生产性服务业线上服务能力的提升,以及制造业、农业数字化转型所导致的分工的细化和服务外包需求的增加,跨界融合的数字生态加速形成,并从国内市场向国际市场延伸。一方面,"研发+生产+供应链"的数字化产业链加速构建,产业链上下游企业数据通道逐步打通,数据供应链引领物资链,促进产业链高效协同,实现全渠道、全链路供需调配和精准对接;另一方面,"生产服务+商业模式+金融服务"的数字化产业生态逐步形成,数字化产业与生产性服务业跨界融合、相互配合。

2.3 数字贸易与传统贸易的联系与区别

2.3.1 数字贸易与传统贸易的联系

在贸易本质和贸易目的上,数字贸易和传统贸易具有相似之处。二者本质上都是商品、服务、生产要素在不同主体之间的转移。虽然贸易的实现方式有所变化,但这并没有改变贸易作为交换活动的本质。数字贸易与传统贸易在贸易参与者、贸易对象、贸易运输方式、贸易时效性以及贸易监管政策等方面均有明显的差异。

1. 贸易行为的本质一致

自商品产生以来,贸易的本质始终未发生改变,都是人类为满足自身需求进行的彼此间以物易物的活动。无论是数字贸易还是传统贸易,两者都无法脱离贸易的本质(以不同主体间的服务、商品、生产要素转移为核心),仅仅是活动方式有所不同。

2. 贸易的内在动因趋同

根据绝对优势理论和比较优势理论等古典国际贸易理论,国家间生产力水平的相对(绝对)差异会导致生产成本的相对(绝对)差异,因而一个国家应仅生产自身具有相对(绝对)优势的产品,并利用部分产品换取本国不具备优势的其他产品,由此开展贸易的两国都将获得更高的消费福利水平。劳动分工和专业化生产以及对应的规模经济,是数字贸易与传统贸易的内在动因。

3. 贸易的经济价值相仿

传统贸易和数字贸易的经济价值主要体现在:克服各类经济主体之间的生产要素流动障碍,加强各个区域资源的价格联动与供求匹配;推动资源结构均衡化发展,强化各主体的技术、资源优势;弱化信息不对称性,增强经济主体间的关联性;激发经济体的创新能力,优化生产效率,增加经济效益。

2.3.2 数字贸易与传统贸易的区别

1. 贸易时代背景的不同

第一次到第三次工业革命引起了生产生活方式的巨大改变,如内燃机、蒸汽机的应用使机械生产替代手工劳动,贸易产品的规模大幅扩大;通信技术的变革使实时通信成为可能;火车、飞机等交通工具的产生实现了远途运输。基于此,传统贸易蓬勃发展。数字贸易诞生于第三次和第四次工业革命中,是一种新型贸易活动。数字技术的普及引发通信、传输方式的改变,传统产业迈入智能化、数字化升级阶段,数据成为重要的生产要素。

2. 贸易时空属性的变化

影响传统贸易周期的因素主要是汇率、商品价格,而数字贸易利用数字技术,使从交易开始到交易完成的时间不确定性大大减小。同时,传统贸易往往受地理距离和时间的制约,而数字贸易打破了严格的时间和空间限制,地理距离的限制作用大大减弱。

3. 贸易主体的改变

传统贸易的交易发生于零售商、批发商、代理商等诸多中间机构间,需求方和供给方并不直接进行交易。然而,在数字贸易中,现代信息通信技术与信息网络可以让供求双方直接交易。此外,C2C(指个人消费者之间的交易)、B2C(指企业与个人消费者之间的交易)等商业模式的推广增大了个人消费者在贸易活动中的作用。在未来的数智时代,C2M(指个人消费者直接向制造商提出产品要求或定制需求)、C2B(指个人消费者提供服务,企业消费或使用这些服务)等商业模式将进一步突出消费者的重要性。此外,传统贸易的主体要么是企业,要么是消费者,而在数字贸易中,政府也是重要的主体。例如,政务数据就是数字贸易的重要交易内容。在版权交易方面,很多知识产权或者版权都在政府手中。政府在数字贸易中是不可或缺的交易主体或者交易对象。

4. 贸易标的的转换

传统贸易的标的主要是生产要素、服务、货物。数字贸易突出数字技术在生产、订购、递送等环节的关键作用,交易标的主要是通过互联网等数字化手段传输的数字服务与产品、在电子商务平台上交易的实体货物、数字化的信息与知识,较传统贸易更为复杂多样。从技术角度看,传统贸易是基于制造技术和交通设施的,数字贸易的关键技术则是信息通信技术,两种贸易带来的影响是不一样的。传统的国际贸易带来的分工是不同产业之间的分工,也是同一产业不同环节的分工,其分工还不能对国际分工格局产生极大的影响。而数字贸易带来的不仅仅是分工,更多的是一种价值和财富的分配,它渗透于国民经济各领域,而且关系到国家安全,例如,它渗透到数据和知识产权领域,关系到国家的产业安全和经济安全,乃至战略安全。

5. 贸易运营方式的变革

传统贸易的开展需要纸质单据、证明材料、固定的交易场所,而数字贸易主要凭借互联网平台完成,整个交易过程实现了电子化。在传统贸易中,货物主要通过火车、轮船、飞机等运输工具运输,规模庞大,经济价值较高;在数字贸易中,数字服务与产品的贸易通过数字化的递送方式完成,个人在电商平台购买的商品则通过快递等方式实现交付,部分跨境电商企业采取保税仓、海外仓模式开展贸易。

6. 效率与成本的变化

传统贸易的特点多是"三现"交易,即现场、现金、现货,其信息成本高,交易限制条件多,效率低。数字贸易,特别是其使用的数字技术完全颠覆了传统贸易的方式,极大降低了信息获取成本和交易规模的边际成本,打破了交易的时空限制,为支付,尤其是跨境支付提供了极大的便利。贸易必须基于信息的传播,需要口碑,需要对潜在交易对象的认知,需要广告营销。在传统贸易中广告营销、口碑传播的成本都很高,而数字贸易创造了新的传播和推广方式,极大地降低了这方面的成本[①]。

7. 贸易监管体系的调整

世界各国海关、商务部门及世界贸易组织等国际组织构成了传统贸易的主要监管机构,国际贸易协定和各国国内贸易制度是传统贸易的主要法律规范。然而,数字贸易监管体系除包括传统贸易的监管机构和法律规范外,还将数据监管纳入体系建设。从监管方式看,在传统贸易中,监管依赖的是专门性、科层制的职能部门,这些部门主要包括市场监管部门、海关、检验检疫部门、外管局等。在数字贸易中,这些部门的监管作用逐渐被削弱,分层配置、

---

① 夏杰长,《数字贸易与全球价值链》,发表于《团结》,2021年1月。

地域区隔的网络监管机构与跨越地域、平台化的网络贸易体系之间存在显著的适配问题,需要系统性地重构和完善贸易监管体系①。

2.3.3 数字贸易与服务贸易的关系

数字贸易与服务贸易的联系在于数字贸易属于服务贸易的范畴。与其他传统服务贸易相比,数字贸易的特点主要体现在贸易方式的数字化和贸易对象的数字化上。贸易方式的数字化表现在贸易过程中的订购、交易、结算和支付等环节上。在此条件下,数字贸易是数字经济形态的贸易,既包括传统货物和服务贸易的数字化,也包括数字商品及服务的贸易,以及数据信息资产本身的流动交换。

数字贸易是继传统进出口贸易和全球价值链贸易之后的贸易形式。数字贸易是传统贸易的拓展与延伸,能够实现传统实体货物、数字产品与服务、数字化知识与信息的高效交换。

针对数字贸易的研究发现,数字贸易统计基本是基于服务贸易展开的,这是因为数字贸易本质上就是服务贸易的数字化。表2-2为服务贸易与数字经济及其核心产业统计分类的对比。

表2-2 服务贸易与数字经济及其核心产业统计分类的对比

数字服务贸易类型	服务贸易类型	数字经济及其核心产业统计分类
ICT服务贸易	电信、计算机和信息服务	0301 软件开发
		0302 电信、广播电视和卫星传输服务
		0304 信息技术服务
ICT支持的服务贸易	保险服务	050503 互联网保险
	金融服务	050501 银行金融服务
		050502 数字资本市场服务
	知识产权使用费	没有明确分类,分散在各数字经济领域的研发、技术等中
	个人、文化和娱乐服务	050908 互联网文体娱乐业
		050702 智慧医疗
	建筑和相关工程服务	050903 数字化建筑业
	其他商业服务	050606 数字化商业服务
	运输	0503 智慧交通
		0504 智慧物流
不可数字化的服务贸易	旅行	无
	维护和维修服务	无
	加工服务	无
	政府服务	无

资料来源:鼎韬,《订购VS交付,十二类or六类,明确数字贸易统计的范围》,http://www.devott.com/2023/0627/475.html。

数字贸易是数字经济的重要组成部分,也是数字经济国际化的主要体现。数字贸易的

---

① 夏杰长,《数字贸易与全球价值链》,发表于《团结》,2021年1月。

突出特征是贸易方式的数字化和贸易对象的数字化。从货物贸易角度看,数字贸易主要改变了贸易的开展方式,推动了跨境电商蓬勃发展。从电子商务的交易主体看,B2B 交易额占绝大多数,B2C 交易额相对有限。从电子商务国别发展看,发达国家跨境电商的发展环境良好,发展中国家的潜力巨大[①]。

2.4 数字贸易的测度

近年来,数字贸易成为世界经济发展的新引擎。UNCTAD 的数据显示,数字贸易大国可数字化交付的服务贸易出口规模持续增长。图 2-4 显示,2013—2021 年,美国可数字化交付的服务贸易出口额占世界可数字化交付的服务贸易出口额的比重是最大的,其次为英国和德国。中国可数字化交付的服务贸易出口额年均增长 11.33%,是主要经济体中增速最快的,美国年均增长 4.98%,德国年均增长 5.70%。2013 年,中国可数字化交付的服务贸易出口额占世界可数字化交付的服务贸易出口额的比重为 3.46%,是 5 个经济体中占比最小的,但自 2017 年中国占比(3.62%)超过日本(3.59%)后,一直领先日本,2021 年占比达到 5.11%,逐渐向德国逼近。

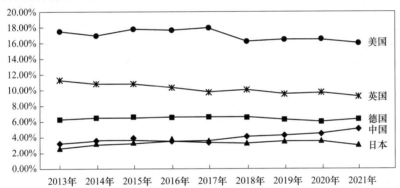

图 2-4 2013—2021 年中国、德国、日本、英国和美国可数字化交付的
服务贸易出口额占世界可数字化交付的服务贸易出口额的比重
(资料来源:UNCTAD)

2022 年全球数字贸易服务出口额达到 3.82 万亿美元;中华人民共和国商务部的数据显示,2022 年中国数字贸易规模达到 2.5 万亿元,比 5 年前增长了 78.6%。2023 年前 4 个月中国数字贸易进出口额达 9,057.9 亿元,同比增长 13.1%。近年来,作为数字技术与国际贸易融合产生的新业态、新模式,数字技术驱动、以数据为生产要素、以数字服务为核心、以数字交付为特征的跨境数字贸易不仅成为国际竞争的新赛道,也成为当前促进中国对外贸易创新发展的一股重要力量。

2.4.1 中国关于数字贸易的测度

中国建立了《国民经济行业分类》(2017 版)与《所有经济活动的国际标准行业分类》(第 4 版)的对应关系,结合数字贸易定义涵盖的数字产品、数字服务、数字平台、数据服务及贸易等内容,定量计算中国数字贸易的市场规模。数字贸易包括消费者产品在互联网上的销

---

① 中国信息通信研究院,《中国数字经济发展白皮书(2020 年)》,第 8 页。

售以及在线服务的提供,跨境电商涉及支付、物流、通关等环节,数字服务主要通过各种数字化平台进行交付和实现。

为与国际口径可比,中国综合采用经济合作与发展组织、世界贸易组织和国际货币基金组织对数字贸易的定义,其具体为:数字贸易是指以数字方式订购和以数字方式交付的跨境贸易。表 2-3 所示为数字贸易统计口径,它从侧面反映了数字贸易对象的范畴。

表 2-3 数字贸易统计口径

内容分类	具体内容	《国民经济行业分类》(2017 版)		《所有经济活动的国际标准行业分类》(第 4 版)	
数字产品	音乐	8624	音像制品出版	592	录音制作和音乐出版活动
		877	录音制作		
	游戏	6422	互联网游戏服务	6311	数据处理、储存及有关活动
		6572	动漫、游戏数字内容服务		
	电子出版物	8625	电子出版物出版	5819	其他出版活动
	应用软件	8626	数字出版	582	软件的发行
	广播、电视、电影及视频	871	广播	601	电台广播
		872	电视	602	电视广播和节目制作活动
		873	影视节目制作	5911	电影、录像和电视节目的制作活动
	广播、电视、电影及视频	875	电影和广播电视节目发行	5912	电影、录像和电视节目的发行活动
	依托物理货物产生的上述产品	6579	其他数字内容服务	5913	电影、录像和电视节目的后期制作活动
数字服务	社交网络	6432	互联网生活服务平台	6312	门户网站
	搜索引擎	6421	互联网搜索服务		
	软件测试开发	651	软件开发	6201	计算机程序设计活动
		652	集成电路设计		
	信息技术服务	654	运行维护服务	6202	计算机咨询服务和计算机设施管理活动
		656	信息技术咨询服务		
		6571	地理遥感信息服务		
		659	其他信息技术服务业		
	基于互联网的通信服务	63	电信、广播电视和卫星传输服务	61	电信
		641	互联网接入及相关服务	6311	数据处理、储存及有关活动
		642	互联网信息服务		
		644	互联网安全服务		
		649	其他互联网服务		
数字平台	云计算平台	6433	互联网科技创新平台	6312	门户网站
	电子商务平台	6431	互联网生产服务平台		
		6432	互联网生活服务平台		
		6434	互联网公共服务平台		
数据服务及贸易	数据存储和处理服务	645	互联网数据服务	6311	数据处理、储存及有关活动
		655	信息处理和存储支持服务		
	信息集成系统服务	6531	信息系统集成服务		
	物联网技术服务	6532	物联网技术服务		
	其他数据服务	6429	互联网其他信息服务		

资料来源:国信优易,《数字贸易政策再加码,优易数据解析数据要素驱动数字贸易发展的重要着力点》,2022 年 1 月 14 日。

2.4.2 国际组织关于数字贸易的测度

1. 数字贸易统计的本质

2023年7月28日,世界贸易组织、经济合作与发展组织、国际货币基金组织和联合国贸易与发展会议共同发布《数字贸易测度手册》第2版。在第1版的基础上,《数字贸易测度手册》第2版全面总结和统计了数字贸易涉及的各方面问题,总结了各国数字贸易统计实践探索的最新成果和代表案例,建立了完善"最小化统计成本,最简化统计过程,最大化统计数据"的数字贸易统计体系,为全球各国提供了一个可操作的数字贸易统计指南。

《数字贸易测度手册》第2版认为,数字贸易是在传统货物贸易和服务贸易的基础上伴随着数字技术的出现而出现的贸易新形态,并不是一种新的贸易,而是包含在现有货物贸易和服务贸易之中的。"数字贸易交易是现有贸易交易的一个子集,以国际商品贸易统计和国际服务贸易统计来衡量。"因此,《数字贸易测度手册》第2版的核心结论是:数字贸易不是独立的贸易形态,而是包含于货物贸易和服务贸易之中的,数字贸易定义的核心是贸易的性质而非贸易的标的。数字贸易统计本质上就是以数字交付或数字订购为标准从现有的全球贸易总额中进行剥离。《数字贸易测度手册》第2版最核心的内容就是明确了判断数字贸易的两个标准,要么订购,要么交付,没有中间地带。这个判断标准的作用如下。一是具有贸易促进作用。广义的数字贸易定义的核心是贸易方式的数字化;狭义的数字贸易定义的核心是贸易标的的数字化。对于代表贸易方式数字化的跨境电商,无论国家发达与否都有机会发展,而对于代表贸易标的数字化的各领域,发展中国家的发展机会不多。二是数据均衡。狭义的数字贸易主要是指数字服务贸易,从全球经贸格局上看,当前货物贸易占全球贸易的比重为78.6%,服务贸易的占比为21.4%,而可数字化服务贸易占服务贸易的比重接近65%。三是操作简单。当前的思路是规避产业分类,以数字订购和数字交付作为标准,依托现有货物贸易和服务贸易的分类,以货物贸易和服务贸易的现有数据为数据来源,统计的路径得以简化。

2. 数字贸易统计的4个核心向度

为实现统计数据的剥离,需要明确货物贸易、服务贸易、数字订购和数字交付4个核心向度的统计原则。《数字贸易测度手册》第2版提出的总体原则为:货物贸易中的数字贸易只能是数字订购;服务贸易中非数字交付的部分也可以是数字订购;数字订购就是跨境电子商务;数字交付就是数字服务贸易,也只能是服务贸易。

① 货物贸易。《数字贸易测度手册》第2版采用了货物不能数字交付的公约。因此,与数字贸易相关的商品贸易只包括那些已被数字订购的商品——任何商品都可以用数字方式订购。

② 服务贸易。服务中的数字贸易可以分为两个不同但相互重叠的组成部分——数字订购服务和数字交付服务。这种重叠反映了数字订购的服务同时也是数字交付的,服务贸易包括数字中介服务。

③ 数字订购是通过计算机网络,采用专门为接收或下订单而设计的方法进行的商品或服务的国际销售或购买。数字订购贸易实际上就是国际电子商务,是总的电子商务的一个子集。如果交易被视为数字订购,则无论交易的产品具有数字特征还是没有数字特征,也无论产品是数字的还是实体交付的,交易的总价值都应包括在数字贸易统计中。因此,数字订

购贸易是国际电子商务的同义词,涵盖了商品和服务两方面的交易。

④ 数字交付是所有通过计算机网络远程传送的国际贸易交易。数字交付贸易只涵盖服务的交易,因为只有服务可以通过数字方式交付。而数字交付的交易、服务的支付和订购不必在网上进行,通过电话、传真、视频电话或电子邮件提供的服务包括在数字交付贸易中。已经在许多国家开展的国际服务贸易(International Services Trade)调查是衡量数字交付贸易的一个自然起点。

3. 数字订购贸易和数字交付贸易的判断原则

(1) 数字订购贸易的判断原则

① 使用计算机网络。数字订购贸易和数字交付贸易的定义的一个共同要素就是计算机网络。关于计算机网络需要明确两点:第一,互联网是一个全球性的公共的计算机网络;第二,其他的计算机网络包括内部网络(如局域网)、非基于互联网协议地址(Internet Protocol Address,IP)的专有外部网络(如为早期版本的 EDI[①] 建立的网络)和自动化电话系统。计算机网络在连接买方和卖方或服务供应商方面的作用是识别数字贸易的关键因素。而用于访问计算机网络的精确设备以及网络的精确特征(如移动网络或云网络)则不影响这一点。例如,使用互联网就等于使用计算机网络,无论互联网是通过计算机、移动电话、平板电脑还是通过其他设备访问的,也无论是通过无线连接的还是通过有线连接的,都可以。

② 专门设计。通过专门为接收或下订单而设计的方法实现的交易就是数字订购。

③ 只看订购。数字订购贸易只看商品或服务的订购实现:一是通过计算机网络;二是采用专门为接收或下订单而设计的方法,而商品或服务的最终交付不必在网上进行。

(2) 数字交付贸易的判断原则

① 只能是服务贸易。只有服务可以通过数字方式交付,货物不能以数字方式交付,因此数字交付贸易只涵盖服务贸易。

② 远程交互。数字交付可以在更长的时间内进行,并且可以涉及很大程度上的人机互动。对于数字交付的服务,并不是说在服务交付过程中完全没有人与人的交互,只是这种交互会通过计算机网络远程实现。因此,与数字交付相关的技术范围比与数字订购相关的更广,通过视频电话、电子邮件、语音电话、传真信息和任何其他数字通信设备,以及云网络提供的服务都包括在数字传输的贸易中。对于通过多个交互进行的交易(例如,建筑公司可能通过电子邮件发送信息,并与客户讨论项目)或在连续的基础上(如经纪或保险服务)分类为数字交付或非数字交付的交易,应根据统计期间服务合同的履行方式反映在会计基础上交付的性质。

③ 网络交付。识别数字交付贸易的第一步是识别可数字化交付的服务项目,即可以通过计算机网络进行传输的服务项目。在有足够的服务或产品细节的情况下,从现有统计数据中汇总这些项目可以提供数字交付贸易的上限估计,这样就可以在不改变现有数据收集机制的情况下获取数字交付贸易的统计数据。

4. 尚存在的问题

① 不符合核算系统要求的新兴服务无法纳入数字贸易的统计中。在《数字贸易测度手册》第 2 版中,数字贸易从属于现有货物贸易和服务贸易,这解决了独立统计存在的诸多问

[①] EDI: Electronic Data Interchange,电子数据交换。

题。其严格定义货物贸易只能是数字订购,数字交付只能是服务贸易,而且只能是服务贸易模式一[①],对于统计边界也进行了清晰的界定。同时这种做法必然带来的一个问题是:不属于传统服务贸易类别的一些新兴的数字贸易如何界定？新兴的数字贸易的新模式、新业态在当前的服务贸易中没有明确的分类。

② 非货币数字流未被纳入数字贸易统计中。非货币数字流是指没有货币交易而交换的数据和信息流。例如,社交网站或搜索引擎为用户提供服务,以换取用户的数据,同时这些社交网站或搜索引擎利用用户数据来生成目标广告并获得收入。

③ 用于 3D 打印的数据交付未被纳入数字贸易统计中。3D 打印的行为是物理的,与各种制造过程没有本质上的不同,在 3D 打印中,机器将数字设计转换为物理输出。服务是物理的,不是数字的,由此产生的对象是实物商品。然而,数字交付在 3D 打印中扮演着重要角色。在线服务提供可供付费下载的设计文件,类似于提供以数字形式出售图像或文件的服务。这类交易应计入数字交付服务的交易中。

④ 其他交易方式未被纳入数字贸易统计的项目中。对于数字中介平台、数据交易、云计算、加密资产、金融科技等,人们需要深入地分析研究其是否包含在数字贸易测算之中。

5. 亟待深入研究的问题

数字贸易≈货物贸易中的跨境电子商务＋跨境交付模式(除运输)的服务贸易。金融保险、移动漫游、旅游和在线平台(也主要是旅游订购)等是未来需要深入研究的领域。

一些研究机构认为,在下一步测度的尝试中,可以从 3 个路径进行实践。

① 路径一:以数字化渗透率作为调整因子构建数字贸易规模测度体系。所谓数字化渗透率,即完全以数字化形式交付的服务贸易额占企业全部服务贸易额的比例。

② 路径二:构建基于现有服务贸易和服务外包统计的数字贸易统计体系。

③ 路径三:基于数字经济卫星账户开展数字贸易统计。对于那些直接纳入中心框架会使内容受到一定限制的特殊活动,可通过建立卫星账户对其进行全面描述。

$$数字贸易额＝ICT 服务贸易额＋离岸数字服务外包额＋$$
$$其他服务贸易中的数字贸易额$$

总之,数字贸易的统计需要回归产业、服务产业、驱动产业。我国应立足统计制度现状和各地方在数字贸易统计方面的创新实践经验,持续深化创新研究,建立一个更加精细的,符合数字贸易发展实际情况、特点和需求的数字贸易统计体系。无论是从推动数字贸易产业高质量发展的维度来看还是从进一步提升中国在国际数字贸易领域话语权的维度来看,数字贸易统计都将发挥重要作用。

本章关键词

数字贸易　数据资源　数字订购贸易　数字交付贸易　数字中介平台赋能贸易　数字化渗透率

---

① WTO 确定了服务贸易的 4 种模式,其是对服务贸易内涵的权威阐述和各国普遍接受的模式。模式一为跨境提供;模式二为境外消费;模式三为商业存在;模式四为自然人移动。

本章思考题

1. 数据资源有哪些特点？它是如何使我们的生活更加便利的？
2. 数字贸易产品和服务包含哪些内容？
3. 数字贸易的主要特征有哪些？
4. 数字贸易与传统贸易和服务贸易有何区别与联系？
5. 《数字贸易测度手册》第 2 版对测度原则作了哪些规定？

第3章 传统贸易生态链与数字贸易生态链

数字贸易是一种新型的贸易形态,它借助于互联网、大数据、人工智能等数字技术,实现了贸易过程的数字化、智能化和网络化。数字贸易不仅改变了传统的贸易方式,而且催生了一种全新的贸易生态系统。数字贸易生态链的参与主体除了包括传统贸易生态链的参与主体外,还包括电商平台、网络服务提供商、物流配送企业、支付服务提供商等新兴主体。数字贸易生态链是传统贸易生态链运用互联网技术后发展进化而来的,数字贸易使得国际贸易的生态链趋于短平化、去中心化、简单化,国际贸易模式开始向虚拟化、集成化、普惠化和融合化的方向演进,对传统贸易生态链产生了巨大冲击。了解数字贸易生态链的参与主体、内在结构和演变方式等内容是厘清数字贸易与传统贸易之间差别的关键所在,同时也是洞悉数字贸易未来发展趋势的重要前提。

3.1 传统贸易生态链

3.1.1 传统贸易生态链的参与主体

生态链是指生物在一定环境下的生存发展状态,以及生物之间相互依存、相互作用的关系。贸易生态链指不同经济体相互依赖、相互合作,形成的一个产业循环系统。传统贸易主要是商品和服务贸易。传统贸易生态链指传统贸易中各个环节的参与主体及其之间的关系,包括出口方、进口方、中间组织等。这个生态链是基于线下的物理接触和面对面的谈判、签订纸质合同、货到付款等交易方式的。

1. 出口方

作为国际贸易生态链的源头,出口方能够为最终消费者提供贸易商品或服务,通常而言,商品从出口方开始经过多级中间商的传递进而到达进口方,在这个过程中,出口中间商从差价中获得利润。在传统贸易生态链中,出口方主要包括生产企业和出口中间商。

(1) 生产企业

生产企业是指对原料等进行一系列生产工序处理、生产相关产品的企业。一般而言,生产企业通过购进原材料、进行加工装配等获得所要销售的产品。因此,如果生产企业选择直接对外出口,那么其出口成本一般相较于出口中间商更低,而且其还可以享受出口退税优惠政策。因此,在传统贸易模式下,生产企业进行直接出口时,往往会利用较低的价格去换取较大的贸易市场份额,从而获取高额利润。

(2) 出口中间商

出口中间商往往是指与生产企业在同一个国家的国内中间商,其主要职责是交付贸易货物。国际市场经验不足或出口运营能力有限的生产企业往往会通过出口中间商来进入国际市场。根据其是否拥有产品的所有权,可将出口中间商分为出口经销商与出口代理商。其中,出口经销商是指对所出口的商品拥有所有权的中间商;出口代理商是指没有出口商品的所有权,只是接受委托而买卖商品的中间商。

2. 进口方

进口方是指从国外进口商品并向国内市场销售的商贸组织或个人。进口方既可以先买后卖,也可以先卖后买。其中,前者是指进口方先买入商品,再将商品卖给国内的经销商、批发商、零售商,甚至个人;后者是指进口方先用样品与买主成交,再从国外购进商品,并负责办理运输、保险和报关等事务,根据合同将所购商品交付给买主,此时进口方充当中间商的角色。常见的进口方主要包括进口中间商、零售商和最终消费者。

(1) 进口中间商

进口中间商是指东道国的中间商,其主要职能是给付货款。根据其是否拥有商品的所有权,进口中间商可分为进口经销商和进口代理商两类。其中,进口经销商是指以自身名义从国外购买商品并将商品销售到国内市场,从而获取利润的企业。按其业务范围,通常进口经销商可分为专业进口经销商、特定地区进口经销商和从国际市场上广泛选购商品的进口经销商3类。由于进口经销商拥有商品的所有权,因此其需要承担买卖风险。而进口代理商是以委托人的身份收取佣金的服务贸易企业。其主要包括经纪人、融资经纪商、制造商代理人和经营代理商。进口代理商因为没有商品的所有权,所以通常不需要承担买卖风险。

(2) 零售商

零售商是指将贸易商品直接销售给最终消费者的进口国商户,它处于贸易商品流通的最终阶段,其主要职能是直接为最终消费者服务,实现贸易商品的最终价值。零售主要包括商店零售、无店铺零售、联合零售和新型零售等形式。零售商承担的职责包括采购、销售、调货、存货、拆零、分包、提供销售服务等。

(3) 最终消费者

最终消费者是国际贸易生态链中不可或缺的参与主体。作为国际贸易生态链的终端,最终消费者的消费能力和消费需求决定了商品流通的规模和商品的种类。例如,在B2B贸易模式下,进口方企业和出口方企业直接进行商品的跨境买卖,进口方企业会根据消费者的消费情况选择进口商品的数量和种类,以确保消费者的需求得到充分的满足。

3. 中间组织

在传统贸易模式下,国际贸易往往是"集装箱式"的大额交易,即通过商品批发、零售或批发零售兼营等海外多级分销的方式,经过5个渠道(国内工厂、国内贸易商、目的国进口商、目的国分销商、目的国零售商),将集中的大批量商品送达消费者手中。这个过程主要涉及运输、银行、商检、海关等部门的协作与配合,这些部门在传统贸易中都是不可或缺的,称为中间组织。在传统的国际贸易中,这些中间组织为货物运输、资金流动和交易安全提供坚实的保障,使得国际贸易能够有条不紊地开展。

3.1.2 传统贸易生态链的结构

在传统贸易生态链中,参与主体主要有出口方(生产企业、出口中间商)、进口方(进口中间商、零售商、最终消费者)以及辅助贸易开展的中间组织,这些不同单元的专业化组织互相配合、共同协作,保障国际贸易的顺利开展。传统贸易生态链较长,从最初的生产企业到最终的消费者,商品需要流经多个中间组织,这些中间组织有着明确的分工和职能,共同为国际贸易的顺利开展提供支持。具体来看,传统国际贸易的中间组织包括以下7个。

1. 保险公司

保险公司的主要职责是对进出口货物在运输中遇到的各种风险损失提供社会互助性质的补偿方案。根据货物的运输方式,对外货运保险可划分为海洋运输保险、陆上运输保险、航空运输保险以及邮包运输保险等。

2. 海关

海关是指一国设立在沿海、边境或内陆口岸,依法对进出国境的货物、旅客及旅客行李等进行管制、征收关税、执行查禁走私等任务的国家机关。无论是进口商还是出口商,都要在交易过程中进行进出口报关。

3. 银行

在传统的国际贸易中,贸易合同的履行需要多个不同的银行协助。根据这些银行的不同职能,可以将其划分为4类:开证银行、通知银行、议付银行、汇兑银行。

4. 运输公司

在传统贸易生态链中,运输十分重要。根据运输方式的不同,运输公司可分为海运公司、空运公司、内陆货运公司。

5. 检验机构

检验机构是指根据客户的委托或有关法律的规定对进出境商品进行检验、鉴定和管理的机构。在传统贸易中,除了交易双方自行对货物进行必要的检验外,还必须由某个机构对货物进行检验,检验合格后货物方可出境或入境。在传统贸易中,检验机构包括官方检验机构、半官方检验机构、非官方检验机构。

6. 征信机构

征信机构指依法设立的、独立于信用交易双方的第三方机构。征信机构通过收集、整理、分析企业或者个人的信息资料,出具信用报告以提供不同的征信服务,从而帮助客户判断和控制信用风险等。征信机构能够在一定程度上降低国际贸易双方在信息不对称前提下进行大规模交易所面临的风险。

7. 报关行

报关主要是由报关行来完成的。而报关行是指代理客户向海关递交单证材料、申报进出口货物、办理通关手续等业务、从事保管服务的境内企业法人。报关行提供的服务主要包括策划全方位的进出口物流解决方案,代理国际海运、空运、铁海联运,代理报关、买单、动植检、商检、代买出口货物保险、集装箱运输服务等。

3.1.3 传统贸易生态链的演变

1. 参与主体的演变

在传统贸易模式下,国际贸易的参与主体较为单一且分散,进口方和出口方通过中间组织来完成贸易活动,贸易交易过程及方式十分固定,难以形成集聚效应,贸易企业很难针对消费者需求和市场状况及时作出应变和调整。一般而言,传统国际贸易的参与主体具有3个特点:第一,以线下实体企业为主,贸易企业多为跨国公司和大型企业;第二,贸易数额较大,贸易活动需要通过多个贸易中间商来进行;第三,没有平台的存在,生态链较为封闭,信息不对称问题较为突出。这些特点使得传统的国际贸易需要在固定场所开展,贸易向单一地理位置流动,国家之间的贸易联系不够紧密,信息传递缺乏效率。

为了进一步提高贸易流量和贸易效率,各国贸易团体开始积极寻找解决办法。例如,不同国家通过签订自由贸易协定(Free Trade Agreement,FTA)来促进成员国之间的贸易往来和信息共享,这大幅提升了国际贸易的效率。但是,这种方法并不能使信息充分自由流动,贸易空间的集聚性还体现在贸易中心、批发市场等方面。然而,近些年随着互联网和信息技术的不断升级,依托互联网平台的跨境电子商务逐渐兴起,数字贸易应运而生。依托互联网发展起来的数字贸易(跨境电子商务)的经营模式十分灵活,国际贸易模式开始由传统的 B2B 模式转向 B2C、C2C 等模式。更多的贸易交易对象汇集在数字贸易平台上,使得国际贸易的参与主体更加多元化,不再只是传统的大型商贸企业,越来越多的中小企业、个体商户,甚至最终消费者纷纷参与其中。

此外,在数字贸易的冲击下,国际贸易的中间组织也开始广泛使用互联网技术,为新型贸易业态的发展服务。例如,随着跨境电子商务的快速发展,新型跨境物流公司、新型网络支付公司、新型网络贸易服务公司等大量涌现。跨境电子商务是指通过电子商务平台达成交易、进行支付结算,并通过跨境物流送达商品、完成交易的一种国际商业活动。

2. 内在结构的演变

在传统贸易模式下,贸易商品的传递是由出口方到达进口方再到达消费者,往往需要多层中间商、代理商、分销商参与,这一漫长且烦琐的贸易流程不仅严重影响贸易的效率,还使得各个参与主体的利益被分割。简化贸易过程、提高交易效率已经成为国际贸易生态链演变的主要目标。传统贸易生态链内在结构的演变主要呈现如下特征。

(1)贸易中间商逐渐减少

在传统贸易烦琐的流程中,各个交易环节是环环相扣的,一旦某个环节出错就可能会影响其余各个环节的运行。例如,在交易前的准备阶段,传统贸易中的买卖双方只能通过报纸、展销会、博览会等获取相关信息,信息不对称问题往往会使买方难以获得最佳货源和最低价格,进而影响整个交易的质量。再如,在合同履行阶段,传统贸易中的跨国支付周期较长、付款与收货的风险较大、进出口手续复杂,这会使传统贸易模式下的跨国交易较为低效。由于商品和信息的传递越直接、越简单,越有利于贸易效率的提升,因此可以简化,甚至去除一些功能单一的中间商(如出口商、进口商,甚至零售商)。随着跨境交易中互联网技术的应用日益广泛,贸易中间商的作用逐步淡化,进出口双方可以利用互联网技术进行贸易合作来实现信息的直接传递,进而提升贸易的效率。

(2) 贸易交易环节逐渐减少

在传统贸易模式下,交易支付耗时较长,交易成本较高,且交易的安全性和信用不易得到完全保障,交易存在较高的风险。基于此,国际贸易的进出口商开始通过减少传统贸易中的复杂流程环节来控制风险,同时提升国际贸易的效率。例如,最初贸易双方往往采用信用证方式进行交易,其过程烦琐且耗时较长,双方在建立一定的联系或者经过几次合作之后,会倾向于使用电汇方式进行交易。电汇是以商业信用为基础的,风险较大,而信用证是以银行信用为担保的,风险较小。因此,伴随着交易双方选择交易方式的偏好的改变,传统贸易的参与主体开始重视对方的商业信用,这使更多的第三方中介机构(如征信机构)加入国际贸易的流程中。在如今电子支付系统被广泛采用的情况下,电子单据等取代了传统的纸质单据,跨境国际贸易平台的支付系统将银行与客户等联系在一起,可以实现差异化服务的金融机构广泛存在,这显著降低了贸易企业办理金融业务的成本。

(3) 物流运输逐渐集约化和多元化

在传统贸易生态链中,物流运输这一环节十分复杂,跨境运输主要以大批量、少批次的海运、集装箱运输为主。在互联网技术的冲击下,买卖双方可以越过中间环节直接进行交易,小额订单的大幅增加催生出大量的国际邮政小包、国际快递业务。跨境运输开始呈现小批量、多批次的特点,物流越来越集约。这促进了物流模式向多元化的方向演进,如海外仓、边境仓及自贸区物流等多元化企业纷纷涌现。与此同时,便捷的物流网络还推动了跨境网络零售业的发展,使得许多中小企业,甚至个体商户也能够参与国际贸易,国际市场上的商品日趋多样化,消费者的福利水平也因此得到大幅提升。

3.2 数字贸易对传统贸易生态链的冲击

数字贸易生态链的内在结构比传统贸易生态链更加紧密和复杂。在数字贸易生态链中,各参与主体之间的关系发生了变化,不再是传统的线性关系,而是一种网络状的交互关系。

3.2.1 对生态链参与主体的冲击

数字贸易对传统贸易生态链参与主体的冲击表现在以下方面。

首先,从贸易参与主体中经营主体的性质来看,传统贸易以线下实体企业为经营主体,而数字贸易的经营主体是电子商务类型的"虚拟"企业或实体与"虚拟"并存的企业。

其次,从涉及的参与主体的数量来看,传统贸易涉及的参与主体较多,贸易活动需要通过各种中间商进行,而数字贸易涉及的参与主体较少,中间商并非不可或缺,个体可以直接作为参与主体开展进出口活动。

再次,从经营主体的规模来看,传统国际贸易主要由大型跨国企业来主导开展,而数字贸易能够让更多的中小企业通过互联网途径将产品提供给消费者。

最后,从经营主体的分散性来看,传统贸易经营主体具有分散性,而数字贸易能够依托互联网平台形成统一开放的网络系统,将参与主体集中于互联网平台上。

1. 对进口商的冲击

数字贸易主要通过互联网平台联结生产商和国内外消费者，B2B、B2B2C、B2C 模式均不同程度地简化了传统贸易的运营流程，使功能单一的进口商在贸易链中的地位显著下降。一方面，在传统贸易模式下，进口商由于熟悉经营的产品和目标市场，因此具有较强的销售能力。而在数字贸易模式下，互联网平台能够为消费者提供个性化操作和多样性选择，经营主体与消费主体之间直接沟通，能够消除信息不对称所带来的额外成本，消费者作为国际贸易的直接参与主体可以不通过国内进口商而直接通过电子商务平台实现购买。另一方面，进口商地位的下降不仅是因为电子商务平台能够为供需双方提供直接交易的渠道，还是因为随着数字贸易的不断发展，原先由进口商负责办理的运输、保险和报关等流程正在逐步电子化。例如，在数字贸易模式下，运输有物流新模式（如海外仓）、保险有新险种、报关有新体系和新制度等。

2. 对出口商的冲击

数字贸易主要依托互联网平台上的"虚拟"企业来发展，功能单一的出口商变得可有可无。一方面，出口商是联结生产商和国际市场的重要桥梁，尤其是对于缺少国际贸易经验和实力的中小企业而言，出口商能够为参与国际贸易的企业带来交易费用较少、交易风险较小、操作较为简单等方面的好处。但是，在数字贸易模式下，跨境电子商务服务平台不仅能够起到出口商的主要作用（如寻找目标市场），还能够使生产者与消费者直接联系。此外，数字贸易的发展还为中小企业带来新的发展机遇。中小企业的生产方式和组织形式都较为灵活，能够根据客户需求的变化及时对生产和经营作出调整，进而满足全球范围内消费者的个性化需求，这使得中小企业参与国际贸易的比重大幅增加。另一方面，在数字贸易模式下，产品供应商被赋予传统贸易模式下出口商所具有的一些功能。产品供应商不仅能够不断地为互联网平台提供商品信息，直接为买方答疑解惑，还能够负责交付产品以及收取货款等事项。在传统国际贸易模式下，由于信息获取渠道单一，生产企业希望通过出口中间商来尽快找到目标客户，而数字贸易能够同时集聚生产企业、供应商和消费者，因此出口商的作用逐渐减小。

3. 对中间商的冲击

在数字贸易模式下，中间商作为生态链参与主体的作用被大大弱化，变得可有可无。在传统贸易模式下，大多数中间商被归类为佣金中间商或加价销售中间商。其中，佣金中间商主要参与贸易主体资质审查所需的征信、审查等中间环节；加价销售中间商在连接企业与消费者的一些中间环节上提供帮助。然而，数字贸易使得一批新型的跨境电子商务"虚拟"企业汇集在一个系统化的开放平台上。该平台能够同时汇集全球生产者、供应商和消费者，可以收集、处理消费者的需求信息，并将其反馈给合适的供应商，从而实现各终端主体之间的直接沟通，在很大程度上打破空间与时间上的限制，减少诸多的中间环节，进而实现较大的贸易流量。因此，数字贸易的发展将在一定程度上减少中间商的市场份额，摆脱中间商对贸易信息的控制，让信息更加公开、透明，使买卖双方能够绕过中间商开展贸易活动，从而节约贸易成本。

但在数字贸易发展的前期，中间商的地位并不能被完全取代，这是因为贸易信息的准确度和可靠度都需要拥有专业知识的中间商来把握。同时，中间商可以通过网络平台更快地寻找买卖双方的信息和业务，还可以利用网络平台对货物进行实时追踪和强化管理等。

4. 对中间组织的冲击

随着传统贸易到数字贸易的演变,报关清关、检验检疫、跨境运输、海外仓储、采购分销等诸多环节将逐步实现数字化变革。同时,信息服务平台等新兴平台可以为企业提供"一站式"服务,即帮助企业建立与保险公司、海关、银行和运输公司之间的通信接口,完成电子文件交换等事项,从而提高企业的效率和经济效益。下面从4个方面来说明数字贸易对中间组织的影响。

(1) 数字贸易将催生跨境电子商务保险

国际贸易中的保险需求一直存在,而新型的跨境电子商务需要有与之相匹配的保险产品,以适应业务模式从传统集货向碎片化、短期的海量订单的转变。跨境电子商务保险公司可以借助于互联网技术对接商户平台和保险公司系统,来为跨境企业降低经营风险、为监管方降低监管风险、为终端消费者提供更可靠的保障服务,进而推动跨境业务的进一步发展。以豆沙包公司(一家跨境电子商务保险公司)为例,其主要为跨境电子商务生态圈提供风险保障基础业务,具体业务覆盖包括电商平台、物流企业、供应链及消费者等在内的跨境电子商务的全链条。该企业通过以大数据驱动的风险管理体系、以机器学习算法为基础的动态风险定价模型以及AI智能理赔技术,研发创新型保险产品,通过互联网完成实时报价、投保、定损及理赔的整个闭环流程,实现对跨境电子商务进出口海量、碎片化、短期订单交易的全流程保障。

(2) 数字贸易将驱动以海关为主导的跨境数字贸易税收征管体系的建立

数字贸易的兴起有利于社会经济的发展和全球消费者福利水平的提升,同时也为国际贸易的监管部门带来诸多难题。例如,在通过网络传输并无实际载体进出境的数字电影拷贝方面,《中华人民共和国海关法》对海关的监管权并无明确规定,这给税收征收、海关监管、侵权保护等带来了一定的困难。互联网技术的快速革新以及数字贸易模式下交易产品的无形、虚拟和便于传输等特性使得消费者可以快速进行数字产品和服务的交易,而监管体系在短时间内很难作出相应的改变。

(3) 数字贸易将助推数字金融发展

在传统贸易模式下,支付主要通过信用证、托收等方式实现,同时还需要附上一些书面单据。而数字贸易模式下的支付体系将用电子单据代替纸质单据,相关转账、结算等业务主要在网上进行。数字贸易的发展将驱动跨境支付技术的不断改进、数字货币的加速变革以及金融科技公司的快速发展。例如,2017年欧洲七大银行合作建立了区块链贸易融资平台——数字贸易链(Digital Trade Chain,DTC),该平台通过分布式账本(即一个在线界面和移动应用)连接所有参与主体(如买方、卖方及其各自的银行和物流运输商等),来记录、跟踪交易的过程和确保交易的安全,进而为欧洲企业提供更加良好的国际贸易环境。与传统贸易中的信用证等手段不同,数字贸易下的银行体系革新有助于减少各种行政工作,加快订单清算过程,增加端对端的透明度,进而使中小企业等各参与主体获益。

(4) 数字贸易将推动物流体系发生重大变革

传统国际贸易的运输以海运、集装箱运输为主,主要采用单一化的物流运输模式,来突破时间和空间上的限制。然而,在数字贸易模式下,物流体系将借助于物流网、云计算和最新网络通信技术来作出相应的变革。首先,随着跨国零售贸易的快速发展,小额订单、分散高频订单等将替代原有的大额订单,大量的国际邮政小包和国际快递业务出现。其次,物流经营模式由原来的以运输为主转变为物流与供应链管理相结合(即将生产者、供应商和消费者结合起来),实现整个供应链流程的重构和优化,进而缩短物流周期。最后,数字贸易将推动虚拟平台与物流的协同发展,物流模式呈现多样化发展趋势,海外仓、保税仓、第三方物流等新型物流模式不断涌现。

3.2.2 对生态链内在结构的冲击

传统贸易的出口流程为"供应商→出口商→进口商→进口分销商→零售商→消费者",整个流程的生态链较长,出口效率较低,供应商、出口商所获利润较少。而且,传统国际贸易的参与主体诸多,如生产商、出口商、进口商、代理商、零售商以及消费者等,他们不同程度地参与报价、订货、付款、备货、包装、通关、运输、结汇等多个中间环节,烦琐的中间流程导致终端商品价格被大幅提升。数字贸易主要利用互联网平台为贸易企业提供便利,可以使生产商或出口商直接对接国外消费者,极大地简化中间环节,消除消费者与商家之间的信息不对称现象。因此,数字贸易的快速发展将对国际贸易生态链的内在结构产生巨大的冲击。

1. 生态链结构短平化

数字贸易依托互联网技术和数字技术形成数字贸易平台,通过 B2B、B2C 等模式实现消费者与供应商的直接对接,能够及时追踪消费者需求的变化,减少国际贸易的参与主体,从而通过降低贸易成本和丰富出口产品种类来推动国际贸易快速增长。由此可见,在数字贸易模式下,国际贸易生态链呈现短平化趋势。与传统贸易相比,数字贸易利用数字贸易平台,去除了出口商、进口商、批发商等中间环节的参与主体。国际贸易生态链的缩短有助于降低贸易成本和提高贸易效率。

2. 生态链流向去中心化

数字贸易突破了以单向物流为主的运作模式,改变了国际贸易生态链的流向。在传统贸易模式下,人、财、物聚集后才能进行交易,而在数字贸易模式下,人、财、物不再必须聚集在一起,三者的分离已常态化。随着大数据、云计算等现代信息技术的广泛应用,跨境电子商务平台已经成为一个集资金流、信息流、物流、商品流等于一体的虚拟商业中心,这使得传统商业中心的地位逐步弱化。在数字贸易模式下,供应商和最终消费者主要利用在线交易平台开展买卖活动。物流流向不再是"供应商→商业中心→最终消费者",而直接是"供应商→最终消费者";交易模式由原先的"现付现结"演变为"网络平台",资金流向是"最终消费者→网络平台→产品供应商"。

3. 生态链环节简易化

在传统贸易模式下,整个交易的各个环节相互关联,不论其中哪个环节出现问题,其余的环节都将受到影响。在数字贸易模式下,交易准备、交易磋商和合同履行等环节都因互联网、信息技术的广泛使用而变得简单、透明,各个环节通过信息技术联系在一起,交易相关的订单等由互联网自动生成,这极大地增强了整个交易流程的安全性。另外,国际贸易所涉及的保险、物流、支付、清关等流程也都因互联网技术的广泛应用而有了较大的改变。国际贸易的生态链得到简化。

在交易准备阶段,在传统贸易模式下,买卖双方主要利用博览会、报纸、杂志等进行产品信息的宣传或获取,信息不对称性问题较为突出,买卖双方均难以实现利益最大化。但在数字贸易模式下,买卖双方主要利用跨境电子商务平台来实时发布、更新、查询商品信息,可以更有效地找到最优交易对象。

在交易磋商阶段,在传统贸易模式下,买卖双方常常使用邮件、传真等方式进行询价、报价、还盘和接受等,而在数字贸易模式下,买卖双方依托平台实时进行磋商,各种交易磋商信函、电子单证等都通过网络传递,最后买卖双方签署电子合同,整个流程方便、快捷、高效。

在合同履行阶段,数字贸易借助于现代化技术来实现支付、物流、通关等,可以显著降低传统贸易在这些事项上的风险性和复杂度。

3.2.3 对生态链中贸易模式的冲击

伴随着新型信息通信技术在国际贸易领域的广泛应用,跨境电子商务平台正逐步替代传统贸易模式下的中间商,使得国际贸易的生态链趋于简单化、短平化。

首先,数字贸易的发展将推动仓储、物流等环节实现突破性、创新性发展。全新升级的仓储、物流等模式有利于多个生产商同时进行高效率的进出口活动。其次,在传统贸易模式下,国际贸易的生态链烦琐、冗长,生产商与消费者之间存在多级经销商和零售商;在数字贸易模式下,生产商能够与消费者直接进行联系,这极大地降低了中间成本和交易费用。最后,不同于传统贸易模式中的清关手续由进出口商负责,在数字贸易模式下,可以依托人工智能、深度学习技术、电子证据链技术和跨境互联网技术,在较短的时间内完成跨境双边进出口清关过程,实现跨境远程报关、清关等。因此,数字贸易给传统贸易生态链中的贸易模式带来强力的冲击。

1. 贸易模式虚拟化

伴随着数字贸易的快速发展,单一的实体贸易市场等的地位日渐下降。在传统贸易中,实体贸易市场将生产者、供应商和消费者等贸易参与主体集聚在同一个空间和时间下而自身成为国际贸易中心,而数字贸易通过互联网虚拟平台将全球的生产者、供应商和消费者等集聚在一起,实现物流、商流、资金流及信息流的汇集。显然,数字贸易平台的集聚效应更为明显。因此,越来越多的个体、企业采取数字贸易方式开展进出口活动,线上与线下的结合更为紧密,这促使贸易模式呈现虚拟化发展态势。而且,无论是在产品信息展示、交易磋商方式方面还是在合同履行途径方面,数字贸易都利用大数据、移动互联网、网上支付等现代化信息手段实现了要素、交易和传输过程的虚拟化。其中,新型仓储模式有效地配合了网上物流信息的追踪和监控。与此同时,贸易模式虚拟化也会带来一些弊端。例如,无法确定参与贸易的每一个主体的经营地点以及利润情况。

2. 贸易模式集成化

数字贸易可被视为一个以数字贸易平台为核心,各环节紧密联系、各主体协同共生的有机生态系统。首先,在数字贸易模式下,数字贸易平台不仅是国际贸易运行的场所,还是协调和配置资源的基本组织,该平台能够依靠信息流汇集各个主体及各类资源。其次,数字贸易能够依托数字贸易平台促进采购、仓储、营销等环节的集约化管理。最后,数字贸易平台汇集全球的生产者、供应商和消费者等,实现上述主体的集成,从而减少信息不对称所形成的价差;而且,商品选择、交易付款、物流运输等流程一站式完成,能够有效降低成本,提高各方的收益。

3. 贸易模式普惠化

在数字贸易的不断冲击下,国际贸易模式正在向普惠化方向演变。一方面,从企业角度来看,传统贸易主要服务于跨国企业或大型企业,中小型企业受自身规模、国际经验等条件的限制无法顺利开展国际贸易,而且参与国际贸易的企业无法全面获得目标市场、最终消费者等方面的信息,难以实现各自利益的最大化。然而,数字技术的广泛应用极大地降低了企业开展对外贸易的门槛,有效弱化了信息不对称问题,大型企业、中小型企业、微型企业乃至个人都可以参与对外贸易活动并从中获利。另一方面,从消费者角度来看,消费者不仅能够更加便捷地获得高质量的商品和服务,还能拥有更多的贸易企业所提供的个性化、多样化的选择。随着个人消费者贸易参与程度的不断加深,电子商务贸易服务平台上的企业将会通过为消费者提供个性化服务来获取新的竞争优势。数字贸易能够使得生产者与消费者直接联系,能够将分散的贸易流量和消费者信息汇集在共同的平台之上,这使得生产者为消费者进行差异化生产和个性化服务成为可能,消费者的福利水平也会因此得到大幅度提升。

4. 贸易模式融合化

数字贸易平台通过综合多种中间商角色,实现了采购、仓储、加工、配送等产业的深度融合,这些因素共同推动贸易模式向更加开放、更加融合的方向演化。例如,数字贸易将助推服务贸易与货物贸易深度融合发展。

首先,数字贸易的快速发展使得外贸企业面临的全球市场竞争更加激烈,企业将不局限于为消费者提供高质量的商品和服务,如何整合生产、供应、仓储、物流、销售等环节来形成有效的供应链尤为关键。

其次,在数字贸易发展过程中所涌现的专门从事综合服务的平台型企业将加快服务贸易与货物贸易的融合。在数字贸易模式下,专业的平台型企业能够通过其所掌握的规模化和标准化的对外贸易流程,向其他中小型企业提供信息流、物流和资金流等方面的服务,来使外贸企业的成本降低和利益最大化,这在客观上加速了服务贸易与货物贸易的融合。

3.3 数字贸易生态链

在数字贸易的发展初期,数字贸易产业链只局限在物流、信息流、资金流3个方面,并未形成完整的流转体系。而现阶段,这条产业链上的所有物流商、服务商等都被整合在同一个平台上,数字贸易平台拥有全程自动化的物流追踪系统和多种模式的资金风险管理体系,这条产业链已经逐渐演变为数字贸易生态链。数字贸易生态链是指数字贸易的参与主体之间相互作用、相互影响而形成的动态平衡系统。这个系统涵盖了数字贸易的各个方面(包括数字产品、数字化服务、数字平台、数字网络、数字安全等)。

数字贸易生态链的形成和发展是数字化时代经济发展的必然趋势,它能够大大降低贸易成本,提高贸易效率,促进全球贸易的发展。同时,数字贸易生态链也面临着安全风险、监管挑战等,需要不断加强数字化安全保障和监管,以保障数字贸易生态链的稳定和健康发展。

3.3.1 数字贸易生态链的参与主体

在数字贸易模式下,国际贸易的核心参与主体是供应商、数字贸易平台(包括提供信息流服务的数字贸易信息平台、提供物流服务的数字贸易物流平台、提供资金流服务的数字贸易支付平台)以及消费者。其中,数字贸易平台作为数字贸易生态链的核心,不仅需要实现供应商与消费者之间的联系,还需要支持消费者在该平台上浏览产品、下单和支付等活动。在传统贸易模式下,生产商和最终消费者并不直接进行交易,整个交易过程还存在代理商、批发商、零售商等中间机构;在数字贸易模式下,供应商和消费者可以通过数字贸易平台直接进行交易。这极大地简化了贸易过程,促进了贸易运作方式的转变。图 3-1 所示为数字贸易产业链的参与主体。

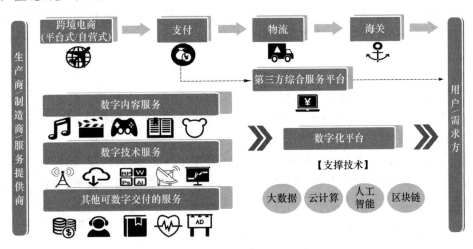

图 3-1　数字贸易产业链的参与主体

(资料来源:前瞻产业研究院,《2022 年中国及全球数字贸易发展趋势研究报告:区域先行 数贸全球》)

1. 供应商

供应商作为产品生产者,是数字贸易生态链的交易主体,这些供应商包括个人、企业、社会团体或政府机构。在数字贸易生态链中,供应商主要包括生产商、制造商、服务提供商等,其特点主要表现在两个方面。

(1) 全部交易过程实现电子化

与传统供应商所面临的交易环境不同,这些供应商本质上是网络供应商,主要借助于服务集成商所搭建的数字贸易平台提供产品信息发布和产品供给服务,全部交易过程实现电子化。

(2) 供应商的企业规模跨度很大

发展初期的数字贸易主要采用跨境电子商务的 B2B 模式,其参与主体主要是大中型企业。后来,跨境电子商务的 B2C、C2C 模式逐渐兴起,吸引大量的中小企业,甚至个体商户参与其中,数字贸易的供应商变为大型企业、中小微企业,甚至个人网商。如今,越来越多的外贸企业参与数字贸易,甚至抛弃传统的线下业务,开始规模化、专业化地运作线上业务,这些企业已经成为数字贸易生态链上数目最为庞大的参与主体。

2. 从事跨境电子商务的企业

从事跨境电子商务的企业正是跨境电子商务的主要参与者,其通过提供跨境服务和进行跨境商品交易来获取利润。不断壮大的跨境电子商务正在引起国际贸易格局的巨大变革,大量的外贸企业正在向跨境电子商务企业转型,以利用跨境电子商务所构建的开放、多维、立体的多边经贸合作模式,来实现多种资源的优化配置与企业利润的最大化。随着跨境电子商务的不断升级,B2B、B2C、C2C 等商业模式兴起,使从事跨境电子商务的企业的经营模式更加多样化和专业化,企业与消费者的沟通和联系更加紧密。

3. 数字贸易平台

从数字贸易信息流的角度看,数字贸易平台既是数字贸易生态链的起点,又是数字贸易生态链的核心。数字贸易平台将供应商与消费者全部汇集在一起,并为其提供网络产品展示和交易服务,买卖双方只有利用该平台提供的信息流才能保证交易正常进行。从操作流程的角度看,数字贸易平台首先获取、组织、共享产品供应商的各类资源,然后基于对消费者需求的识别进行精准匹配、整合创新,形成体现自身经验和思维成果的一站式数字贸易服务解决方案,从而缩短交易流程、减少交易环节、提高交易效率。具体来看,数字贸易平台包括以下几个。

(1) 提供信息流服务的数字贸易信息平台

在数字贸易中,该平台是协调和配置资源的基本经济组织,其构建生态链上各环节相互关联的信息网,成为汇聚各方数据的中枢,同时该平台也是实现价值创造的核心。

(2) 提供物流服务的数字贸易物流平台

物流货运代理企业作为数字贸易物流服务平台的支撑企业,为数字贸易活动提供全程的物流服务。在传统贸易模式下,物流货运代理企业利用其所拥有的运输、仓储、报关报检等业务的资源和经验为一般进出口贸易企业服务,而随着数字贸易的发展,物流货运代理企业开始把服务范围拓展到数字贸易行业,已经成为数字贸易业务的重要参与主体。

(3) 提供资金流服务的数字贸易支付平台

安全、高效的跨境支付体系是支撑数字贸易发展的基础性保障。实现不同货币之间的国际支付和国际结算是开展数字贸易的关键问题和主要难点。随着跨境电子商务的不断发展,银行、支付平台企业等已经开始进入数字贸易行业,成为在国际贸易生态链上围绕数字贸易平台活动的支撑性企业。此外,支付平台企业(如 PayPal、支付宝等)开始主动开展与数字贸易业务相匹配的支付服务,如在海外电商平台上开通自己的支付接口等。

另外,提供增值服务的平台型企业寄生于数字贸易平台,主要为数字贸易的开展提供增值服务,如数字贸易供应链服务企业、跨境市场营销企业、国际物流增值服务企业等。

4. 消费者

数字贸易的产品消费者是数字贸易生态链的终点,也是数字贸易生态链的用户或需求方,负责接收商品和支付货币,并将购物信息反馈给平台服务商和产品供应商。作为数字贸易的交易主体之一,消费者是产品的接收者和使用者,其可以是个人、企业、社会团体或者政府机构。相比于传统贸易模式,在数字贸易模式下,消费者在国际贸易中的参与程度和参与方式发生了巨大的变化,主要体现在以下方面。

(1) 消费者的角色发生了变化

在传统贸易模式下,生产者把商品提供给经营者,经营者再将商品销售给消费者。在通常情况下,商品在经营者之间需要经过多级传递才会到达消费者,而消费者的消费需求和对商品的反馈也需要经过层层传递才能被生产者所感知和接受。而在数字贸易模式下,生产者与消费者可以直接对接,消费者能够更加直接地参与贸易过程,其与生产者的互动和沟通增多,其满意度会因此得到大幅提升。

(2) 消费者对商品信息的获取更加便捷,并且所获取的信息更加完备

在传统贸易模式中,消费者所能获取的商品信息受地域、信息媒介的限制,消费者往往

需要花费大量的时间和精力去搜集和筛选关于商品购买及使用的信息。而在数字贸易模式下,消费者通过网络即可获取最直接的商品信息,只需要输入关键词便可以实现有效匹配和精准检索。

(3) 消费者采购商品更加便捷和高效

在传统贸易模式下,消费者通常要进入实体商店选择和采购所需的商品,并且采购行为受到营业时间的限制。而在数字贸易模式下,消费者可以通过网络全天候地选购目标商品。

5. 中间组织

在传统贸易模式下,国际贸易的中间组织主要包括保险公司、海关、银行、运输公司、检验机构、征信机构、报关行七大类。在数字贸易模式下,这些中间组织同样发挥着重要作用,与此同时,一些新型的中介组织逐渐兴起,如海外仓、国际物流系统等。海外仓是指建立在海外的仓储设施。国内企业将商品通过大宗运输的形式运往目标市场国家,在当地建立仓库储存商品,根据当地的销售订单,实时作出响应,及时从当地仓库直接进行分拣、包装和配送。

首先,由于快销产品的销售具有订单数量繁多、单一订单订购数量较少等特点,因此传统的进出口贸易显然不能适应市场的需要。传统的进出口贸易主要是企业间贸易(B2B 模式),而跨境电子商务不仅包含企业间贸易,还包括企业与消费者直接开展的贸易(B2C 模式)。中间环节的大幅缩减将使得跨境电子商务企业能够在市场竞争中获得价格优势。而且,跨境电子商务企业使用海外仓能够缩短商品到达消费者手中的时间,有效避免消费者长久等待,因此会使消费者获得更好的购买体验。

其次,传统的邮递包裹具有物流速度较慢、运输耗时较长、包裹容易丢失和错拿、产品破损率高、货运种类非常有限等缺点,而跨境电子商务企业要实现又快又好地发展则不能以传统邮递作为主要的物流手段,其使用海外仓可以大大降低商品运输过程中存在的意外毁失风险,进而更好地控制物流成本。

最后,大数据等先进技术的迅速发展和广泛应用也为跨境电子商务企业运营海外仓提供了坚实的技术基础。此外,国际物流系统也是跨境电子商务发展到一定阶段所产生的新型中间组织。国际物流是指两个或两个以上国家或地区之间的商品物流和信息物流。随着数字贸易的不断发展,国际物流的重要性日益凸显。国际物流系统是一个多环节的、复杂的系统,伴随着信息流动和商品流动,各个子系统紧密联系在一起,根据系统的总目标,各个子系统通过信息传递和信息共享来相互协调,适时、适量地配置和调度系统的资源。

3.3.2 数字贸易生态链的内在结构

与传统贸易生态链不同,数字贸易生态链存在资金流、物流和信息流之间的流转关系。数字贸易生态链是以数字贸易平台为中心,通过多种渠道实现各个主体之间信息、商品、资金的流动。简而言之,数字贸易生态链是在数字贸易环境下,产品供应商、数字贸易平台和消费者之间构成的链式关系,是数字贸易的各个主体之间共享信息、相互联系、相互作用进而形成的有机系统。数字贸易生态链的内在结构可分为 4 个层次,即核心层、信息层、流通层、资金层。

1. 核心层

数字贸易平台是数字贸易生态链的核心结构。随着数字贸易的快速发展,数字贸易平台不仅是协调和配置资源的基本经济组织,还是价值汇聚和价值创造的核心架构。在数字贸易平台上,价值创造是指在充分利用互联网技术的基础上,通过整合供应链的各个环节,促成相关贸易参与主体的交易协作和适度竞争。目前,数字贸易生态链将逐步演变为以数字贸易平台为核心、各贸易环节智能联动、各贸易参与主体互利共赢的数字贸易有机生态系统。

2. 信息层

伴随着计算机、大规模集成电路等数字技术的广泛应用,互联网已经成为发展数字经济和数字贸易的基础。数字经济是以使用数字化的知识和信息为关键生产要素、以现代信息网络为重要载体、以信息通信技术的有效使用为效率提升和经济结构优化的重要推动力的一系列经济活动。数字经济是数字贸易的生态基础,数字贸易生态链的信息层具有透明化、精准化、高效化的特征。与传统国际贸易相比,数字贸易的信息流更加活跃、完备、迅速,这些信息包括产品信息、交易信息和消费者的消费反馈信息等。

3. 流通层

生态链的流通层主要是物流系统,物流是生态链上实体商品流动的信息体现,主要为现金流动和信息流动提供保障,并对跨境物流运作、跨境市场运行体系以及海关通关作业流程等方面的改进提供数据支撑。同时,流通层还可以助推数字贸易平台实现报关、质检、征税、汇款、物流等活动的一体化操作。

4. 资金层

在数字化时代,金融科技与贸易金融逐渐深度融合。在数字贸易模式下,生态链上资金层的货币流通变得更加便捷,持续优化的金融配套服务、国际理赔服务及供应链服务共同推动资金的快速流通,而应运而生的跨境支付系统、电子支付系统为资金层的有效运作提供了充分的技术支持。

目前,数字贸易生态链逐步呈现3个特征。其一,结构完善。数字贸易生态链拥有完善的组织结构,这种组织结构由包括不同类型数字贸易主体(也称节点)的链条组成,各个节点能够实现协调、互动与连接。其二,功效强大。数字贸易生态链具有强大的内在功效,这主要表现为生态链上的资金流、信息流、物流的流转成本较低、流转质量较高和流转速度较快。其二,价值共享。数字贸易生态链可以实现价值共享。各贸易主体不仅会实现价值共享,还会通过共同创造价值,提高数字贸易生态链的整体价值。与其主要特征相对应,数字贸易生态链可以从连接方式多元化、链长适度优化、链中链结构灵活化等方面来进行优化,其优化目标是实现生态链的整体价值最大化、节点增值最优化和共享价值合理化。

3.3.3 数字贸易生态链的演变

现阶段,数字贸易生态链不断演变,逐步由单一化的生态链向多元化的数字贸易生态系统,甚至综合性的生态圈演变。

1. 单一化的生态链

目前,数字贸易生态链已经逐渐形成固定模式,其中最常见的是单条式和多条式。单条式简单,每个主体只需要承担本身的职责,而不会承担其他功能;多条式复杂,每个主体不仅承担原职,还需要扮演其他的角色,如数字贸易平台服务商不仅是自身生态链上的服务商,还是其他生态链上的供应商。数字贸易生态链结构的基本要素是主体类型及数量,当主体类型及数量较多时,各主体之间的联系会更加紧密,生态链结构就会更加复杂,生态链的互利共赢关系也会更加稳定。

目前,随着消费需求的不断升级和交易主体之间联系的日渐紧密,已经衍生出多种类型的数字贸易生态链,具体可以分为 B2B、B2C、B2G、C2C 等多种模式。

第一,B2B 模式是企业与企业之间通过互联网进行产品、服务及信息交换的商务模式。例如,阿里巴巴、慧聪等企业采用的就是 B2B 运营模式。

第二,B2C 模式是企业对消费者的电子商务模式,其一般以网络零售业为主,主要借助于互联网开展在线销售活动。例如,亚马逊、天猫、京东等采用的就是 B2C 运营模式。

第三,B2G 模式是企业与政府之间通过网络进行交易活动的商务模式,如政府采购、税收、商检、电子通关、电子报税等。

第四,C2C 模式是指消费者与消费者之间的交易模式,如淘宝网、拍拍网都采用的是 C2C 运营模式。

2. 多元化的生态系统

相对于数字贸易生态链,数字贸易生态系统是更加多元化、更加成熟的生态组织架构。在现阶段,我国数字贸易平台与跨境物流产业尚未形成有效的联动协同发展机制,这不利于数字贸易信息的高效传递以及物流的高效运转。数字贸易价值链十分强调信息流的重要性,需要将不同类型的数字贸易平台汇集起来,形成一个开放的、集体建设的生态系统,即数字贸易生态系统。具体而言,数字贸易生态系统是以数字贸易平台为核心,以跨境电商为依托,以物联网、云计算等信息技术为支撑,借助于物流体系实现全方位一体化的服务系统。在这个系统中,跨境电子商务企业在数字贸易平台上进行贸易活动,通过互联网信息技术实现贸易的磋商、谈判、成交等,最后借助于物流体系进行货物的传递,从而完成整个贸易活动。

敦煌网是目前我国数字贸易生态系统构建较为出色的平台型跨境电子商务企业之一。2004 年,敦煌网首创 B2B 在线交易模式,并不断完善外贸生态体系,形成了以大数据运营为核心服务能力的独特架构——数字贸易智能生态体系(Digital Trade Intelligent System,DTIS),如图 3-2 所示。DTIS 通过为外贸企业提供全流程服务(包括海外营销、品牌推广、物流、支付、通关、检验检疫、结汇、退税等),不断沉淀留存国内外市场的供需关系数据,而线上平台(DHgate 和 DHport)则利用这些数据进行不同类型的供需双向精准匹配,重塑贸易流程并打造数字贸易的新生态。

其设计逻辑是:以服务沉淀数据、以数据建立信用、以信用保障交易、以交易升级服务,并在这一闭环中实现信息层、资金层、流通层的循环优化,衍生贸易服务的新类型,促进外贸整体生态不断进化。此外,由于贸易场景和贸易主体的不同,敦煌网创新性地提出"贸易即服务(Trade as a Service,TaaS)"模式,以 DTIS 为载体,推出一整套"乐高式"模块化数字贸易解决方案,其具备快复制、轻落地、强延展等特征,进而打造"数字贸易中国样板"。TaaS 的"乐高式"模块化数字贸易解决方案包含多维度、小颗粒、标准化的服务模块,通过组建生态体系最基本的活动单元,针对不同贸易场景和主体进行灵活组合,覆盖国际贸易全流程。

3. 综合性的生态圈

数字贸易生态圈是数字贸易生态链的"高级版本",其最终实现需要共建者为生态圈贡献丰富可信的共享资源,共建者可以通过良性互动获取所需的信息和资源。数字贸易生态圈是以数字技术为基础,将贸易主体、交易平台、金融机构、数据服务提供商等各方汇聚在一起的贸易生态系统。数字贸易生态圈主要由核心层、支撑层、技术服务层和环境层构成。

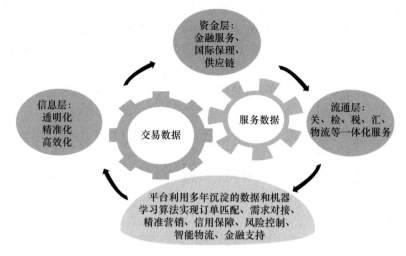

图 3-2　敦煌网数字贸易智能生态体系的设计思路

(资料来源:《敦煌网发布数字贸易智能生态体系(DTIS)》,https://finance.ifeng.com/a/20171205/15843038_0.shtml)

① 核心层主要由跨境电子商务平台以及买卖双方构成,买方和卖方通过互联网平台实现跨境交易,同时将交易信息通过信息流传递到支撑层的各大平台和技术服务部门。

② 支撑层主要是跨境电子商务的服务平台(包括报关报检、出口清关、税收结算等),由海关、政府和相关企业进行建设和管理,实现信息的统一交换和传递。

③ 技术服务层的主要任务是通过大数据、云计算、软件、运营、营销等为各上层平台提供技术服务,保障跨境电子商务生态圈的整体运作。

④ 环境层主要包括生态圈赖以生存的数字营商环境、自然地理环境和社会文化环境。由于数字贸易通常涉及跨境业务,国家间的政治形态、经济发展和社会文化等差异等产生了高度的环境不确定性,使得数字生态圈必须具有一定的抗风险能力。

目前,亚马逊公司所建设的跨境电子商务生态圈就是综合性的数字贸易生态圈。首先,在物流运营方面,亚马逊公司凭借其全球布局优势,与联邦快递、UPS、DHL 等全球物流企业有着紧密的合作关系,建立了一套完整的跨国跨洲物流体系。其次,在平台沟通方面,亚马逊所拥有的完善的供应链和快捷传输的数据系统推动了仓储备货、电商平台、物流运输、进出口清关等流程的一体化。最后,亚马逊跨境电子商务生态圈平台化模式有助于实现企业间的信息共享与合作,有利于企业积极参与跨境电子商务的实践,进而实现整个生态圈的协同稳定发展。

本章关键词

数字贸易生态链　跨境电子商务　传统贸易生态链　生态链演变　海外仓　数字贸易生态圈

本章思考题

1. 数字贸易参与主体与传统贸易参与主体有哪些不同?
2. 在数字贸易生态链中,跨境支付的角色是什么?如何确保跨境支付的安全和便捷?
3. 物流在数字贸易生态链中的地位是什么?如何利用现代技术提升物流效率?
4. 数字贸易生态链是如何演变的?
5. 数字贸易生态链的发展给中小企业带来了哪些机会和挑战?

第4章　国际贸易理论和互联网理论在数字贸易中的适用性

在数字贸易快速发展的今天,传统贸易理论是否仍具有适用性？1776年英国古典经济学家亚当·斯密(Adam Smith)的《国富论》(*The Wealth of Nations*)是传统贸易理论的起源,标志着经济学作为一门独立学科的诞生,奠定了古典政治经济学的理论基础。大卫·李嘉图(David Ricardo)的比较优势理论与伊莱·赫克歇尔(Eli Heckscher)和伯尔蒂尔·俄林(Bertil Ohlin)的要素禀赋理论是对传统绝对优势贸易理论的发展。保罗·克鲁格曼(Paul Krugman)和埃尔赫南·赫尔普曼(Elhanan Helpman)的规模经济理论等新贸易理论和马克·梅利茨(Marc J. Melitz)的异质性企业贸易理论等新-新贸易理论不断深入。讨论传统贸易理论和现代国际贸易理论在数字时代的适用性及其面临的挑战,是探讨数字贸易理论的前提。数字贸易一方面呈现出与传统贸易的许多差异,另一方面延伸和拓展了现有的国际贸易理论和实践。新兴的互联网理论对数字贸易的影响较为深远,主要包括长尾理论、互联网四大效应理论和平台经济理论等。

4.1　传统贸易理论的适用性

1817年英国古典经济学家大卫·李嘉图在亚当·斯密的绝对优势理论的基础上提出的比较优势理论,以及20世纪瑞典经济学家伊莱·赫克歇尔和伯尔蒂尔·俄林的要素禀赋理论对现代西方贸易理论产生了决定性影响。建立在比较优势理论基础上的还有特定要素和标准贸易等模型。随着数字贸易的产生和发展,贸易标的、组织方式、主体与要素特征均与传统贸易有根本的不同,国际贸易理论面临着严峻的挑战。

4.1.1　比较优势理论

1. 比较优势的概念

经济学起源于对国际贸易和国际金融的研究。苏格兰哲学家大卫·休谟(David Hume)的《贸易平衡论》(*Of the Balance of Trade*)首次提出了经济模型。英国古典经济学家、西方古典经济学奠基人亚当·斯密的《国富论》系统地提出了绝对优势理论(亦称"绝对成本理论""绝对利益学说")。绝对优势理论认为各国拥有不同的自然优势并形成了商品生产成本的绝对差异,因此一国在具备生产产品的绝对优势时选择出口,反之则进口,这能够为该国提供绝对利益。然而绝对优势理论并不能解释一国在各种产品生产中都不具有绝对优势的情况下仍然开展贸易的原因。

大卫·李嘉图的《政治经济学及赋税原理》(The Principles of Political Economy)在绝对优势理论的基础上发展出了比较优势理论。比较优势理论有以下几个要点。

① 李嘉图使用两个国家、两种产品的模型来阐述比较优势理论。在此模型中，劳动力是唯一的生产要素，因而劳动生产率的不同是产生比较优势的唯一原因。

② 戈特弗里德·冯·哈伯勒(Gottfried Von Haberler)从机会成本的角度重新阐述比较优势理论，一国在某种产品生产中具有比较优势是指该国生产该种产品的机会成本低于其他国家生产该种产品的机会成本。哈伯勒指出，在国际贸易中，只要两国的机会成本不同，就有进行贸易的可能。

③ 比较优势理论为国际贸易奠定了基础。因此，当一国在所有贸易部门中都处于劣势，即生产成本较高的情况下，应根据"两利相权取其重，两弊相权取其轻"的原则，生产并出口具有比较优势的产品，进口具有比较劣势的产品。这一理论解释了发达国家与发展中国家开展贸易的根本原因，弥补了绝对优势理论的不足，并分析了双方的贸易利得。

2. 两产品比较优势模型

李嘉图假设两产品比较优势模型包含以下假设：①只有两个国家，只生产两种产品；②生产要素只有劳动；③单位生产成本不变；④运输成本为零；⑤不存在技术进步；⑥完全竞争市场与充分就业。在李嘉图模型中，假设英国(A)与葡萄牙(B)生产毛呢(X)和酒(Y)两种产品，生产成本以生产所需劳动量表示。两国分工前后的生产情况如表4-1所示。

表4-1 两国分工前后的生产情况

两国分工前的生产情况			两国分工后的生产情况		
国家	酒(Y)所需劳动量/单位	毛呢(X)所需劳动量/单位	国家	酒(Y)所需劳动量/单位	毛呢(X)所需劳动量/单位
英国(A)	120	100	英国(A)		220
葡萄牙(B)	80	90	葡萄牙(B)	170	
总产量	2	2	总产量	2.125	2.2

通过对比相对劳动生产率，即Y_A/X_A与Y_B/X_B，或X_A/Y_A与X_B/Y_B，可知葡萄牙在两种产品生产中均具有优势（所需劳动量较少），但优势程度有所不同。葡萄牙生产酒的效率较高，而英国生产毛呢的效率较高。如果实行专业化分工并进行贸易，即葡萄牙专门生产酒，英国专门生产毛呢，那么两种商品的产量都将得到提高。两国可以保持消费总量不变，分别节约了劳动力；也可以增加产量，其中毛呢增加了0.2单位，葡萄酒增加了0.125单位。

3. 数字贸易中的比较优势

比较优势理论同样可以应用于数字贸易。数字贸易与传统贸易的动因都是通过专业化生产，即生产并出口具有比较优势的产品，进口具有比较劣势的产品，获得更高的贸易利得。然而数字贸易的生产资料、主体、标的、范围不同于传统贸易，这改变了比较优势理论的内涵。数字贸易对比较优势理论的改变分为以下几个方面。

① 数字贸易中的比较优势具有更强的内生性。内生比较优势是指在专业化生产过程中，一国可以通过经验积累和技术创新内生地创造出新的比较优势，其区别于先天技术及资源禀赋的外生比较优势。数据是数字贸易的关键生产要素，具有不同于劳动、资本等传统

生产要素的可再生性、可复制性、非竞争性等基本属性,数据要素的使用具有零边际成本的特性。数据要素的特性决定了数字贸易展现出"强者恒强"的马太效应[①],呈现出内生发展的特征。

② 数字贸易动摇了比较优势理论的"自由贸易"主张。数字贸易中比较优势的内生性决定了一国在形成数据要素的竞争优势后,各国间贸易竞争差距会不断加大,体现了数字贸易的"先发优势"。因此,各国抢占贸易先机尤为重要。这动摇了古典和新古典贸易理论中的"自由贸易"主张,建立了政府干预贸易政策的理论基础。除了对比较优势理论的挑战外,数字贸易在实践中也改变了比较优势的国际格局。

③ 数字贸易中传统生产要素的比较优势被弱化。数字贸易较低的运输成本弱化了国际贸易地理格局中的比较优势;对实体商品需求的减少、对数字服务贸易需求的增加和对劳动者技能要求的提高弱化了对劳动力、资本、土地、技术等传统资源的需求和建立在此基础上的比较优势。具体来说,数字技术的变革降低了信息搜索成本、监管成本,减少了文化隔阂和信息不对称现象。这些跨境交易成本的降低使得地理距离的重要性大大减弱。传统生产要素比较优势的弱化也为发展中国家、贸易小国带来了新的机遇。

④ 数字相关生产要素成为比较优势的来源。无论是基于信息通信技术开展的实物商品贸易,还是通过信息通信网络传输的数字服务贸易,都离不开数据要素和数字技术。数字相关生产要素包括数据、数据技术以及数据中心、互联网交换点、互联网服务器等新型数字基础设施。数据资源在贸易中的重要性提升,数字技术大幅提升了交易效率,B2C、C2C、C2B、C2M等商业模式相继涌现,海外仓、保税仓以及完全数字化的商品及服务交易方式都提高了以数字内容、数字技术为主要生产要素的商品的比较优势。保税仓是用来存储在保税区内未交付关税的货物的多功能仓储库房,就如境外仓库一样。例如,在国际贸易实践中,从新型数字基础设施的角度来看,拥有更多数据中心和安全互联网服务器的国家更适合发展软件密集型服务业[②]。

4.1.2 要素禀赋理论

1. 主要内容

美国农产品的贸易额长居世界首位,以出口谷物、棉花、畜产品、水果、饮品等为主。然而李嘉图模型假设劳动力是唯一的生产要素,劳动生产率的差异带来了专业化生产和国际贸易,这无法解释美国大量出口以上资源密集型产品这一现象。在哈伯勒引入机会成本与生产可能性边界之后,比较优势理论与劳动价值论脱离开来,逐渐发展成具有现代形式的一般均衡理论的分支,这一理论就是瑞典经济学家伊莱·赫克歇尔在《对外贸易对收入分配的影响》一文和他的学生伯尔蒂尔·俄林在《域际贸易和国际贸易》一书中提出的赫克歇尔-俄林(Heckscher-Ohlin,H-O)理论(或称要素禀赋理论)。这一理论用各国资源禀赋的差异来解释国际贸易产生的根本原因,也称新古典贸易理论,补充并取代李嘉图模型成为国际贸易领域非常重要的理论基准。广义的要素禀赋理论还包括保罗·萨缪尔森(Paul A.

---

① SHAPIRO C,VARIAN H R. The art of standards wars[J]. California Manage,1999,41(2):8-32.
② MAREL E. Sources of Comparative Advantage in Data-Related Services[J]. RSCAS Working Papers, 2020. Advanced Studies Global Governance Programme-393, 2020。

Samuelon)建立的要素价格均等化等学说。H-O理论有以下几个要点。

① 生产要素的禀赋差异是产生国际贸易的根本原因,其中要素禀赋是指一国拥有各种生产要素的数量。H-O模型与李嘉图模型都从比较优势理论出发,认为一国应该出口具有相对优势的产品,相对优势是由生产要素禀赋导致的要素相对价格决定的。与李嘉图模型不同的是,H-O模型假设有两种要素投入(可以在部门间流动的劳动和资本),更符合现实情况。产品价格的绝对差异是产生国际贸易的直接原因。

② 要素丰裕度和相对密集度是相对成本也就是要素相对价格的决定因素,要素的国际差异促使国际贸易产生。要素丰裕度是指一国某种生产要素供给所占比例大于别国,而相对价格又低于别国。因此,要素丰裕度可以用生产要素的总量衡量,也可以用要素相对价格衡量。俄林进一步将生产要素分为自然资源、资本和劳动力,并对每类生产要素进行了细分,认为各国存在要素禀赋和相对价格的差异。

③ 一国应该出口密集使用丰裕要素的商品,进口密集使用稀缺资源的商品。这是因为生产并出口使用丰裕要素的商品,价格低廉,具有比较优势;生产并出口使用稀缺要素的商品,价格较高,具有比较劣势。按照要素丰裕度和不同地区或国家间要素的相对密集度来进行国际分工,有助于提高生产效率,降低产品价格,增加产品产量,提高各国福利水平。例如,日本自然资源匮乏,大部分工业生产所需的原材料、燃料、矿产资源都依赖进口,但其技术密集,制造业较为发达,大量出口工业产品。

2. 数字贸易禀赋分析及启示

在贸易新形态下,H-O理论为资源小国提供了参与数字贸易的理论指导。然而与此同时,传统的要素禀赋理论已经不能解释如今贸易新形态和要素结构的变化。对我国数字贸易要素禀赋的分析研究将有助于弥合我国与发达国家的数字鸿沟。数字贸易对要素禀赋理论的扩展包括以下几个方面。

① 数字贸易的多重内涵具有不同的要素禀赋需求。根据定义,数字贸易可以分为通过数字订购和数字交付的贸易。由此,可以将数字贸易划分为数字化产品与服务、与数字技术相关的软硬件产品与服务和贸易的数字化。数字贸易的不同类型对要素禀赋有不同的需求。数字化产品与服务对制度政策、版权保护和规则制定话语权等方面的要素禀赋具有更高的要求,与数字技术相关的软硬件产品与服务对资本、技术、数据等要素禀赋具有更高的要求,而贸易的数字化则对数字平台、数字技术等方面的要素禀赋要求较高。

② 数字贸易中的要素密集度逆转更加显著。要素密集度逆转理论解释了挑战H-O理论的"里昂惕夫之谜"。瓦西里·里昂惕夫(Wassily Leontief)使用美国1947年的数据对H-O理论进行检验,结果表明美国作为发达的工业化国家,进口资本密集型商品,而出口劳动密集型商品,这与H-O理论的预测完全相反。罗纳德·琼斯提出的要素密集度逆转理论解释了这一现象,即同种产品的生产在不同国家和不同技术条件下所需的要素密集度不同。如今数字贸易中存在的技术壁垒和累积的要素禀赋差异显著增大了各国在数字贸易产品生产中的差异,资本、技术等要素广泛替代了劳动要素,强化了发达国家的竞争优势,而发展中国家则因技术和成本的双重劣势难以发展数字贸易[1]。

数字贸易为要素禀赋带来了新的理论内容,也为各国在积累比较优势方面提供了新的

---

[1] 张宇,蒋殿春.数字经济下的国际贸易:理论反思与展望[J].天津社会科学,2021,238(3):84-92.

启示。

① 数据要素改变了要素结构,一国应动态地实现比较优势的转换。数据作为新的生产要素进一步扩充了比较优势理论的内容。根据动态的 H-O 理论,要素禀赋、技术进步被视为可变的,而一国可以通过加快要素禀赋变化的速度,动态地实现比较优势的转换和产业升级[①]。这对发展中国家尤为重要——发展中国家在传统贸易中具备的充裕劳动力的比较优势将面临发达国家凭借数据、科技等比较优势的挤压。因此,在全球数字化的背景下,我国应该对要素禀赋进行有针对性的结构升级,将数据要素等生产要素注入产品、技术、产业结构中,在数字金融、数字娱乐、跨境数据交流等方面不断提高我国的数字贸易参与度。

② 数字贸易禀赋差异推动各国不同路径的技术变革。数字贸易相关资源禀赋以数据为核心,因具有可再生性、可复制性而形成自我强化的特征,从而不断推动新的技术变革。这与农业科技发展根据该国资源禀赋状况以不同模式驱动农业现代化具有相似性,各国的数字贸易也因其数据相关资源禀赋的情况不同而具有截然不同的发展路径。

从全球范围来看,美国因其本身完善的数字产业体系、发达的网络基础设施和科技创新能力,成为全球数字贸易第一大国,其数字贸易占本国服务贸易出口的比重在 2020 年达到 75.55%。因此,美国在战略层面通过外交和贸易协定、国内法律法规、贸易救济体系、5G 等数字基础设施布局等手段保护并促进数字贸易的进一步发展。而欧盟因数字经济基础较为薄弱、发展相对滞后,则采取了如单一市场战略、单一数字市场战略、设置隐形贸易壁垒和准入门槛等较为保守的数字贸易发展措施[②]。

我国数字贸易在市场开放程度、顶层制度设计、配套设施保障、国际合作深入度等方面均与发达国家存在较大的差距,地区发展水平不均衡。为此学者提出了众多发展路径,如建设自由贸易试验区并探究典型自贸区的数字贸易禀赋[③],如表 4-2 所示。

表 4-2 典型自贸区的数字贸易禀赋

自贸区	功能定位	数字平台	数字金融
上海	中国全面深化改革的"排头雁",致力于衔接国际通行规则、建立开放型经济体系的风险压力测试区	深化"一网通办"平台,为重点企业设置"一对一"服务专员,对平台运行数据进行编目归集,形成上海国际贸易单一窗口数据资源目录	推动标志性外资控股金融机构落户,放宽外资持股比例的上限,扩大外资金融机构的经营范围,建立本外币一体化账户体系(FT 账户)
广东	粤港澳大湾区深度合作,推进粤港澳服务贸易自由化	采取"一口受理6+×证照联办"模式,利用以信用为核心的市场监管方式,实现跨部门协同监管	发展第三方支付业务,推进国际金融岛建设,搭建国家互联网金融风险分析技术平台——前海鹰眼系统
四川	内地开放经济战略先导区,尝试实施内陆与沿海沿边沿江协同开放战略	建设跨境电商服务平台,利用"全域通"创新跨境电商的监管模式和物流模式,延伸口岸功能	将科技优势和金融发展相结合,为自贸区内科技型企业提供金融服务,推出"自贸通"综合金融服务方案

资料来源:王思语,张开翼,郑乐凯.我国自由贸易试验区数字贸易禀赋与提升路径研究[J].上海经济,2020(5):22-36.

---

① 牛志伟,邹昭晞.比较优势动态转换与产业升级——基于中国制造业发展指标的国际比较[J].改革,2020(2):71-88.
② 刘杰.发达经济体数字贸易发展趋势及我国发展路径研究[J].国际贸易,2022(3):28-36.
③ 王思语,张开翼,郑乐凯.我国自由贸易试验区数字贸易禀赋与提升路径研究[J].上海经济,2020(5):22-36.

4.2 数字贸易的理论基础

20世纪50年代,"里昂惕夫之谜"挑战传统贸易理论,成为现代国际贸易理论诞生的重要标志。随着行业内贸易占世界贸易比重的持续攀升以及产业组织理论的发展和完善,20世纪80年代开始,新的理论不断涌现,以解释国际分工和国际贸易的新形势问题。例如,技术差距理论、产品生命周期理论等从不同视角解释了国际贸易与技术创新的相关问题。本节以影响较为广泛的规模经济理论和异质性企业贸易理论为例,探究现代国际贸易理论能否解答数字时代的贸易问题。

4.2.1 规模经济理论

1. 规模经济与国际贸易

李嘉图模型认为发达国家产生贸易的原因在于技术的差异,然而在现代化工业生产中,发达国家间技术的差异并不大;H-O理论则着重解释了发达国家和发展中国家存在贸易的原因,却无法解释同样生产资本密集型产品的发达国家为何会产生贸易。著名经济学家保罗·克鲁格曼与埃尔赫南·赫尔普曼合著的《市场结构与对外贸易:报酬递增、不完全竞争和国际经济》(*Market Structure and Foreign Trade: Increasing Returns, Imperfect Competition, and the International Economy*)一书提出了规模经济理论,解释了发达国家间产生贸易的原因。该理论不再假设完全竞争市场,而是假设各国生产具有替代性的差异化产品,认为企业参与国际贸易可以降低固定成本,从而获得规模经济的好处。克鲁格曼也因为这一开创性贡献在2008年获得诺贝尔经济学奖。规模经济理论有以下几个要点。

① 以规模报酬递增为基本假设。规模经济是指生产规模越大,每单位生产要素投入就会带来越高的产出,生产效率也会越高。具体来说,当生产规模较小时,由于固定成本的存在,生产一单位产品的平均成本就会较高;当生产规模较大时,固定成本被分摊到更高的产量中,每单位投入的产出增加,每单位产品的平均成本下降。但规模报酬递增并不是持续不断的,在达到最佳的生产规模以及最低的平均成本后,如果继续扩大生产规模,则会增加管理和合作的难度,导致生产效率下降,造成"规模不经济"。2008年金融危机期间众多金融机构的破产重组或倒闭就说明了这一点。例如,贝尔斯登、雷曼兄弟、房地美和房利美盲目扩张规模和业务;美国国际集团(American International Group, AIG)的保险规模达数万亿美元,其庞大的衍生品业务高度复杂并且难以估值,最终给整个金融系统带来了巨大的风险,其在濒临崩溃之际只得求助于美联储。

② 外部规模经济的存在促使国际贸易产生。规模经济分为内部规模经济和外部规模经济,两者均是国际贸易产生的原因。其中外部规模经济也被称为外部经济,是指行业规模的扩大将降低单位产品的成本。然而行业中单个厂商的规模仍可能很小,因此完全竞争市场假设仍然存在。通常竞争较激烈的同质化产品行业具有较多外部规模经济的性质。例如,硅谷和好莱坞产业集群内共享的劳动力、技术、资本等生产要素支持着集群内所有企业的生存和发展,为科技公司、娱乐公司降低了生产成本;与之类似,被誉为中国硅谷的北京"中关村电脑城"、上海"张江高科技园区"和被誉为中国好莱坞的浙江东阳"横店影视城"都通过企业的集中吸引了专业化的劳动力,促进了专业知识和技术在集群内的扩散,从而提高了产品质量并降低了成本。外部规模经济促使国际贸易产生的机制如下:假设最初不存在

国际贸易,即各国在某行业生产中都不存在竞争优势;由于外部规模经济的存在,一国行业规模的扩大降低了该国该行业内所有企业的平均生产成本,吸引了更多企业进入该行业,从而进一步降低了生产成本;在均衡状态下,完全竞争市场的所有企业具有零经济利润,而平均成本等于价格,即价格也随平均成本的降低而降低;降低的价格使得该国在国际市场上具有了竞争力,因此产生了国际贸易。

③ 克鲁格曼的垄断竞争模型假设存在内部规模经济,并给出了发达国家行业内贸易产生的原因。内部规模经济是指某一厂商规模的扩大降低了单位产品的成本;存在内部规模经济的行业的厂商规模较大,大厂商具有成本优势,市场则是不完全竞争的。内部规模经济通常出现于具有排他性的稀缺资源及高新技术作为重要生产要素的产业,如飞机制造业、芯片制造业、能源业、银行业等。

克鲁格曼认为,某行业内存在众多大企业,它们生产具有替代性但并不完全相同的差异化产品。如果各国可以进行自由贸易,那么一些国内消费者则会偏好外国生产的具有差异的同类产品,企业也希望通过在国际贸易市场上的扩张获得规模经济,进一步降低平均成本和价格,因此行业内贸易产生了,即同一行业的产品在不同国家间双向流动。这类贸易反映了消费者的需求、企业为扩大市场获得规模经济的出口意愿,但并不反映成本价格差异形成的比较优势。

行业内贸易有不同的模式,在不同的产品中也占有不同的比重。例如,我国和日本开展贸易具有先天的地理条件、文化条件、历史条件。随着我国经济的高速增长,中日行业内贸易越发重要,逐渐形成了日本跨国公司在本国生产知识密集型产品,其在中国的子公司则从日本进口中间产品,生产劳动和资本密集型产品,并将成品出口到日本的分工模式。图 4-1 展示了 1988—2008 年中日行业内贸易指数①。1988—2008 年,中日行业内贸易指数②从 0.12 提升至 0.38,大类制成品比劳动密集型、资本或技术密集型制成品的行业内贸易特征更明显。

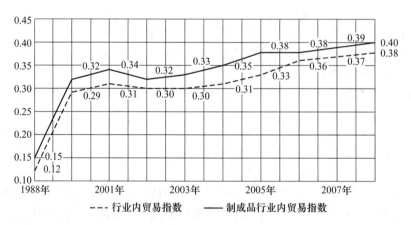

图 4-1　1988—2008 年中日行业内贸易指数

(数据来源:赵放,李季.中日双边产业内贸易及影响因素实证研究[J].世界经济研究,2010(10):35-40,50)

---

① 赵放,李季.中日双边产业内贸易及影响因素实证研究[J].世界经济研究.2010(10):35-40,50.
② 此处指 Grubel 和 Lloyd 的 G-L 指数,其用来测度行业内贸易的比重。

2. 数字贸易中的规模经济与范围经济

数字贸易中存在的内生比较优势使得规模经济更为显著。与此同时,数字贸易中也存在与规模经济相近的另一效应——范围经济。两种效应的共同作用使得数字贸易呈现出高度垄断的市场结构。

① 数字贸易呈现规模经济特征。如前所述,数据的特征为数字贸易带来了内生比较优势,使得数字贸易商可以在成本几乎不变的情况下扩大市场规模、提高产品质量。一方面,大数据技术的发展使获得更多数据的贸易商掌握了更多的市场信息,衍生出更多的可用数据,抢占了更大的市场份额;另一方面,平台交易中更高的成交量和曝光度也为贸易商汇聚了更多的客户。

② 数字贸易产品更加多元,增加了范围经济的可能性。范围经济是指厂商生产的产品范围的扩大带来的收益增加。当同时生产两种或更多的产品的成本低于分别生产每种产品的成本的总和时,就称存在范围经济。在数字贸易中,积累的数据要素不仅可以用于生产更加个性、精准的数字产品,还可以扩展应用于其他业务,展现出跨平台、跨产品的多元化特征;另外,数字贸易中产品的兼容性可以为用户提供更加优质的消费体验。因此,用户对企业的黏性更强,这为同一企业的不同产品带来潜在需求。范围经济不仅会使产业内交换更加复杂,与规模经济一同形成完全垄断的数字贸易格局,还有可能因产品生产极低的成本改变国际贸易活动中的定价策略——大企业以极低的定价吸引消费者以获取数据,最终实现盈利。

数字贸易在规模经济和范围经济的作用下,塑造了世界贸易的新格局。英、美等发达国家拥有更多的科技资源,数字贸易的发展更加迅猛。

一是从全球数字内容贸易的分布格局来看,发达国家由于物质、人力资源、资本和科学技术的长期积淀,早在20世纪三四十年代就对国际文化消费市场形成垄断之势。英、美、德、法四国聚集了数字内容产业发展的龙头企业,仅英、美两国的市场占有率就高达40%以上[①]。美国掌握的科技和资本、英国掌握的大量用户偏好信息、日本成熟的动漫产业链,都使得越来越多的数字内容资源源源不断地被挖掘、使用,更新的网络媒介技术和丰富的数字内容用以生产更加优质和多样化的文化内容,并吸引更多的需求,数字内容贸易竞争格局向头部高度集中。

二是我国数字贸易头部企业阿里巴巴、腾讯、京东等最初无一不是依托大量的技术、数据优势,在一众企业中异军突起,完成了企业的数字化升级。这些企业集中于杭州、深圳、北京等城市,形成了规模经济和产业聚集效应,不仅提高了数字贸易企业的效益,还创新了业务模式,带动了数字贸易产业发展。2020年仅腾讯和网易的营收占比就达到所有网络游戏企业的75%以上[②]。为更好地发挥规模经济效应,头部企业持续加大技术研发投入。例如,阿里巴巴的自然语言处理技术扩大了智能客服的业务范围,使用22种语言解决90%以上的客户问题。为应对"双十一"期间巨大的网络流量,阿里巴巴还创建了首个全球参数超10万亿的多模态大模型,精准提高了商品上线、推广的效率,技术投入和数据要素使得资源进一步向头部企业汇集。与此同时,这些头部企业不满足于其最初的定位,不断扩张产品和业

---

① 彭剑波,覃亦欣.中国文化服务贸易的现状、问题及对策[J].辽宁经济,2020(1):43-45.
② 刘典.推动中国数字内容贸易繁荣发展:进展、挑战与路径分析[J].经济与社会发展,2022,20(1):1-13.

务范围,涉及众多市场。在规模经济和范围经济的双重作用下,我国头部电商逐渐在全球市场站稳脚跟。

4.2.2 异质性企业贸易理论

1. 异质性企业贸易理论概述

保罗·克鲁格曼的新贸易理论假设规模报酬递增和垄断竞争市场,解释了产业聚集和发达国家间产业内贸易的现象。然而无论是传统贸易理论还是新贸易理论,都是从国家或产业的宏观视角入手,缺乏对生产率具有异质性的企业的微观层面的分析。针对美国[①]、墨西哥、哥伦比亚、摩洛哥[②]、德国[③]、法国[④]等国家的实证研究显示,只有少部分企业从事出口,且出口企业的规模较大、生产率较高、员工工资较高、员工技术较熟练,表现出更多技术密集型和资本密集型的特征,不同于非出口企业。这一结论与新贸易理论不符,这推动了人们对贸易理论模型中企业异质性的探索。马克·梅里茨(Marc J. Melitz)的《贸易对产业内资源重新配置与总量生产率的影响》(*The Impact of Trade On Intra-industry Reallocations and Aggregate Industry Productivity*)建立了异质性企业贸易理论,采用一般均衡框架下的垄断竞争模型,引入了企业生产率的差异,为上述实证发现和国际贸易中企业决策的差异以及国际贸易对企业的福利影响提供了解释,成为异质性企业贸易理论中最为人们广泛接受的基础模型,开拓了新-新贸易理论。异质性企业贸易理论的要点如下。

① 企业生产率异质导致了企业从事国际贸易的选择不同,强调"自选择效应"。假设不同生产率的企业进入某一行业,考虑出口时的运输成本、交易成本等出口固定成本,来决定是否选择出口。最终生产率最高的企业因为能够承受出口市场的进入成本和国际竞争的压力,所以会选择进入国际市场;生产率次之的企业只能留在国内市场;而激烈的市场竞争将会导致市场份额的重新分割,生产率最低的企业将退出市场。

② 资源的重新配置提高了整个产业的生产率水平和福利水平。资源重新配置后,更多的资源将流向生产率较高的企业,行业整体的生产率水平提高,这些企业也随之获得更大的市场份额和贸易收益。从消费者角度来说,一方面企业出口减少了国内市场的产品供给;另一方面企业加成成本下降,且自由贸易吸引了更多的进口产品,这使得消费者的福利水平提高。

2. 数字贸易异质性与数字鸿沟

梅里茨的异质性企业贸易理论认为是企业的自主选择使得观测到的出口企业的生产率高于非出口企业。针对发达国家的实证研究验证了这一理论,然而针对中国、印度尼西亚等发展中国家的实证分析表明,自选择效应并不存在,但出口学习效应显著。数字贸易中的企业异质性既有自选择效应的作用,也有出口学习效应的作用,在不同地区和国家的经验并不

---

① BERNARD A B, JENSEN J B, LAWRENCE R Z. Exporters, jobs, and wages in U. S. manufacturing:1976-1987[J]. Brookings Papers on Economic Activity. Microeconomics,1995:67-119.

② CLERIDES S K, LACH S, TYBOUT J R. Is learning by exporting important? Micro-dynamic evidence from Colombia, Mexico, and Morocco[J]. The Quarterly Journal of Economics,1998,113(3):903-947.

③ BERNARD A B, WAGNER J. Export entry and exit by German firms[J]. Weltwirtscha Ftliches Archiv,2001,137(1):105-123.

④ EATON J, KORTUM S, KRAMARZ F. An anatomy of international trade:evidence from French firms[J]. Econometrica,2011,79(5):1453-1498.

统一。

(1) 自选择效应与数字鸿沟

梅里茨认为企业的自选择是由各自的生产率差异和承担出口成本的能力差异决定的。然而,在数字贸易中,除了存在传统贸易中也存在的贸易壁垒外,企业生产率的差异更加具体地表现为技术的差异,即技术壁垒,也称数字鸿沟。数字鸿沟是指不同国家、地区和群体获取数字技术、利用信息网络和数字平台能力方面的差距[①]。贸易壁垒和技术壁垒共同形成了数字贸易企业出口的隐性成本。数字鸿沟存在于各个方面。从宏观上看,发展中国家普遍与发达国家存在数字基础设施、企业数字化转型等方面的数字鸿沟,这一现象也存在于区域间、城乡间。如图4-2所示,2021年北美地区的互联网普及率高达93.9%,而非洲的这一数据仅为43.2%。从微观企业来看,数字贸易市场通常存在"强者恒强"的垄断局面(图4-3),企业进入数字贸易市场并与寡头、垄断企业共存的难度高于传统贸易市场,且与数字相关的技术门槛(如专利方式的技术封锁)也远高于传统制造业。从微观个体来看,家庭收入、性别、受教育程度、年龄等不同的人群特征都会成为数字鸿沟的重要影响因素。因此,发展中国家的企业自主进入出口市场的难度较高,应采取自上而下、政府引领的发展模式。

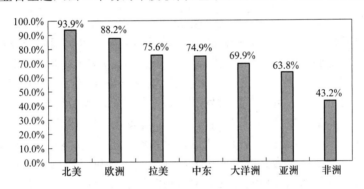

图 4-2 2021年全球区域互联网渗透率

(数据来源:前瞻产业研究院)

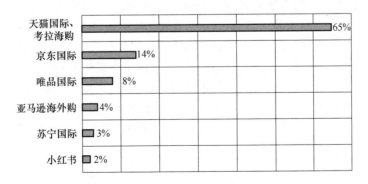

图 4-3 2020年中国进口跨境电商B2C市场占有率

(数据来源:前瞻产业研究院)

---

① 马述忠,濮方清,潘钢健.数字贸易的中国话语体系构建——基于标识性概念界定的探索[J].新文科教育研究,2023,9(1):22-44,141.

（2）出口学习效应与技术扩散

出口学习效应是指国外市场帮助出口企业学习新的知识、技术、管理经验，为企业提供更多机会和资源，企业出口对创新有正向作用①。在数字贸易带来更高壁垒的同时，企业的学习成本更低，以数字为载体的技术更易传播，因此出口学习效应也会更强，后发国家可以紧抓技术更新换代的节点以及多元化产品市场的空白领域实现颠覆性创新。2016 年 6 月英国决定脱离欧盟，我国出口欧盟的企业的研发投资总额和强度分别下降 36.6% 和 0.7%，专利总量减少 42.3%②，这证实我国企业具有出口学习效应。也有研究表明，数字贸易企业仅参与国际循环反而会导致自主创新能力缺失。2020 年 10 月，党的十九届五中全会提出的"国内国际双循环"是数字贸易出口企业增强创新能力的契机。参与国际循环的企业更多地面向国外中上游企业，形成后向产业关联。出口企业据此可以提高后向模仿创新能力，尤其是面临更加激烈竞争的一般数字贸易企业③。

数字贸易企业的异质性以及参与数字贸易的国家间的技术壁垒、贸易壁垒，促使各国努力打破数字鸿沟、促进技术扩散、实现包容性发展。包容性发展是指兼顾经济增长与社会公平，让所有人都有机会参与到发展过程中并共享发展成果的可持续发展，包括经济、社会、生态三方面的内容④。

在国际层面，2017 年 4 月，习近平总书记提出构建"21 世纪数字丝绸之路"。数字丝绸之路为"一带一路"国家数字基础设施的建设和联通提供了技术和国际合作的保障。"一带一路"合作从亚欧大陆延伸到非洲和拉美，150 多个国家、30 多个国际组织签署共建"一带一路"合作文件。2023 年 10 月的第三届"一带一路"国际合作高峰论坛发布了《"一带一路"数字经济国际合作北京倡议》《数"慧"就发展之路案例集》《航运贸易数字化与"一带一路"合作创新白皮书》等，以凝聚数字经济国际合作共识，拓展"一带一路"数字经济合作领域。数字丝绸之路开通以来，中欧班列、陆海新通道以及各沿线国家的跨境陆缆和海缆等陆续开通建设；同时，数字丝绸之路也为我国企业扩大国际影响力提供了新的历史机遇。例如，蚂蚁集团在泰国、孟加拉国、韩国、缅甸、印尼等国布局海外业务，利用注资印度版支付宝 Paytm、泰国版支付宝 Ascend Money 等战略投资实现技术和能力的开放输出。数字丝绸之路的建设正在打破数字贸易在国家间的技术壁垒和贸易壁垒。

在国家层面，美国的数字贸易以技术为驱动力，推动互联网技术的普及和快速发展。如今硅谷汇集了众多大型跨国公司总部，在电子商务、软件研发、数字娱乐等方面都存在巨大的技术和人才优势。在此情况下，美国在国内实行包容性的数字贸易政策，大力扶持数字科技初创企业和中小企业，颁布了《美国技术政策》《加强小企业研究和发展法》等，并在国际上主张数字贸易市场的自由开放，提倡无关税壁垒、数字产品非歧视，同时限制外资对数字贸易关键基础设施的影响，帮助数字贸易企业打破技术壁垒和贸易壁垒。欧盟为改善数字贸易市场环境，发布了"单一数字市场"战略，以推动数据和资源共享。与此同时，欧盟对大型

---

① LILEEVA A, TREFLER D. Improved access to foreign markets raises plant-level productivity for some plants [J]. The Quarterly Journal of Economics, 2010, 125(3):1051-1099.

② 徐欣, 夏芸. 中国企业出口具有学习效应吗？——来自"英国脱欧"自然实验的新证据[J]. 科学学研究, 2022(1): 69-80.

③ 李惠娟, 任政亮, 代丹丹. 国内国际双循环格局、创新能力与中国数字贸易高质量发展——企业微观层面的检验[J]. 现代财经（天津财经大学学报）, 2022(10):56-72.

④ GUPTA J, COURTNEY V. Sustainable development goals and inclusive development[J]. International Environmental Agreements: Politics, Law and Economics, 2016, 16(3):433-448.

企业进行限制,陆续出台了《数字市场法案》《数字服务法案》等,旨在构建公平竞争的市场环境。我国2019年11月出台的《中共中央 国务院关于推进贸易高质量发展的指导意见》首次提出要加快数字贸易发展,并明确指出数字贸易的发展目标。自此,我国数字贸易的发展依托各项政策的大力扶持呈现蓬勃之势。

4.3 互联网理论对数字贸易的影响

在互联网兴起的大背景下,传统经济、贸易模式和格局被互联网的低成本、高效率、多样化、个性化等特征改变,因此适用于互联网时代的经济理论诞生了,如长尾理论、互联网四大效应理论及平台经济理论等。在万物互联的时代,数字贸易要发挥更大效能离不开发挥互联网及平台经济的作用。

4.3.1 长尾理论与利基市场

1. 长尾理论的概念和内涵

"长尾"一词来源于统计学,指概率分布密度较小的部分。2004年10月《连线》(Wired)杂志主编克里斯·安德森(Chris Anderson)提出了长尾理论,指出需求量小的众多"冷门"商品共同占据的市场份额可能与需求量大的"热门"商品的市场份额相当或比其更大,因此在成本足够低的情况下,这类"冷门"商品仍然可以存在。谷歌、亚马逊等公司都有应用长尾理论的案例。2006年安德森正式出版了《长尾理论》一书,更加系统地描述了互联网时代的长尾理论[①]。长尾理论将小众产品推向大众视野,指导互联网商业运营多多关注个性化市场。以下是长尾理论的要点。

(1) 长尾主要由利基市场形成

利基产品与热门产品的概念相对应(图4-4),是具有独特价值的、针对特定人群的个性产品。利基产品形成的市场称为利基市场。利基市场的市场竞争力相对较小,所占市场份额不大,面向人群较小,存在销量不佳的问题,只有多样化和个性化的成本足够低廉时才能够在市场中立足。利基市场的需求规模要远远大于热门产品市场。

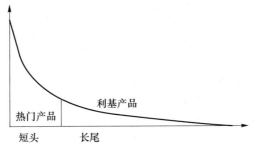

图4-4 长尾示意图

(2) 利基产品在互联网时代更具优势

互联网的普及使得利基产品的生产、匹配和获得成本大大降低,改变了消费者的需求结

---

① 安德森. 长尾理论[M]. 乔江涛,译. 北京:中信出版社,2006:10-12.

构。互联网算法技术的不断革新使得消费者有更多的渠道获得利基市场的信息,显著降低了消费者寻找真正符合特定需求的产品的时间成本、技术成本。加之技术创新的指数级增长降低了个性化产品的定价,消费者更加倾向于购买针对特定需要的利基产品。

(3) 长尾理论与二八定律

二八定律也称帕累托法则,是 1897 年意大利经济学家维尔弗雷多·帕累托(Vilfredo Pareto)观测到的统计结论。在商业领域,二八定律是指 20% 的热门产品创造了 80% 的利润和销量,这与长尾理论截然相反。二八定律是建立在商家为提高利润会集中生产热门产品这一客观事实上的。互联网颠覆了传统的商业模式,改变了这一事实。如今消费者的产品搜寻成本、生产者的生产成本都降低了,互联网市场能够以低廉的成本提供传统市场上高成本的小众商品,而消费者也更容易找到符合特定需要的产品,因此无论是提供竞争激烈的热门产品,还是提供利基产品,商家的利润都相差无几,利基市场反而创造了更多的机会。有学者用下面的公式来反映这一利润来源的改变[①]:

$$Q(产品需求量) = N(需求人数) \times q(需求量/人) \times m(产品种类) \quad (4-1)$$

式(4-1)表明:在传统经济中,N 相对较大,创造了更多的利润;而在互联网经济中,利基市场的产品种类更多,即 m 较大,且每个消费者的需求量 q 较大,二者共同创造了更多的利润。

2. 长尾理论在数字贸易领域的应用

长尾理论可以应用于经济、法律、教育、旅游等各个领域,启发人们关注"尾部",在经济领域发掘出更大的市场。相对于传统贸易,数字贸易下的产品愈发呈现出多样化与个性化的趋势。

(1) 数字贸易时代,产品更加多元,市场更加多级和广阔

一方面,数字技术使得供给方更加精准地了解分散的小众需求,可以对用户个人信息数据、搜索数据、订单数据进行实时跟踪和管理,以制订个性化推送方案、实现定制化生产,这在传统贸易时代是高成本且低效率的;另一方面,数字贸易平台聚集了大量被传统贸易忽略的小众用户,使上游品牌商、下游物流方、消费者间的信息数据流通更顺畅,反馈更高效,带来了广泛的市场空间。传统贸易中运输成本约束的影响被大大减弱,国家文化、制度以及个人消费习惯等因素愈发重要,促使数字贸易企业制定针对细分利基市场的营销策略。数字物流的发展,如货运宝等专业数字物流服务平台的出现,使得物流运输模式从传统的大规模集中运输变为小规模分散式物流。图 4-5 所示的拼多多和淘宝 SKU 销量分布充分说明了这一点。

(2) 跨境电商的本土化、个性化模式兴起

得益于算法的迭代更新和社交电商、直播电商、短视频电商等新模式电商的兴起,跨境电商和 TikTok、小红书等新一代跨境电商相对于传统外贸企业来说具有更为明显的个性化、本土化趋势。尤其是新一代跨境电商采取社交方式,相较于淘宝、京东等传统中心化跨境电商,具有更大的流量、更强的互动性,提高了短头、长尾等所有用户的黏性。除此之外,互联网使得大规模定制化、多样化出口成为可能,带动了企业实际收入水平的提高,改善了

---

① 顾言慧,刘俊舟. 长尾企业关系营销中顾客关系的探讨[J]. 电子商务,2008(1):48-51.

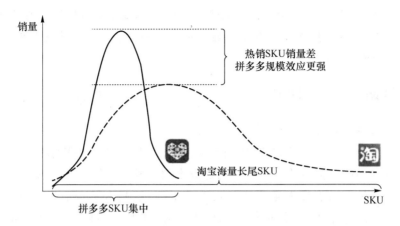

图 4-5　拼多多和淘宝 SKU 销量分布图

(图片来源:中信证券,《拼多多、淘宝五维度对比分析》)

消费者的福利水平[1]。例如,东南亚地区有超过 10 种语言,没有通用的货币,消费者的购物偏好差异巨大,而头部跨境电商企业 Shopee 却在东南亚大获成功,这得益于其牢牢把握本土化运营这一核心,其包括雇佣本地高管和员工,为卖家打造定制孵化路径,针对不同货物提供不同物流渠道,根据各国文化及消费者偏好推出独立应用,采用仅针对本国市场的引流策略等(图 4-6)。

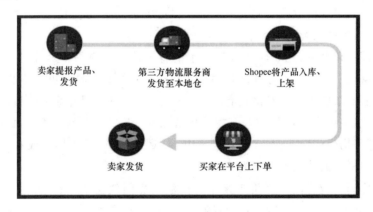

图 4-6　Shopee 本土化履约流程示意图

(资料来源:《Shopee 推出拉美本地化履约项目,大大降低卖家物流成本》,
https://www.dsb.cn/228891.html)

(3) 数字贸易解决更小众的就业匹配问题

在数字贸易中长尾理论不仅可以应用于产品生产和营销方面,也可以应用于就业问题的解决。数字贸易一方面刺激了数字行业上下游企业的人才需求,间接带动就业的作用明显;另一方面,面向利基市场的数字贸易企业创造了更多的细分岗位,加之互联网技术简化了搜索流程,使得细分领域人才能够更加快速地匹配到合适的岗位。在数字贸易中,除了需

---

[1] BRODA C, GREENFIELD J, WEINSTEIN D E. From groundnuts to globalization: a structural estimate of trade and growth[J]. Research in Economics,2017,71(4):759-783.

要大数据分析、数字营销、智能会计等通用型岗位外,还需要小众市场带货主播、海外游戏发行推广等针对长尾市场的岗位。数字贸易细分领域的发展提高了人力资源配置的效率,降低了结构性失业人数[①]。

4.3.2 互联网四大效应理论

1. 互联网四大效应的定义和内涵

互联网四大效应是指规模效应、协同效应、双边市场效应和梅特卡夫效应[②]。这四大效应揭示了互联网的价值本质——互联网低成本的规模扩大能够带来成倍的回报。规模效应是指经济规模的增加带来企业边际收益的增加,这是由于企业生产规模扩大后,可变成本增加而固定成本不变,使单位产品成本下降,提高了边际利润率。协同效应是指互联网平台可以集合众多品类的产品,协同带动平台的业务。双边市场效应是指不同类型的用户之间的交流反馈促进了效率的提高和价值的创造。梅特卡夫效应,也称网络效应,是指网络的价值与联网用户数的平方成正比,即网络用户数量越多,网络的价值也就越大,用公式表示即

$$V(网络价值) = k(价值系数) \times N^2(用户数量的平方)[③] \tag{4-2}$$

(1) 规模效应与协同效应

从上述定义不难看出,这四大效应的本质都是利用互联网低成本、高覆盖、易传播的特征形成的效应。其中规模效应与协同效应是从供应方的角度促使企业收益增加,即通过供应方的生产规模、生产品类的扩大来带动企业收益的增加。

从生产规模的角度看,互联网经济低成本的特征使企业更易扩大业务规模,提高生产量,从而形成规模经济。因此,互联网相关企业相较于传统企业具有更显著的规模效应。

互联网的协同效应与范围经济具有相似的内涵。一方面,两者都指产品种类的增加、业务范围的扩大,能够提高企业的效益。在范围经济中,更多的产品种类平摊了固定成本投入,因此降低了平均生产成本;在互联网经济中,建设平台的成本即固定成本,平台聚集丰富的业务可以增加平台的使用率和曝光率。

互联网的协同效应为范围经济带来了新内涵。协同效应中存在"高频带低频"这一内涵,即拥有更多流量的高频业务相较于低频业务来说具有竞争优势——高频打低频。因此,在同一互联网平台中,同时聚集高频与低频业务,可以使高频业务有效地为低频业务引流。例如,链家的业务不仅涉及房屋买卖,还涉及更加高频的房屋租赁;滴滴的业务不仅涉及打车,还涉及拼车等;美团不仅提供团购、外卖业务,还提供买菜、买药业务。这些互联网平台都充分发挥了互联网的协同效应。

(2) 双边市场效应和梅特卡夫效应

与前两个效应不同,这两个效应体现了需求方的作用,即企业与用户之间、用户与用户

---

① 盛斌,高疆. 超越传统贸易:数字贸易的内涵、特征与影响[J]. 国外社会科学,2020(4):18-32.
② 许小年. 商业的本质和互联网[M]. 2版. 北京:机械工业出版社,2023.
③ CARL S, HAL R. Information rules: a strategic guide to the network economy[M]. Harvard Business Review Press.

之间的互动促进了整体社会福利的增加。

在双边市场中,不同类型的用户相互作用,一方参与者的增加或参与程度的加深会提高另一方参与者的数量或参与程度。以滴滴为例,平台上能够接单的司机越多,使用平台的出行者也就越多;使用滴滴的出行者越多,司机的收入就会越高,接单量也会越大,从而吸引更多的司机和出行者,形成正向循环。

梅特卡夫效应是互联网时代的"摩尔定律",梅特卡夫用Facebook的成长数据证实了这一定律。在梅特卡夫效应中,各方用户可以彼此互动,因此该效应包含了双边市场效应。除了上述的双边互动外,还应当存在商品或服务供给方和供给方的互动,以及需求方和需求方的互动,这在上述滴滴打车的例子中并不存在。

2. 产业互联网、数字贸易与四大效应

数字贸易依赖大数据、人工智能、区块链等技术,建立在消费互联网和产业互联网平台的基础上,使互联网的四大效应充分发挥出来。互联网的普及首先惠及消费者,使得消费逐渐智能化、网络化,促进了电子商务的发展。2013年,我国形成了百度、阿里巴巴、腾讯三大头部消费互联网企业三足鼎立的格局。

然而近年来,随着人口红利的逐渐减少以及新兴技术的迭代更新,互联网的应用逐渐从消费端发展到产业端,消费互联网逐渐发展成为产业互联网,即在新兴技术基础上形成企业生产各流程、企业间、供需两侧有机联结和协同作业的新业态。如今,"互联网+"正在加速互联网与各行各业的深度融合,为供应链B端提供良好的发展基础,促进产业链上下游的延伸和发展。英伟达、西门子等工业自动化公司领军的"工业元宇宙""产业元宇宙"是这一新业态的最新发展,旨在实现培训、研发、生产、设计、营销等各个环节的实时协同作业与无缝对接,以数字化、智能化、实时交互、工业仿真互联驱动新一轮产业革命。

(1)数字贸易以产业互联网平台为载体。数字贸易的发展离不开数字化平台,产业互联网的发展推进了数字产业化及产业数字化的进程,以区块链、大数据、人工智能等技术为基础建立的产业互联的数字化平台能够实现各类产品和服务的精准匹配和高效交易。在产业互联网的基础上,数字贸易得以利用互联网的四大效应实现大规模发展。

(2)数字贸易的发展推动了产业互联网的升级更新。数字贸易相较于传统贸易,尤其在金融危机发生后,发展势头更加迅猛,跨境数字流动和服务贸易更加繁荣,数字贸易逐渐替代传统贸易成为贸易的主力,为产业互联网提供了更多实践场景。例如,一些大型跨境互联网企业的业务与数字贸易深度融合,驱动数字化平台技术、业务、在线服务能力升级。

数字贸易和产业互联网的相互作用呈现出正向循环效应,放大了互联网的四大效应,使得数字贸易在产业互联网时代发挥价值的途径更加清晰。

4.3.3 平台经济理论

1. 平台经济的定义及特征

平台经济理论属于产业经济学的范畴,它是研究平台之间竞争与垄断、发展模式与竞争机制的理论。平台经济是基于数字技术,以双边或多边市场为载体构成的各种经济关系的总称[1][2]。百度、腾讯、淘宝、亚马逊、苹果等都属于平台企业,平台企业有 B2C、C2C、C2B 等各种不同的运营模式。平台经济存在以下特征。

① 网络外部性,即一方终端用户的规模会影响另一方终端用户使用该平台的效用或价值。从网络外部性理论角度来说,网络外部性又分为成员外部性和用途外部性。成员外部性又称间接网络外部性,是指买卖其中一方数量的增加能够显著提高另一方的参与活跃度,这一特征与上述双边市场效应的特征完全相同。用途外部性又称直接网络外部性,是指平台价值与平台消费数量即用户数量相关,这一特征与梅特卡夫效应的特征完全相同。与双边市场效应和梅特卡夫效应不同的是,平台经济理论中的网络外部性可以为负。负的网络外部性存在于同边用户的相互作用中,即同边用户的竞争减少了平台所有用户的福利[3]。

② 多属行为,即市场参与者可能会与多个可以相互替代但并不互通的平台发生关联的行为。多属行为也分为成员多属行为和用途多属行为,通常成员多属行为更为普遍。成员多属行为又分为买方多属行为和卖方多属行为两种。买方多属行为通常出现在卖方市场竞争较激烈的情况下,这一现象有利于激励供给方不断推陈出新、技术创新,推出个性化、多样化的产品,满足消费者的需求。卖方多属行为通常出现在必需品市场且为供不应求的市场条件下,这一现象容易引起市场价格失灵等。

2. 平台与数字贸易

平台经济是数字经济下新的经济组织方式,涉及范围广泛,与贸易活动息息相关。然而现有的国际贸易理论对平台经济涉及较少。从实证及例证角度对数字贸易平台的研究已经大量开展。

① 大型数字平台扮演着重要角色,数字贸易平台的形式多种多样。例如,贸易博览会即一种国际公共产品和开放型经济平台,参展商具有较高的信誉度、较透明的产品信息、较高的产品和服务质量。我国作为第一个举办以进口为主题的国家级展会"中国国际进口博览会"的国家,以贸易博览会作为网络平台交易的信誉保障,结合跨境电商,充分发挥博览会成员的外部性,形成"博览会+跨境电商"的双线模式。

② 数字贸易平台建设需要新型国际贸易规则。如今各国对于数字贸易平台都有不同的规则界定,其成为跨境数字贸易的隐性壁垒。例如,欧盟的《数字服务法案》、"链接税"等法案和制度都旨在防止平台垄断,强化平台的责任和义务;而美国为了保护本土企业和维持其在数字贸易领域的领先地位,主张弱化平台责任。

我国虽然也出现了一批本土的数字贸易平台企业,但是在规则制定以及平台规则的国际合作方面仍需继续加强。2021 年,亚马逊关停在其平台上的 5 万家中国卖家,原因是我国部分出口厂家的"买好评""刷单"现象被定性为违规,这使得我国电商行业损失超千亿元,为我国跨境数字贸易企业敲响了警钟,我国企业亟须全面知晓并参与制定数字贸易平台规则。目前,许多学者提出了跨境数字贸易平台运行的规则框架,认为该框架应包括企业准入与退出、生产全流程管理、跨境数据流通、数字贸易与结算、融资等各方面的规则,同时为平

---

[1] ROCHET J C, TIROLE J. Platform competition in two-sided markets[J]. Journal of the European Economic Association,2003,1(4):990-1029.
[2] ARMSTRONG M. Competition in two-sided Markets[M]. University College London,2004.
[3] 李允尧,刘海运,黄少坚.平台经济理论研究动态[J].经济学动态,2013(7):123-129.

台使用方提供数字记账和数字价值分配服务,以保证贸易数据真实、可靠、可追溯①。

本章关键词

比较优势理论 内生比较优势 赫克歇尔-俄林理论(H-O理论) 要素禀赋 海外仓 保税仓 要素丰裕 要素密集度逆转理论 规模经济 规模不经济 外部规模经济 内部规模经济 行业内贸易 范围经济 自选择效应 数字鸿沟 出口学习效应 包容性发展 长尾理论 利基产品 二八定律 规模效应 协同效应 双边市场效应 梅特卡夫效应 产业互联网 网络外部性 多属行为

本章思考题

1. 传统贸易理论是否适用于数字贸易?数字贸易为比较优势理论、要素禀赋理论带来了哪些新的内涵?

2. 新贸易理论与新-新贸易理论为数字贸易建立了哪些理论基础?数字贸易中是否存在规模经济和范围经济?

3. 随着数字丝绸之路的建设,华为在沿线40多个国家和地区部署了智慧城市解决方案。另外,阿里巴巴、腾讯等也积极参与数字化的国际合作。你认为这些互联网企业参与数字丝绸之路建设会对本国和沿线国家的数字贸易企业产生哪些效应?

4. 图4-5显示,相较于具有海量长尾用户的淘宝,拼多多的产品和用户更为集中。你认为是什么造成了拼多多爆款产品占比高,但长尾商品占比少的现状?你认为拼多多应该如何发掘利基市场?

5. 如今我们已经进入了"互联网+"的时代,你认为互联网与数字贸易是如何相互促进实现共同发展的?

---

① 张文博,王健,谢彬彬. 基于规则的数字贸易平台经济运行管控的规则制定与机制研究[C]//数据社会与数字经济暨"一带一路"合作国际学术会议论文集. 2022.

第5章 数字贸易的主要内容

数字贸易本质上是服务贸易产业在数字经济时代下的全新转型。数字贸易的主要内容围绕数字贸易的两大特征展开：一是贸易方式的数字化，二是贸易对象的数字化，也就是数字订购与数字交付的贸易。信息通信技术的发展正在改变服务贸易的整体格局，使得一些产品和服务开始以数字化的形式存储、传输和交易，超越物理和空间的束缚，可贸易的对象、范围和程度大大提高。大量数据以及以数据形式存在的产品和服务开始出现，在原有物理国家基础上形成了"数字国家"。国际分工和经贸往来也开始由物理世界转向数字世界，引发全球数字贸易浪潮。数字技术贸易、数字产品贸易、数字服务贸易和数据贸易成为数字贸易的主要内容。

5.1 数字技术贸易

5.1.1 数字技术贸易的内涵与外延

从理论上说，数字技术贸易是指为传输、处理数据及维护数据安全，以数字技术为核心驱动力的信息服务贸易。根据商务部的定义，数字技术贸易是指通过信息通信网络交付、应用于智能生产的信息技术服务[①]。这个定义主要是基于统计的需要。数字技术作为一个技术体系，主要包括大数据、云计算、物联网、区块链、人工智能五大技术。数字技术贸易也就是由此延伸的贸易。

五大数字技术是一个整体，其中大数据技术为数字资源，云计算技术为数字设备，物联网技术为数字传输，区块链技术为数字信息，人工智能技术为数字智能。五大技术相互融合，呈指数级增长，推动数字经济的高速、高质量发展。

在现行服务贸易统计中，"电信、计算机和信息服务"属于典型的数字技术贸易范畴；在现行服务外包统计中，"离岸服务外包"中包含了大量的数字技术服务内容。因此，数字技术贸易就包含了"电信、计算机和信息服务"、"离岸数字服务外包"以及"新兴数字技术服务"等。

---
① 中华人民共和国商务部服务贸易和商贸服务业司，《中国数字贸易发展报告2021》。

近年来,中国数字技术贸易的国际竞争力持续增强。2021年,电信、计算机和信息通信服务贸易规模约为1,171.1亿美元,同比增长27.3%。其中,出口规模达769.9亿美元,同比增长30.4%,全球占比为8.6%,位居第三,仅次于爱尔兰和印度①。

大数据、云计算、物联网、区块链、人工智能等新一代信息技术的快速推广应用为数字贸易的发展奠定了坚实的产业基础。数字贸易平台借助于物联网技术下的智慧仓储及配送提高物流管理效率,通过区块链技术在金融的领域应用降低信用门槛,以大数据积累优势形成对市场的预判。新一代信息技术应用持续推动数字贸易快速发展,助力数字贸易商流、信息流、物流与资金流的高效配合与流通(图5-1)。

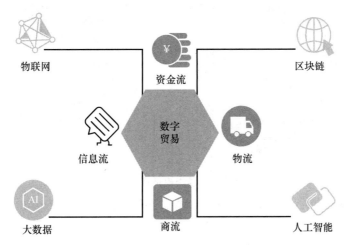

图5-1 信息技术在数字贸易领域的应用

(资料来源:艾瑞咨询,《全球数字贸易白皮书》,2021年10月13日)

5.1.2 数字技术对全球贸易的影响

1. 数字技术成为所有产业共同的经营工具和底层基础

数字技术的颠覆性创新在于数字技术不再简单地作为一个独立的产业,而成为所有产业共同的经营工具和底层基础。数字技术加速创新,持续推动传统行业发展变革。为数字技术创新与产业交流合作搭建数字平台,可以推动数字技术与实体经济深度融合,为全球经济发展和贸易发展注入新的活力和动能。德国提出的工业4.0和美国提出的产业互联网直接指向全球新一轮产业革命,其本质就是信息技术成为所有产业共同的基础和工具。中国提出的"互联网+"行动计划和"数字中国"战略顺应了全球产业变革的形势,这一企业增长范式的变化带来了企业经营商业模式的变革②。

联合国将一组充分利用数字化和联通性、结合在一起后能够产生多重倍增效应的新技术称为前沿技术,其涵盖了11种新技术,即人工智能、物联网、大数据、区块链、5G、3D打印、机器人技术、无人机、基因编辑、纳米技术和太阳能光伏。这些技术包括五大数字技术,

---

① 中华人民共和国商务部服务贸易和商贸服务业司,《中国数字贸易发展报告2021》。
② 鼎韬,《全球化4.0:数字贸易时代的到来》,2021年12月,第78页。

可以用来提高生产率和改善生活。例如：人工智能与机器人技术相结合可以改变生产流程和业务流程；3D打印能够实现更快、更便宜的小批量生产，以及新产品原型的快速迭代制作。2018年这11种技术代表了3,500亿美元的市场，到2025年，这个市场估计会超过3.2万亿美元[①]（图5-2）。

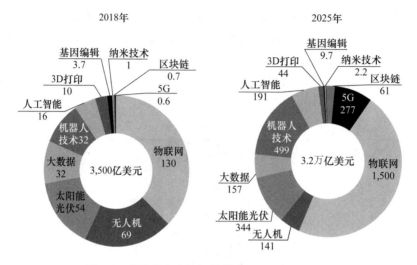

图 5-2　前沿技术市场规模估计（按10亿美元计）

（资料来源：UNTCAD，《联合国2021技术和创新报告：发展中国家的逆袭之路》，第44页）

2. 数字技术革命的颠覆性影响

① 数字技术革命对传统产业商业模式的最大变革就是：制造业从标准化走向定制化，而服务业则从定制化走向标准化。随着3D打印、智能制造等数字技术的成熟，全球制造业进入了以技术为核心推动发展的新阶段，从大规模制造向大规模定制发展。创新及高科技成为推动制造业数字化转型的核心要素。标准化的服务正在推动服务变成可定义的"产品"，定制化的产品则将产品变成可使用的"服务"。

数字贸易在提升贸易效率、优化贸易流程、降低贸易成本、催生新兴产业等方面发挥着越来越重要的作用。在数字贸易深入发展的过程中，价值链各端企业通过数字化技术整合跨境资源，为全球关联企业的产品设计、生产加工、经贸合作、营销服务等提供多元化支持，推动全球价值链重塑。研究显示，在国际分工比较发达的制造业中，产品在生产过程中停留的时间只占其循环过程全部时间的5%，而处在流通领域的时间要占95%以上，产品在制造过程中的增值部分占不到产品价值的40%，而60%以上的增值发生在服务领域。制造业的低成本化和海量信息的免费化将促使制造业与服务业的深度融合。单纯地依赖制造业或单纯地依赖内容获取暴利的做法逐渐退出市场。制造与服务、硬件与软件、终端与应用的一体化体验才是获取超额利润的稀缺资源[②]。图5-3所示的微笑曲线显示，在数字技术深入渗透条件下，微笑曲线不断向上提升，制造业价值与两端的研发价值和服务价值在缩小。

---

① UNTCAD，《联合国2021技术和创新报告：发展中国家的逆袭之路》。
② 鼎韬，《全球化4.0：数字贸易时代的到来》，2021年12月，第33页。

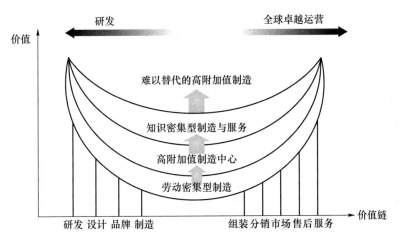

图 5-3　全球制造业的数字化、网络化、智能化及服务化发展

(资料来源:鼎韬,《全球化 4.0:数字贸易时代的到来》,2021 年 12 月,第 34 页)

② 个性化定制是产业互联网在品牌端落地的典型模式。目前在服装和家居等领域已经成长出一批企业。在 C2M 逻辑下,品牌企业将用户的个性化需求量化为具体指标,配合柔性化、智能化生产线,在保证生产率的前提下实现"一人一品"。个性化定制是消费升级的一大方向,但对企业从用户需求、智能制造到供应链交付的全流程协作能力和服务能力都有极高的要求①。

3. 全球经济的服务含量逐渐提升

全球经济的服务含量越来越高。2019 年,全球发达经济体的服务业占 GDP 的比重约为 76%,其中日本和美国的服务业比重分别达到 70% 和 80%;新兴经济体服务业占 GDP 的比重为 55%,中国服务业的占比超过 52%,高于制造业。服务业创造了全球 2/3 以上的经济产出,吸引了 2/3 以上的外国投资,并提供了发展中经济体近 2/3 的就业机会和发达经济体 80% 的就业机会②。当前服务业已成为各国国民经济的重要支撑。

4. 以用户为中心取代以厂商为中心的发展趋势

数字技术革命导致以用户为中心取代以厂商为中心、硬件主导让位于软件和服务,从而企业商业模式呈现泛服务化(Everything as a Service,XaaS)趋势。新一轮泛服务化不再是传统意义的服务化,而是泛服务化,是基于新一代数字技术的企业底层革命,特别是互联网思维成为新一轮企业经营的主流理念,带动了越来越多的企业从设立之初就采取专业外包的模式整合专业资源,以提升自己的运营效率和更快地适应市场的变化。更重要的是,在这种变化中,核心职能和非核心职能的边界日趋模糊,从而带动全球服务的泛外包化。服务外包日益成为新一轮全球产业格局重塑以及服务全球化浪潮中关键的驱动因子③。

国际数据公司(International Data Corporation,IDC)曾预测,2023 年,超过 50% 的全球经济将由数字经济驱动。因此,企业快速发展自己的数字创新能力将是建立核心竞争力的

---

① 鼎韬,《全球化 4.0:数字贸易时代的到来》,2021 年 12 月,第 33 页。
② 鼎韬,《全球化 4.0:数字贸易时代的到来》,2021 年 12 月,第 33 页。
③ 鼎韬,《全球化 4.0:数字贸易时代的到来》,2021 年 12 月,第 34 页。

需求。到 2025 年,预计超过 2/3 的 G20[①] 成员国的企业将成为能够提供高质量软件的数字创新服务商,能为其客户提供新的价值。软件正在吞噬世界,未来每个企业都将成为软件企业,不久的将来这即将变成现实[②]。

作为典型的产品型公司,目前苹果的服务类收入占公司整体收入的比重已经达到 20%。服务已经成为苹果收入的重要来源之一。通过分解苹果手机的成本构成,就可以清楚地知道数字技术革命给制造业带来的深刻影响。服务模块占苹果手机零售价格的 70.25%(表 5-1)。

表 5-1 苹果手机的成本构成

成本构成和价格	模块内容	价格/美元	占零售价格的比重/%
服务模块	操作系统 软件开发测试合同外包(例如向印度三大软件商外包软件测试) App Store 应用程序	455.90	70.25
硬件模块	—	186.34	28.71
加工组装	—	6.76	1.04
零售价	—	649.00	100.00

资料来源:鼎韬,《全球化 4.0:数字贸易时代的到来》,2021 年 12 月,第 38 页。

5.1.3 数字技术贸易的主要内容

1. 云服务

(1) 云计算服务

云服务是基于互联网的相关服务的增加、使用和交互模式,通常涉及通过互联网来提供动态、易扩展且经常是虚拟化的资源。云是网络、互联网的一种比喻说法。经过十多年的迭代发展,在数字经济席卷全球的机遇下,云计算逐渐发展成为企业数字化转型的核心技术基础以及全球贸易互联的关键数字基础设施之一。

云计算服务就是将大量用网络连接的计算资源进行统一管理和调度,构成计算资源池向用户提供按需服务,如提供云主机、云空间、云开发、云测试和综合类服务产品,用户通过网络以按需、易扩展的方式获得所需资源和服务。随着云计算应用的快速发展,基于云计算等新一代信息技术的专业服务提供商为客户提供了公有云、私有云和混合云等服务。其主要包括软件即服务(Software as a Service,SaaS)、平台即服务(Platform as a Service,PaaS)、基础设施即服务(Infrastructure as a Service,IaaS)等 3 个业务类型。

据 Gartner 统计,2021 年,以 SaaS、PaaS 和 IaaS 为代表的全球公有云市场规模达到 3,307 亿美元,增速为 32.5%(图 5-4)。

---

① G20:二十国集团,由中国、阿根廷、澳大利亚、巴西、加拿大、法国、德国、印度、印度尼西亚、意大利、日本、韩国、墨西哥、俄罗斯、沙特阿拉伯、南非共和国、土耳其、英国、美国以及欧洲联盟等 20 方组成,主要讨论全球重大经济金融热点问题,推动全球经济合作与发展。

② 鼎韬,《全球化 4.0:数字贸易时代的到来》,2021 年 12 月,第 37 页。

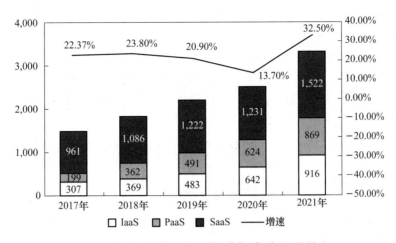

图 5-4 全球云计算市场规模(单位:亿美元)及增速

(资料来源:Gartner,2022 年 4 月)

中国云计算市场呈爆发式增长。2021 年中国云计算总体处于快速发展阶段,市场规模达 3,229 亿元,较 2020 年增长 54.4%。其中,公有云市场规模达 2,181 亿元,同比增长 70.8%;私有云市场达 1,048 亿元,同比增长 28.7%(图 5-5)①。云服务向算力服务演进,助力算力经济高质量发展。算力作为数字经济的核心生产力,正在成为加速行业数字化及经济社会发展的重要引擎。作为云服务的升级,算力服务呈现出泛在化、普惠化、标准化的特点②。

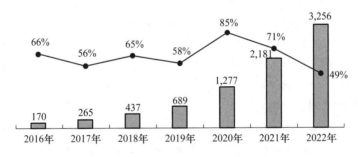

图 5-5 2016—2022 年中国公有云市场规模及增速

(数据来源:2016—2021 年数据来自中国信息通信研究院,发布的
《云计算白皮书(2021 年)》,2022 年数据来自科智咨询)

国际数据公司发布的《中国公有云服务市场(2023 上半年)跟踪》显示,2023 年上半年中国公有云服务整体市场规模(IaaS/PaaS/SaaS)为 190.1 亿美元。其中 IaaS 市场规模为 112.9 亿美元,同比增速为 13.2%;PaaS 市场规模为 32.9 亿美元,同比增速为 26.3%。以云计算融合大数据、人工智能和区块链等新一代数字技术的云服务提供商在贸易全链条创造出更多新产品和新服务,将大力推动数字服务贸易的快速发展③。

---

① 中国信息通信研究院,《云计算白皮书(2022 年)》。
② 中国信息通信研究院,《云计算白皮书(2022 年)》。
③ 中国信息通信研究院,《释放中国-东盟数字贸易发展潜力:新基建与新路径》,2022 年 9 月。

(2) 云计算产业链的结构

云计算作为一种新兴的 IT 应用模式,带动了整个 IT 产业的调整和升级,催生了全新的产业链,其包括传统的硬件提供商、基础软件提供商和软件应用提供商,还包括新兴的云提供商和云服务提供商。从产业结构来看,目前中国云计算产业链结构完备,上游为核心硬件(芯片、内存等)、IT 基础设备(服务器、存储设备、网络设备等),中游为 IaaS 运营、PaaS 运营、SaaS 运营,下游为各类使用云的企业或组织(图 5-6)。

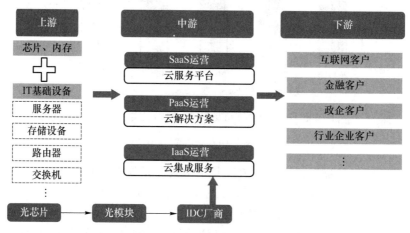

图 5-6 中国云计算产业链的结构

(资料来源:前瞻产业研究院,《2022 年中国及全球数字贸易发展趋势研究报告:区域先行 全球数贸》)

云计算产业链的核心是云服务厂商,海内外主要的云服务厂商有亚马逊、微软、谷歌、脸书、苹果、阿里、腾讯等互联网转型企业,它们提供弹性计算、网络、存储、应用等服务。云计算产业最终服务于互联网、政府、金融等广大传统行业与个人用户[①]。未来,"5G+云+AI"三者彼此紧密融合,将释放出巨大能量,进一步加强现实世界与数字世界的互动互促,创造出"智能制造""智能网联车""智慧城市"等潜力巨大的数字经济产业,成为推动中国数字经济发展的重要引擎。

2. 信息通信技术服务贸易

在国际收支服务分类(EBOPS 2010)的服务贸易统计分类基础上,将数字服务贸易额分为 ICT 服务贸易额、离岸数字服务外包额、其他服务贸易中的数字贸易额[②]。具体计算公式如下:

$$数字贸易额 = ICT\ 服务贸易额 + 离岸数字服务外包额 + \\ 其他服务贸易中的数字贸易额 \quad (5-1)$$

(1) ICT 服务贸易额

ICT 服务是数字技术的核心和数字应用的基础,包括电信、计算机和信息服务。一般将电信、计算机和信息服务贸易额全额纳入数字服务贸易统计。具体计算公式如下:

$$ICT\ 服务贸易额 = 电信、计算机和信息服务贸易额 \quad (5-2)$$

(2) 离岸数字服务外包额

根据商务部的服务贸易统计制度和分类,对离岸服务外包中的数字化部分进行计算,计算公式如下:

---

① 前瞻产业研究院,《2022 年中国云计算行业产业链全景梳理及区域热力地图》,2022 年 11 月 12 日。
② 鼎韬,《2021 年中国数字贸易发展报告(简版)》,2022 年 5 月。

第1部分 数字贸易理论

$$\begin{aligned}
\text{离岸数字服务外包额} = {} & \text{离岸信息技术外包额} + \\
& \text{离岸知识流程外包额中的文化创意和数字内容中的数字内容外包额} + \\
& \text{离岸业务流程外包额中互联网营销推广服务的互联网媒体服务额} + \\
& \text{离岸业务流程外包额中呼叫中心服务的智能客服额}
\end{aligned} \tag{5-3}$$

(3) 其他服务贸易中的数字贸易额

通过数字渗透率将包含在数字服务贸易中的其他七大类服务贸易中以数字交付和数字订购的服务纳入数字贸易统计范围。所谓数字渗透率,即完全以数字化形态交付和以数字化手段订购的服务贸易额占企业全部服务贸易额的比例[①]。服务出口数字渗透率和服务进口数字渗透率的计算公式分别为

$$\begin{aligned}
\text{服务出口数字渗透率} = {} & \text{完全以数字化形式交付和以数字化手段} \\
& \text{订购的跨境服务总收入} \div \text{全部跨境服务收入}
\end{aligned} \tag{5-4}$$

$$\begin{aligned}
\text{服务进口数字渗透率} = {} & \text{完全以数字化形式获取和以数字化手段} \\
& \text{订购的跨境服务总支出} \div \text{全部跨境服务支出}
\end{aligned} \tag{5-5}$$

其他服务贸易中的数字贸易出口额和数字贸易进口额的具体计算公式分别为

$$\begin{aligned}
\text{其他服务贸易中的数字贸易出口额} = {} & \text{保险和养老金服务贸易额} \times \text{数字渗透率}\ E_1 + \text{金融服} \\
& \text{务贸易额} \times \text{数字渗透率}\ E_2 + \text{建筑服务贸易额} \times \text{数字} \\
& \text{渗透率}\ E_3 + \text{个人、文化和娱乐服务贸易额} \times \text{数字渗透} \\
& \text{率}\ E_4 + \text{其他商业服务贸易额} \times \text{数字渗透率}\ E_5 + \text{运输} \\
& \text{服务贸易额} \times \text{数字渗透率}\ E_6 + \text{知识产权费服务贸易} \\
& \text{额} \times \text{数字渗透率}\ E_7
\end{aligned} \tag{5-6}$$

$$\begin{aligned}
\text{其他服务贸易中的数字贸易进口额} = {} & \text{保险和养老金服务贸易额} \times \text{数字渗透率}\ I_1 + \text{金融服} \\
& \text{务贸易额} \times \text{数字渗透率}\ I_2 + \text{建筑服务贸易额} \times \text{数字} \\
& \text{渗透率}\ I_3 + \text{个人、文化和娱乐服务贸易额} \times \text{数字渗透} \\
& \text{率}\ I_4 + \text{其他商业服务贸易额} \times \text{数字渗透率}\ I_5 + \text{运输} \\
& \text{服务贸易额} \times \text{数字渗透率}\ I_6 + \text{知识产权费服务贸易} \\
& \text{额} \times \text{数字渗透率}\ I_7
\end{aligned} \tag{5-7}$$

鼎韬评估了我国2021年重点细分领域的数字渗透率水平(表5-2)。

表5-2 重点细分领域的数字渗透率水平

重点细分领域	数字渗透率
个人、文化和娱乐服务	0.42
知识产权使用费	0.41
金融保险服务	0.34
其他商业服务	0.33
运输服务	0.26
建筑服务	0.25

资料来源:鼎韬,《2021年中国数字贸易发展报告(简版)》,2022年5月。

[①] 鼎韬,《2021年中国数字贸易发展报告(简版)》,2022年5月。

ICT 服务是过去 10 年中国数字服务出口占比提升最快、增长贡献最大的领域。ICT 服务、知识产权服务是知识密集型行业,是国家优先支持发展的领域。2011—2020 年,中国 ICT 服务在数字服务出口中的占比提升了 19.7%。在新冠疫情背景下,ICT 服务贸易继续引领数字服务贸易发展。2020 年,ICT 服务贸易在数字服务贸易中的占比为 22.2%。中国已成为全球最大专利合作条约(Patent Cooperation Treaty,PCT)国际专利申请来源国,5G、区块链、人工智能等领域专利申请量全球第一,涌现出一大批具有国际竞争力的 ICT 企业[①]。

ICT 服务贸易是数字服务贸易增长的重要动能。ICT 服务贸易在数字服务贸易中的增速最高。2020 年中国 ICT 服务在数字服务出口中的占比最大,为 38.2%。2011—2020 年中国知识产权、金融服务、ICT 服务等细分数字服务迅速发展,平均增速分别为 31.7%、19.6% 和 17.4%,高于世界平均水平[②](图 5-7)。

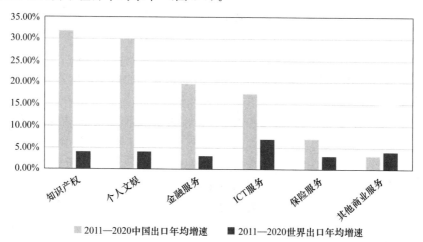

图 5-7 2011—2020 年中国各细分数字服务贸易增速与世界出口年均增速对比

(资料来源:前瞻产业研究院,《2022 年中国及全球数字贸易发展趋势研究报告:区域先行 全球数贸》)

(4)计算机服务

计算机服务指与计算机有关的硬件、软件服务和数据处理服务。

(5)信息服务

信息服务包括:通讯社服务,如向媒体提供新闻、照片和有关资料报道;数据库服务,如数据库构思、数据存储以及数据和数据库(包括目录和邮件列表)通过在线和磁性、光学或印刷介质进行分发;网页搜索门户,即用户输入关键查询字段寻找网址的搜索引擎服务;非批量订购报纸、期刊、书籍及电子出版物等。

从以上分类的定义可以看到,"电信、计算机和信息服务"这一类服务贸易全部属于数字贸易范畴,不但包括了电信、软件、信息服务等数字贸易类别,也涵盖了数字内容服务中的数字媒体、搜索引擎和电子出版 3 个子项[③]。

---

① 国务院发展研究中心对外经济研究部,中国信息通信研究院课题组,《数字贸易发展与合作:现状与趋势》。
② 前瞻产业研究院,《2022 年中国云计算行业产业链全景梳理及区域热力地图》,2022 年 11 月 12 日。
③ 《鼎韬观点:数字贸易产业全景研究(下)——定义与分类》,2021 年 3 月 29 日。

（6）卫星定位服务

卫星定位服务属于广义的通信服务，也被涵盖其中。而对于中国数字贸易出口而言，卫星定位服务的核心就是北斗卫星导航系统（BeiDou Navigation Satellite System，BDS）。根据中国卫星导航定位协会的《2020中国卫星导航与位置服务产业发展白皮书》，在数字贸易中，卫星定位服务主要包括电子地图服务、应用软件服务、系统集成和运营服务3个细分子项[①]。

3. 软件贸易

（1）软件贸易的内涵

软件贸易是数字贸易的重要组成部分，也是决定数字经济时代服务贸易竞争力的关键领域。软件贸易亦称软件买卖或许可证贸易，指关于技术知识的买卖，是本来意义上的技术贸易。其包括3个方面的内容：①专利使用权的转让；②商标使用权的转让；③专有技术的买卖。专利是公开的秘密，靠法律保护来垄断，是一种工业产权。在实行专利保护制度的国家中，别人要使用该项技术，必须向专利的持有者交付专利使用费。如果在别国取得专利权，那么别国的企业使用该项技术也要支付专利使用费。购买技术专利就是购买一种权利，不一定取得图纸资料，卖方不承担保证该专利实施的责任。

（2）"离岸信息技术外包"是典型的数字贸易

软件服务外包是中华人民共和国商务部大力支持和发展的产业。根据业务类型其分为信息技术外包服务（Information Technology Outsourcing，ITO）、业务流程外包服务（Business Process Outsourcing，BPO）和知识流程外包服务（Knowledge Process Outsourcing，KPO）。根据业务来源其分为在岸外包和离岸外包，其中离岸外包部分属于服务贸易。基于当前服务外包的统计体系，软件离岸外包的ITO、BPO和KPO三大领域都属于数字贸易。知识流程外包服务中的"大数据服务"属于数字贸易范畴。业务流程外包中的数字贸易领域、互联网营销推广服务中的"互联网媒体"服务、呼叫中心服务中的"智能客服"也属于数字贸易范畴。

根据《服务外包统计调查制度》和《服务外包产业重点发展领域指导目录》，"离岸信息技术外包"主要包括以下细分门类：软件研发服务；集成电路和电子电路设计服务；电子商务平台服务；信息技术解决方案服务；信息基础设施和信息系统运维服务；电子网络与数据安全服务；云计算开发及应用服务；人工智能及技术应用服务。

4. 大数据技术贸易

（1）数据与大数据的内涵

数据（Data）是对客观事实的描述或通过观察、实验、计算得出的结果。数据的种类很多，最简单的就是数字，也可以是文字、图像、声音等。在计算机系统底层，数据以二进制信息单元0和1的形式表示。数据服务指通过数据接口提供数据的方式的统称，如大数据分析。

大数据（Big Data）指的是所涉及的资料规模巨大到无法通过主流软件工具在合理的时间内撷取、管理、处理并整理成为帮助企业经营决策等更积极目的的资讯。在维克托·迈尔-舍恩伯格及肯尼斯·库克耶编写的《大数据时代——生活、工作与思维的大变革》中，大数据指不用随机分析法（抽样调查）这样的捷径，而采用所有数据进行分析处理。大数据的5V特点（IBM提出）是大量（Volume）、高速（Velocity）、多样（Variety）、低价值密度

---

① 《鼎韬观点：数字贸易产业全景研究（下）——分类与统计》，2021年3月29日。

(Value)、真实性(Veracity)。

大数据包括结构化、半结构化和非结构化数据,非结构化数据(图 5-8)逐渐成为数据的主要组成部分。IDC 的调查报告显示:企业中 80% 的数据都是非结构化数据,这些数据每年都增长 60%。

图 5-8 非结构化数据的种类

(资料来源:工业和信息化部电信研究院,《大数据白皮书(2014 年)》,2014 年 5 月)

大数据的应用和相关技术是在互联网快速发展中诞生的,起点可追溯到 2000 年前后。那时互联网网页爆发式增长,每天新增约 700 万个网页,到 2000 年年底全球网页数达到 40 亿,用户检索信息越来越困难。谷歌、百度等公司率先建立了覆盖数十亿网页的索引库,开始提供较为精确的搜索服务,大幅提升了人们使用互联网的效率,这是大数据应用的起点[①]。对于大数据,从最初的数据源到最终有价值的知识一般需要经过 5 个主要环节,即数据准备、数据存储与管理、计算处理、数据分析和知识展现,其技术框架如图 5-9 所示。每个环节都面临不同程度的技术挑战。

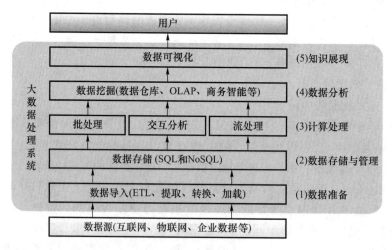

图 5-9 大数据技术框架

(资料来源:工业和信息化部电信研究院)

---

① 工业和信息化部电信研究院,《大数据白皮书(2014 年)》,2014 年 5 月。

总体来看,大数据对数据准备环节和知识展现环节来说只是量的变化,并不是根本性的变革。大数据对数据分析、计算处理和数据存储与管理3个环节影响较大,需要对技术架构和算法进行重构,是当前和未来一段时间大数据技术创新的焦点(图5-10)。大数据存储、计算和分析技术是关键[1]。整体而言,全球的大数据应用处于发展初期,中国大数据应用才刚刚起步,大数据应用加速向传统领域拓展。

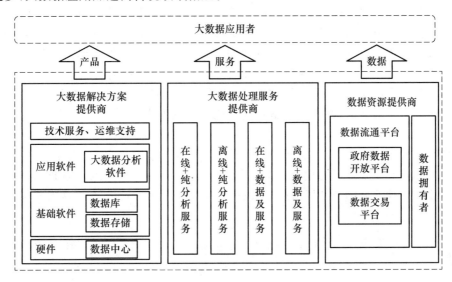

图 5-10　大数据产业生态示意图

(资料来源:工业和信息化部电信研究院)

(2) 数据与其他技术的融合

① 云数融合。云化趋势降低了技术使用门槛。大数据基础设施向云上迁移是一个重要的趋势。各大云厂商均开始提供各类大数据产品,纷纷构建自己的云上数据产品,如 Amazon Web Service(AWS) 和 Google Cloud Platform(GCP) 很早就开始提供的受管理的 MapReduce 或 Spark 服务,以及国内阿里云的 MaxCompute、腾讯云的弹性 MapReduce 等。大规模可扩展的数据库服务纷纷上云,为 PB 级的数据集提供分布式数据库服务。早期的云化产品大部分是对已有大数据产品的云化改造,现在越来越多的大数据产品从设计之初就遵循了云原生的概念,生于云,长于云,更适合云上生态[2]。向云化解决方案演进的最大优点是用户不用再操心如何维护底层的硬件和网络,可专注于数据和业务逻辑,在很大程度上降低了大数据技术的学习成本和使用门槛。

② 数智融合。数据与智能多方位深度整合。大数据与人工智能的融合成为大数据领域当前最受关注的趋势之一。这种融合主要体现在大数据平台的智能化与数据治理的智能化上。智能的平台指用智能化的手段来分析数据,是释放数据价值的高阶之路,但用户往往不希望在两个平台间不断地搬运数据,这促成了大数据平台和机器学习平台的深度整合,大数据平台除支持机器学习算法之外,还将支持更多的 AI 类应用[3]。

---

[1] 工业和信息化部电信研究院,《大数据白皮书(2014年)》,2014年5月。
[2] 中国信息通研究院,《大数据白皮书(2019年)》,2019年12月。
[3] 中国信息通研究院,《大数据白皮书(2019年)》,2019年12月。

5. 物联网服务

(1) 物联网的概念

物联网(Internet of Things, IoT)是指把所有物品通过射频识别(Radio Frequency Identification, RFID)等信息传感设备与互联网连接起来,实现智能化识别和管理的网络。国际电信联盟(International Telecommunication Union, ITU)对物联网的含义进行了扩展,即信息与通信技术的目标已经从任何时间、任何地点连接任何人发展到连接任何物品的阶段,而万物连接就形成了物联网。物联网创新联盟(Internet of Things Innovation Alliance, IOTA)对物联网的定义是,物联网是一种能够连接嵌有电子、软件、传感器、执行器和网络连接的物理对象、设备、车辆、建筑物以及其他物体,并使得这些不同对象能够收集和交换数据的网络。物联网的核心应用是智能制造,特别是工业互联网领域,这也是数字经济中产业数字化的核心。一般认为,在数字贸易领域,物联网服务的核心就是工业互联网[①]。

(2) 工业互联网服务

从数字贸易角度看,工业互联网服务可以分为工业互联网平台、工业互联网基础设施、工业互联网软件和工业互联网信息安全4个细分门类(图5-11)。工业互联网是新一代工业浪潮的产物。工业互联网产业联盟(Alliance of Industrial Internet, AII)从宏观层面和技术层面对工业互联网进行定义。

图5-11 工业互联网数字贸易服务的4个细分门类

(资料来源:《鼎韬观点:数字贸易产业全景研究(下)——分类与统计》,2021年3月29日, http://www.chnsourcing.com.cn/outsourcing-news/article/111022.html)

从宏观层面看,工业互联网通过工业经济全要素、全产业链、全价值链的全面连接,支撑制造业数字化、网络化、智能化转型,不断催生新模式、新业态、新产业,重塑工业生产制造和服务体系,实现工业经济高质量发展。

从技术层面看,工业互联网是新型网络、先进计算、大数据、人工智能等新一代信息通信技术与制造技术融合的新型工业数字化系统,它广泛连接人、机、物等各类生产要素,构建支

---

① 鼎韬,《全球化4.0:数字贸易时代的到来》,2021年12月,第80页。

撑海量工业数据管理、建模与分析的数字化平台,提供端到端的安全保障,以此驱动制造业的智能化发展,引发制造模式、服务模式与商业模式的创新变革。

① 工业互联网平台是面向制造业数字化、网络化、智能化需求,构建基于海量数据采集、汇聚、分析的服务体系,支撑制造资源泛在连接、弹性供给、高效配置的工业云平台。

② 工业互联网基础设施服务包括改造升级工业互联网内外网络,完善工业互联网标识体系,设计、生产、运维、管理等全流程数字化功能集成以及建设工业互联网大数据中心。

③ 工业互联网软件即工业应用程序(Application,App),是基于工业互联网,承载工业知识和经验,满足特定需求的工业应用软件,是工业技术软件化的重要成果。

④ 工业互联网信息安全是工业生产安全和网络空间安全相融合的领域,包含工业数字化、网络化、智能化运行过程中的各个要素、各个环节的安全,主要体现为工业控制系统安全、工业网络安全、工业大数据安全、工业云安全、工业电子商务安全、工业 App 安全等。

5.2 数字产品贸易

5.2.1 数字产品贸易的内涵

数字产品是指利用数字技术制作、传输、存储和使用的各类产品或服务,如电子书、音乐、视频、游戏等。数字产品是通过数字内容来体现其使用价值和价值的。数字内容是指数字产品中的具体内容,如文字、图像、音频、视频等。

数字产品和数字内容是相互依赖的关系。数字内容是数字产品的核心组成部分,没有数字内容,数字产品就不存在了。数字产品是数字内容的载体,没有数字产品,数字内容就无法传输、存储和使用。同时,数字内容的创作、生产、传播和使用方式会受到数字产品的技术特性和市场环境的影响。数字产品的设计、开发、推广和销售也会受到数字内容的类型、品质和市场需求的影响。

随着数字技术的不断发展,数字产品和数字内容的界限会逐渐模糊,如虚拟现实、增强现实等技术可以将数字内容与数字产品更加紧密地结合在一起。未来的数字产业将更加注重数字内容的质量和创意,同时,数字产品的形态和功能也将更加多样化。

数字产品贸易指以数字形式通过信息通信网络传播和收发的贸易,包括数字游戏、数字动漫、数字内容出版、数字广告、数字音乐、数字影视等数字内容产品的跨境贸易。

AI、大数据、云计算、物联网以及 5G 等新兴技术正在改变许多传统服务和产品的销售、推广和交易模式。越来越多的实体产品和服务被数字技术包装后成为全新的数字产品,在虚拟环境(互联网)下进行推广、销售以及交付,数字产品的可贸易化不仅是中国制造的一种全新业务模式,更是"中国创意"在全球市场中的新发展[①]。

《中国网络文学国际传播发展报告》显示,中国网络文学共向海外传播作品 10,000 余部。数字产品"走出去"平台支撑力日益增强。商务部会同中共中央宣传部、文化和旅游部、国家广播电视总局先后公布两批 29 个国家文化出口基地,通过支持、指导基地加强制度和

---

① 《鼎韬观点|中国定义、中国服务和中国标准下的数字贸易》,2019 年 7 月 16 日。

政策创新,增强文化出口基地对集聚、示范、引领国家影视出口的带动作用。

5.2.2 数字产品中基于数字内容的贸易

数字内容产业并非一个传统意义或统计学意义上的独立产业,它是由文化创意结合信息技术形成的产业形态。所谓产业形态是指它是由多个细分领域交叉融合而成的产业群组,且这些细分领域边界模糊,其共同点是以数字内容为核心,以互联网和移动互联网为传播渠道,以平台为模式[①]。

以内容特征作为分类依据,从数字贸易研究的角度,可将数字内容分为数字传媒、数字娱乐、数字学习、数字出版和面向专业应用导向五大类[②]。

美国、加拿大、澳大利亚等把内容产业称为创意产业,根据北美 NAICS 产业分类,创意产业包括传媒和信息产业、纯艺术产业、专业设计服务业、商业性质文艺和体育产业四大类、17 个明细分类。

中国数字内容付费用户规模庞大,且呈现出快速增长趋势。数字内容用户付费领域主要以泛娱乐为主,包括游戏、视频、音乐、文学、社交、直播等。在所有泛娱乐分支领域中,游戏是数字内容用户付费的支柱领域,常年占据数字内容用户付费规模 80% 以上的份额,是数字内容产业第一大付费内容。

艾媒咨询发布的《2023 年中国知识付费行业现况及发展前景报告》显示,2022 年中国知识付费市场规模达 1,126.5 亿元,较 2015 年增长约 70 倍,预计 2025 年市场规模将达 2,808.8 亿元(图 5-12)。

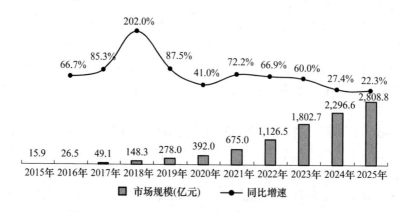

图 5-12　2015—2025 年中国知识付费市场规模及预测

(资料来源:《艾媒咨询:2022 年中国知识付费市场规模 1,126.5 亿元,短视频类占 75.7%》,2023 年 3 月 27 日,https://www.ithome.com/0/682/595.htm)

艾媒咨询的数据还显示,2022 年短视频类付费内容的学习人次占比为 75.70%,直播类、图文类付费内容则分别占比 25.60%、22.00%(图 5-13)。

1. 数字娱乐

数字娱乐是指动漫、卡通、网络游戏等基于数字技术的娱乐产品。数字娱乐最鲜明的特征

---

① 鼎韬,《数字贸易的五大分类及主要内容》,2022 年 1 月 20 日。
② 鼎韬,《全球化 4.0:数字贸易时代的到来》,2021 年 12 月,第 81 页。

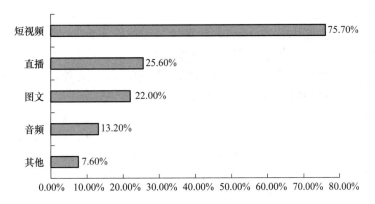

图 5-13　2022 年知识付费用户消费内容类型分布

(资料来源:《艾媒咨询:2022 年中国知识付费市场规模 1,126.5 亿元,短视频类占 75.7%》,https://www.ithome.com/0/682/595.htm)

就是产业平台近乎无限的可扩展性。几乎任何传统的娱乐方式或内容都可以通过数字平台加以扩展。数字娱乐包括网络游戏、数字音乐、数字动漫、网络视频、数字影视 5 个细分门类。

中国音像与数字出版协会、中国新闻出版研究院联合出品的《中国数字内容产业市场格局与投资观察(2019—2020)》一书将数字内容产业分为网络游戏、数字动漫、在线教育、网络视频、短视频、在线直播、自媒体、在线音乐、数字阅读、新闻资讯 App、互联网期刊、知识付费 12 个细分领域。如图 5-14 所示,中国自主研发的游戏在国内外市场上的实际销售收入逐年增长。

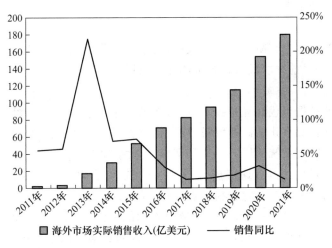

图 5-14　中国自主研发的游戏的国内外市场实际销售收入

(数据来源:中国音数协游戏工委,《2021 年中国游戏产业报告》)

2. 数字出版

数字出版是建立在计算机技术、通信技术、网络技术、流媒体技术、存储技术、显示技术等高新技术基础上,融合并超越了传统出版内容而发展起来的新兴出版产业。其主要包括电子出版(包括电子图书、数字报纸、数字期刊、网络原创文学等)和数字阅读两个细分门类。

3. 数字学习

数字学习是指将学习内容数字化,以计算机等终端设备为辅助工具进行的学习活动。数字学习在数字贸易中的主要表现形式为在线教育。在线教育是以网络为介质的教学方式,通过网络,学员与教师即使相隔万里也可以开展教学活动;此外,借助于网络课件,学员可以随时随地进行学习,真正打破了时间和空间的限制。

4. 数字媒体

数字媒体是以数字化的文字、图形、图像、声音、视频影像和动画等感觉媒体为基础,集公共传播、信息服务、文化娱乐、交流互动于一体的多媒体信息终端。数字媒体可以分为搜索引擎、社交网络(Social Network Service,SNS)、门户网站(包括公众号和自媒体)、新型传媒(如今日头条)以及短视频和直播(如抖音)等五大细分门类。

5. 音像服务和相关服务

音像服务包括电影制作(胶片、录像带、磁盘上的电影或电子传输的电影等)、无线广播和电视节目制作(现场直播或磁带播放)以及音乐录音等服务。相关服务包括:视听和相关产品出租,如音像制品的租赁;加密电视频道收看,如有线电视和卫星电视;供人们下载的或以其他电子形式交付的、买断、卖断或供永久使用购入或销售的大批量制作录音作品和原稿。

随着数字技术和文化产业的结合,听音乐不再购买专辑光盘(Compact Disc,CD)或高密度数字视频光盘(Digital Video Disc,DVD),而可以直接从各大音乐平台中付费下载;看书也不局限于纸质书籍,点击下载就可以将其保存到移动终端上。而随着文旅产业"数字化建设"逐渐落地,数字文化馆、数字图书馆、在线课程、网络游戏等文化产品和服务虚拟上架,提供给不同需求的消费者[①]。

6. 教育服务

教育服务包括与各教育阶段有关的服务,教学方式是函授课程,通过电视、卫星或网络授课,居民接受非居民前往居民所在经济体开展教育服务。

7. 数字医疗

数字医疗主要是把当代计算机技术、信息技术应用于整个医疗过程的一种新型的现代化医疗方式。其包括数字化的医疗设备、数字化设备构成的网络、网络之上的数字化医疗系统以及基于数字化医疗系统的服务。在数字贸易领域,数字医疗的主要表现形式是远程医疗(Telemedicine),即使用远程通信技术、全息影像技术、新电子技术和计算机多媒体技术,提供远距离医学信息和服务。它包括远程诊断、远程会诊及护理、远程医疗信息服务等所有医学活动。从医疗体系角度来看,数字化健康管理能够使整体成本下降接近10%,实现更加有效的疾病和护理管理[②]。可以说,这是医疗产业的数字化创新和转型,也给医疗设备厂商以及传统IT企业提供了进行数字贸易的发展空间。

5.2.3 数字内容贸易的作用

数字技术以极快的速度和极大的能量全面赋能传统内容产业包括创意、生产、传播、交

[①] 鼎韬,《鼎韬对数字贸易的定义》,2019年4月22日。
[②] 鼎韬,《鼎韬对数字贸易的定义》,2019年4月22日。

易、消费的全链条,从各个环节带来效率的提升。

① 突破了时间和空间障碍。手机和平板电脑的便携性和移动性更利于人们随时随地进行各种文化消费,扩大了消费规模。

② 突破了信息有限的障碍。消费端的搜索技术使消费者能够在网络上海量的文化作品中随意选择他们感兴趣的内容,提升了单位消费时间的消费者获得感。

③ 突破了新创意创新作品"面市"的障碍。例如,中国网络文学注册作者总数已达1,400万,如此规模的作者群在线下难以找到呈现其作品的场景,却能够被线上市场所容纳。

④ 突破了知晓市场需求的障碍。数字技术具有探知消费者愿望的强大能力,通过大数据分析及消费需求挖掘,数字内容产业制作出受市场欢迎的节目,扩大了消费群体。

⑤ 突破了精准传播的障碍。现在生产者生产出了海量的文化娱乐等产品,如何找到需要自己的产品的消费者成为生产者要解决的难题。智能算法对消费者的消费意愿和潜在倾向进行专业化处理和加工,实现了生产与消费高度匹配的信息分发模式。

⑥ 突破了中小企业的市场进入障碍。有时小微企业和个人创作出好的文化作品,却无法以一己之力实现大规模传播,大型平台鼓励各类创意创作者上平台,并为他们提供多样化服务,向全世界消费者提供服务。

总之,数字技术使服务业的生产效率和全球化水平显著提高,规模经济和范围经济极为显著,为带动新兴产业发展和传统产业升级注入新动力。制造服务化、服务数字化成为产业发展的新特征,产业发展融合化、生产方式智能化、组织方式平台化、技术创新开放化成为重要趋势[1]。

5.3 数字服务贸易

企业为客户提供的最终服务可以分为数字化交付和非数字化交付两种形式。数字化交付即企业为客户提供的服务完全通过互联网以数字化形式提供。非数字化交付的服务是指仍然需要通过人工或者以人工为主要载体提供的服务。例如:在软件服务中,以远程模式进行软件开发,通过互联网为客户提供开发代码就属于数字化交付,以派遣模式让开发人员为客户现场提供服务则属于非数字化交付;在呼叫中心服务中,通过智能客服或语音机器人提供服务属于数字化交付,而以传统人工座席方式提供服务则属于非数字化交付;在金融服务中,通过网上银行、App 等提供服务属于数字化交付,通过营业厅柜台等形式提供服务属于非数字化交付[2]。

总之,数字服务贸易除了订购的贸易外,还包括跨境电商的平台服务及金融、保险、教育、医疗、知识产权等线上交付的服务。

5.3.1 金融科技和跨境保险

1. 金融科技的含义

金融科技(Financial Technology,FinTech)利用大数据、云计算、人工智能、区块链、物

---

[1] 鼎韬,《全球化 4.0:数字贸易时代的到来》,2021 年 12 月。
[2] 鼎韬,《2021 年中国数字贸易发展报告(简版)》,2022 年 5 月。

联网等一系列技术创新赋能传统金融行业,提升效率并有效降低运营成本。金融科技以数据和技术为核心驱动力,正在改变金融业的生态模式。金融科技涉及的技术具有更新迭代快、跨界、混业等特点,是大数据、人工智能、区块链技术等前沿颠覆性科技与传统金融业务及场景的叠加融合。其主要包括大数据金融、人工智能金融、区块链金融和量化金融4个核心部分。

国际权威机构金融稳定理事会认为,金融技术是指技术带来的金融创新,可以创造新的模式、业务、流程和产品,包括前端产业和后台技术。狭义的金融技术是指非金融机构利用移动互联网、云计算、大数据等技术重塑传统金融产品、服务和机构组织创新金融的一系列技术。从事金融技术开发的非金融机构一般具有利润率低、资产轻、创新性强、规模大、合规方便的特点。广义的金融技术是指在金融业务领域应用的技术,不仅包括狭义的金融技术,还包括其应用对金融业态和运营模式的影响。

全球经济环境复杂多变,对金融科技多领域产生深刻影响。一方面,各国金融业相关主体更加依赖科技手段进行金融资源配置,大力发展数字金融成为共识,各国高度关注金融数据价值的实现,同时将更多金融资源配置到绿色、普惠等可持续发展领域;另一方面,地缘冲突引发了一系列问题,其中跨境金融数字设施安全问题凸显,自主、稳定成为各国关注的重点,一些国家和地区开始建设多元化、区域化的跨境金融数字设施[①]。

中国金融科技的发展已由"立柱架梁"进入"厚积成势"的新阶段。在金融科技主体方面,大型金融机构"科技引领"态势更加凸显,平台企业在监管政策引导下加大了金融科技对实体经济的支持力度,传统IT企业则着力打造综合性解决方案。

金融科技成为金融业务创新的核心驱动因素,加速金融业务经营和管理的数字化进程。金融业数字基础设施和关键技术持续演进,保障金融业数字化转型有效开展。

一方面,业界通过各类技术手段,推动端到端数字化风控能力建设、渠道融合创新和客户服务升级,建立数字化运营服务体系。另一方面,在金融科技的加持下,各项金融产品和业务持续创新,包括:数字化技术深入消费和产业场景,扩大场景金融的范畴;数字人民币试点向着广度和深度扩展,数字支付市场的格局发生明显变化;资管科技和保险科技持续发展,推动新的资产管理平台建设,并扩大保险业服务半径。

财富管理、支付、保险科技是金融科技创业公司布局的热点领域。根据《福布斯》公布的2020年金融科技50强榜单,个人财富管理、支付、保险成为金融科技创新企业的热点聚集地。这3个领域的金融科技企业分布最多,总数占50强企业的58%[②](图5-15)。

2. 金融科技树

发展金融科技成为全球共识。政策制定者面临的挑战是最大限度地提高金融科技的收益,同时最大限度地降低金融体系的潜在风险。2019年6月国际货币基金组织的研究报告《金融科技发展现状》显示:2/3的受访国家和地区已意识到金融科技的潜在价值,并开始在国家层面实施相关战略。此外,各国政策逐步覆盖数字银行、网络支付、加密资产等细分领域,金融科技政策体系正逐步形成。2019年,国际清算银行(Bank for International Settlement,BIS)下属机构金融稳定学院(Financial Stability Institute,FSI)对31个国家和

---

① 中国信息通信研究院,《中国金融科技生态白皮书(2022年)》,2022年11月。
② 中国信息通信研究院,《中国金融科技生态白皮书(2022年)》,2022年11月。

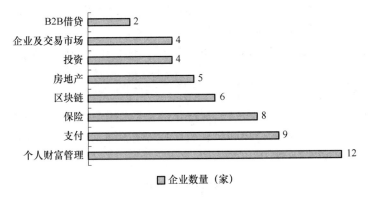

图 5-15 《福布斯》2020 年金融科技 50 强企业分布

(资料来源:《福布斯》2020 年金融科技 50 强名单统计)

地区的金融科技政策进行了比较后提出"金融科技树"的概念框架:树根是作为支撑的政策推动因素,包含数据保护、网络安全等具体要素,主导着整个金融科技树的发展方向;树干是云计算、人工智能等核心技术,支撑着树梢业务;树梢是金融科技活动,包括数字银行、智能投顾、电子货币等金融服务[1](图 5-16)。

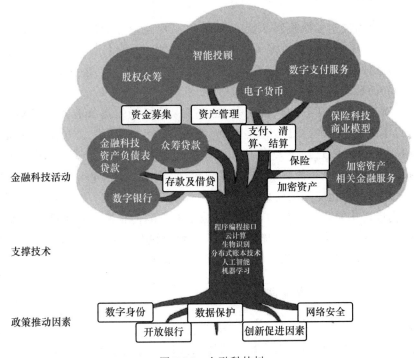

图 5-16 金融科技树

(资料来源:金融稳定学院第 23 号《金融稳定学院观察》)

数字化和金融业最初的融合催生了数字货币,它重塑了全球的支付体系。最具代表性

---

[1] 中国信息通信研究院,《中国金融科技生态白皮书(2022 年)》,2022 年 11 月。

的案例应该是支付宝出现后支付手段从单纯的现实货币直接转移到虚拟货币,现在无论是旅行还是出门购物,只需一部手机就可进行支付。未来,无论是美元、人民币还是欧元,或许都会成为一种货币符号,而不是具体的货币形态了,不同货币之间的汇率兑换也可以直接在支付端完成①。

3. 跨境保险

保险科技全面赋能保险业务全流程,加速保险业数字化转型。以人工智能、云计算、大数据、区块链等新一代信息技术应用为代表的保险科技正深刻地改变保险业务模式,重塑保险业务的核心价值链(图 5-17)。

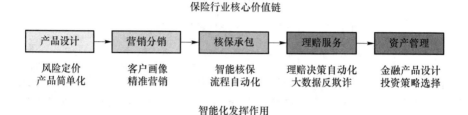

图 5-17　智能化技术在保险核心环节的应用

(资料来源:中国信息通信研究院,《中国金融科技生态白皮书(2020 年)》,2020 年 9 月)

保险科技的应用催生了保险服务新需求,拓宽了保险业务的边界。科技驱动保险行业产生新的需求,通过挖掘和分析更多场景内的数据,保险公司得以开发更多、更丰富的保险产品,如手机的"碎屏险"、网购的"运费险"和"退货险"、基于气象数据分析结果的"气象保险"等②,即所谓"万物互联"带来"万物保险"的新机遇。

保险科技降低了保险业务的经营成本,提升了保险机构的竞争能力。当前传统保险业正面临巨大的经营成本压力,以财产险公司为例,2018 年财产保险公司整体净资产收益率(Return on Equity,ROE)已经下降至 4.3%,综合成本率超过 100%。而保险科技有望改善保险公司的成本结构,通过智能认证、智能保顾、智能核保、远程勘查、智能定损、移动理赔、智能反欺诈等多种智能化应用的落地,降低保险获客、营销、风控、赔付成本,实行成本领先战略,将价格优势转化为竞争优势。未来保险成本的下降仍有很大的空间。例如,一些保险科技公司推出的"智能闪赔"等产品能够在半天内赔款到位,对于 90% 以上的案件 10 分钟内就能完成查勘,自助理赔率达到 60%,降低了 10% 的赔付成本③。

5.3.2　数字教育、知识产权和技术转让

1. 数字教育

数字教育是一种利用数字技术和互联网技术进行教育的形式,可以帮助学生更好地掌握知识,提高学习效率和学习成果。数字教育突破了传统教育的地域限制和时间限制,让学生可以随时随地通过互联网学习。数字教育可以提供丰富的学习资源,包括图书、视频、音

---

① 鼎韬,《鼎韬对数字贸易的定义》,2019 年 4 月 22 日。
② 中国信息通信研究院,《中国金融科技生态白皮书(2020 年)》,2020 年 9 月。
③ 中国信息通信研究院,《中国金融科技生态白皮书(2020 年)》,2020 年 9 月。

频、动画、虚拟实验等,可以满足学生的不同学习需求。数字教育在教育领域的应用越来越广泛,涉及学前教育、基础教育、职业教育、高等教育等各个领域。数字教育颠覆和重构了传统教育的方式和内容,同时也带来了许多新的挑战和机遇。未来,数字教育将成为教育领域的一个重要趋势,推动教育向更加智能化、个性化、可持续化的方向发展①。

教育数字化战略行动是当今教育改革与发展的关键内容。教育数字化的关键就是通过彻底和全面的数字化转型,形成数据驱动、人技结合、跨界开放的数字教育生态,构建更加敏捷、公平、可持续的数字教育体系,为学习者提供全面和丰富的学习体验。

截至2023年2月,中小学平台现有资源4.4万条,职业教育平台接入国家级、省级专业教学资源库1,173个,高等教育平台汇集2.7万门优质慕课,基本建成世界最大教育教学资源库之一,用户覆盖200多个国家和地区。2020年,教育部启动高校在线教学国际平台建设项目"慕课出海",推出代表中国水平、中国质量的多语言版国际平台和课程资源,"爱课程"和"学堂在线"两个平台首批入选,为全球学习者提供多语种课程和学习服务②。2022年中国国家智慧教育公共服务平台上线,成为世界最大的教育教学资源库之一,超过1,300万国际用户注册。

数字教育依托数字化转型,统筹运用数字技术,探索公平、优质、高效、个性、智慧、面向未来的教育,将改变传统的教育模式,拓展教育可及性,使教育变得更加公平、更高质量、更加绿色、更加开放。中国将深化实施教育数字化战略行动,推进资源数字化、管理智能化、成长个性化、学习社会化,以教育数字化带动学习型社会、学习型大国建设进入新阶段③。

2. 知识产权和技术转让

知识产权使用费和技术转让费是数字贸易的重点领域,指其他未涵盖的以数字技术研发、通过数字化手段交付的知识产权的使用费,包括特许和商标使用费、研发成果使用费、复制或分销计算机软件许可费、复制或分销视听及相关产品许可费、其他知识产权使用费。它的发展与中国的数字技术及服务标准出口息息相关。2021年,知识产权使用费的数字渗透率达到0.41,位于细分领域中的第一梯队。近年来,中国相继出台了一系列关于知识产权保护的政策,但是知识产权保护尚处于探索阶段,版权之争屡见不鲜。相关数字技术的应用需求日益提升,通过运用大数据、人工智能、区块链等技术,对知识产权侵权行为进行预警监测,并根据数据及舆情状况开展分析研判,实现"确权、确价、确信",以数字技术推动知识产权高质量发展,从源头上加强知识产权保护,促进行业的发展④。

知识密集型服务贸易是数字贸易的重要组成部分,当前可数字化交付的服务贸易的统计范畴就是知识密集型服务贸易的领域之一。根据商务部统计的数据,2023年1—9月,知识密集型服务贸易占比增加。知识密集型服务贸易进出口总额为20,259.5亿元,同比增长8.6%,占服务进出口总额的比重达42%。其中,知识密集型服务出口额为11,512.9亿元,同比增长10.4%,知识密集型服务进口额为8,746.6亿元,同比增长6.4%。

严格的知识产权保护将限制有价值的前沿技术用于农业、卫生和能源等与可持续发展

---

① 《数字教育的定义、特征及应用领域介绍》,https://www.sgpjbg.com/info/48615.html。
② 《构建开放共享的全球数字教育生态》,经济日报,2023年3月7日。
③ 《构建开放共享的全球数字教育生态》,经济日报,2023年3月7日。
④ 鼎韬,《2021年中国数字贸易发展报告(简版)》,2022年5月。

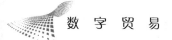

目标相关的领域。因此,知识产权保护和知识扩散的平衡将决定社会经济和科技的发展速度。

5.4 数据贸易

5.4.1 数据贸易的内涵及数据的特点

1. 数据贸易的内涵

在数字经济条件下,数据正成为重组全球要素资源、重塑全球经济结构、改变全球竞争格局的关键力量。数据成为全新的关键生产要素,数字驱动的贸易正在重塑全球价值链。数据贸易指出售或许可使用原始或汇总数据,如境外证券交易所实时行情数据的使用权、专业统计数据库服务,以及国际数据交易中介机构开展的跨境数据经纪活动等所产生的直接基于数据所发生的贸易行为。

数据贸易是数据要素的直接交易。全球价值链的治理结构和治理体系发生了根本性的变化,全球价值链中的关境壁垒从关税壁垒和非关税壁垒转向了数字贸易壁垒,数字贸易自由化必然推动经济全球化的深化[①]。

数据要素在数字贸易中既是有价值的标的物,也是数字贸易对象、方式与过程的数字化产物,对数字贸易起着优化流程、配置资源、协同发展等重要作用。数据要素与数字贸易的作用机制与发展着力点主要体现在:数字经济核心产业包括数据中心、软件、5G 通信、物联网硬件等支撑性产业,如果加上数字产业化应用,则其产值将为核心产业的若干倍。

国际上,数据交易始于 2008 年前后,一些具有前瞻性的企业开始加大对数据业务的投入,"数据市场""数据银行""数据交易公约"等数据应用新业态已初见端倪。国外的数据交易形式主要为数据中介公司通过政府、公开渠道和商业渠道,从数据源头处获取各类信息,进而向用户直接交付数据产品或服务。数据作为关键生产要素,是数字贸易发展的基础和重要载体。数据交易将扩展为数据、算法和算力的综合交易,进而发展为数据衍生品及数字资产交易。未来以数字空间、数字产品为代表的数字资产将是数字交易的重要类别。数据及其衍生资产将从目前的即期等价交易逐步扩展到具有杠杆放大作用的远期借贷融资和投资,这是数据交易的未来趋势之一。数据源头、数据中介和最终用户构成了数据流通和交易的主体[②]。例如,Twitter 公司将自己的数据授权给 Gnip、DataSift 和 NTTDATA 进行售卖;Acxiom 等公司通过各种手段收集、汇聚关于企业和个人的信息;Sermo.com 和 Inrix 等公司则通过网络和传感器直接从公众处采集数据,获得了传统上单个企业难以采集的海量、实时数据。

在数字经济条件下,数据成为继劳动、土地、资本、技术之后的第五大生产要素。数据作为一种生产性资源,只有被投入产品生产和服务提供的过程中,才能由一般的信息商品转化为生产要素。同时,数据作为一种新型生产要素,具有不同于传统生产要素的新特征。

---

① 鼎韬,《数字贸易的五大分类及主要内容》。
② 中国信息通信研究院,《大数据白皮书(2016 年)》,2016 年 12 月。

2022年12月,《中共中央 国务院关于构建数据基础制度更好发挥数据要素作用的意见》对构建数据基础制度体系作出重要部署。中国将数据确定为基础性、战略性资源,将进一步凸显数据在数字贸易发展中赋值赋能的重要作用。国家互联网信息办公室发布的《数字中国发展报告(2022年)》显示,2022年,我国大数据产业规模达1.57万亿元,同比增长18%;数据产量达8.1 ZB,同比增长22.7%,占全球数据总量的10.5%。国际数据公司预测,全球数据圈数据总量将从2018年的33 ZB增至2025年的175 ZB,届时中国数据总量将增至48.6 ZB,占全球数据总量的27.8%,中国将成为世界最大数据国[①]。

2. 数据的主要特点

(1) 无限性

与实物不同,数据不会因使用而耗尽,反而因使用而产生,会不断被创造,越来越多。Paul Sonderegger曾说过:"数据将成为最基本的客观产物,无论做什么,我们都在产生数据。"《2016—2045年新兴科技趋势》显示,全球新产生的数据量大约每两年翻一番。这堪称大数据摩尔定律,数据大爆炸是必然的[②]。

(2) 非排他性

排他性是指当某人使用某生产要素时,其他人就不能同时使用该生产要素。土地、劳动力、资本等传统生产要素都具有非常明显的排他性。与这些传统生产要素不同,数据具有非排他性的特征,即数据可以无限复制给多个主体同时使用。一个人使用了某部分数据,并不影响其他人使用这部分数据。不同数据平台可能会收集同一个人的数据,但平台之间既互不干扰,也互不排斥。数据可以快速地以近乎零成本的方式进行复制,可供多人同时使用,可多次循环使用,一个人使用并不排斥和妨碍别人使用,不同人之间在使用上不存在直接的利益冲突。易复制性使得数据具有一定程度的非竞争性和非排他性,但数据不是公共品,有公共数据、企业数据和个人数据之分。

(3) 非均质性

数据是非均质的,一比特数据跟另一比特数据所包含的价值完全不同,同一份数据对不同人的价值也不一样。数据价值因使用对象而异,因应用场景而异,因专业化数据质量标准而异。

(4) 规模经济性

规模经济是指在给定技术条件下,或者在没有技术变化的条件下,在一定的市场需求范围内,随着企业生产规模的不断扩大,企业所提供的产品与服务的每一单位的平均成本持续下降的现象。与传统生产要素相比,数据要素具有非常突出的规模经济性。由于数据包含的信息密度很低,如果数据规模小、维度少,那么其对生产经营所能起的作用也很小。只有在大数据条件下,大规模、多维度的数据才能有效地发挥规模经济的作用。随着数据规模增大及维度增加,人们从数据中挖掘出的价值将呈现指数级的增长。

(5) 时效性

数据的时效性也称为易腐性。数据是一种易腐品,会随着时间的流逝而迅速贬值。由IBM的数据可知,60%的非结构化数据在几毫秒内就失去真正的价值。这意味着,数据的

---

① 中华人民共和国商务部服务贸易和商贸服务业司,《中国数字贸易发展报告2021》。
② 腾讯研究院,《数据的五个特征、三道难题、一种自大》,2023年6月5日。

价值在很大程度上体现在时效性上,超过一半的数据在产生的那一刻就不再有价值,可称之为"一秒钟定律"。能被分析处理并产生实际效用的数据则更少。全球90%的数据从未得到分析使用。在2020年被创建或复制的数据中,只有不到2%被保存并保留到2021年。

(6)可再生性

传统经济理论认为,各种生产要素都是有限的、不可再生的,而人的消费需求又是无限的,这就要求人们对各种生产要素进行合理配置。土地、劳动力、资本等传统生产要素都具有不可再生性,即在一定时间内它们是不可重复使用的。与传统生产要素不同,数据是在参与人类社会各种经济活动中形成的新型要素,是生生不息、源源不断的,不但不会随着使用而减少,反而可以多次循环使用,并且随着分享范围的扩大而升值。

(7)原始性

原始性指数据是构成人类知识体系中最底层、最原始、本身不具有实际价值的最基本单元。人类的知识体系由知识-信息-数据三层架构构成。其中,数据位于知识体系的最底层,本身价值很低,甚至没有实际意义;信息位于知识体系的中间层,是对数据进行提炼、处理、分析后,形成的对人们有用的信息;知识位于知识体系的最顶层,是人类对信息进行进一步分析、处理、加工后,形成的体系化、结构化、系统性的知识。数据、信息和知识是历史的,而智慧是关于未来的,是人们运用知识作出决策和判断的能力。

(8)渗透性

数据要素不但自身价值含量高,而且对土地、劳动力、资本等传统要素具有很强的渗透性。数据要素凭借其高度的流动性、无限的供应量,渗透到各生产部门,与传统生产要素相结合。依托互联网技术所体现的"连接一切、跨界融合"的特点,数据要素突破原有的经济边界,实现跨时空的穿越和流动,借助于其在生产要素配置中的快速优化和集成共享,与其他传统要素相互作用、相互补充,改善传统生产要素的质量,提升传统生产要素的使用效率,加快形成推动高质量发展的资源利用方式,对经济增长产生乘数作用,为经济发展注入新动能。

(9)存在信息悖论

信息悖论是诺贝尔经济学奖得主肯尼斯·阿罗于1963年在《不确定性与医疗保健的福利经济学》中提出的。其基本含义是交易需要披露信息,但披露信息意味着数据价值的丧失。无论是交易前要求部分数据内容的披露,还是交付后对交易数据的不断使用与泄露,都会或多或少地减少数据价值,导致数据贬值,甚至数据交易买方从其他渠道低成本获取数据。

阿罗信息悖论对数据定价和交易具有至关重要的影响。一是在数据定价方面,如果卖方不披露数据的信息,买方无法知道数据的真实价值,无法达成双方共同接受的市场公允价。但是,一旦卖方披露数据的信息,或者只披露部分关键信息,买方就可能以更低的成本从其他渠道获取功能相同或相近的可替代数据,卖方持有的数据就会贬值,甚至完全失去价值。二是在数据交易方面,交易行为发生前,数据买方需要了解卖方持有的数据的质量状况,而数据卖方也需要知道买方的应用场景。但是,当买方了解了数据的质量时,可能会从其他渠道获取可替代数据,而当卖方了解了应用场景时,也可能与其他应用场景开发者达成交易,最终导致数据交易无法实现。

(10)协同性

数据的协同性也称关联性,即来源不同的异质性数据可以带来不同的价值,由异质性数据组成的维度不同的数据集的价值常常会超过单一数据生产价值的总和。例如,身份数据能反映个人特征,位置数据能提供地点信息,支付数据能体现交易规模,将这些数据汇集成用户综合画像,其商业价值往往比单一的身份数据、位置数据、支付数据产生的价值总和更大。

5.4.2 数据贸易对国际贸易市场的改变

1. 国际贸易壁垒发生新变化

在数字经济条件下,全球价值链中的关境壁垒从关税壁垒和非关税壁垒转向了数字贸易壁垒,数字贸易自由化必然推动经济全球化的深化。近年来随着大数据技术与传统行业的融合,虚拟货币、在线支付等多种生产生活模式不断涌现,数据成为数字经济时代的核心生产要素,也成为全新的贸易标的。数据贸易是数据要素的直接交易,主要包括跨境数据流动所产生的数据贸易、数据衍生品贸易和大数据服务3个类别[①]。

(1)跨境数据流动所产生的数据贸易

目前跨境数据流动相关业务内嵌在数字产品贸易、数字服务贸易、数字技术贸易中。随着数据产权、数据确权、数据治理等相关法律法规的发展和完善,未来数据贸易或将成为独立的贸易形态[②]。

数据贸易主要是指数据跨境流动。数据流成为全球贸易新形态。移动互联网和智能手机驱动全球数据量迎来第一个拐点。人工智能、大数据、云计算的兴起将驱动全球数据量再次迎来爆发式增长[③]。

从国际来看,当今世界已进入数字时代,数据要素在全球经济运转中的价值日益凸显,成为全球大国竞争的前沿阵地。从国内来看,当前中国在数据采集、存储、挖掘、整理、分析等各环节形成了数据产业体系,数据管理和应用能力不断提升。伴随着数据价值化加速推进,与数据要素相关的新业态、新模式迅速崛起。

(2)数据衍生品贸易

数据衍生品贸易指依托基础数据形成的数据增值衍生产品和服务的贸易,包括互联网数据服务、信息处理和存储支持服务等。

(3)大数据服务

大数据服务指借助于大数据技术,为客户提供数据采集、录入、存储、检索、加工、变换、分析、挖掘等技术服务,包括:利用现代统计分析方法,了解客户业务发展的过去、现状及存在的问题,为客户营销提供数据分析服务;对商业数据库的大量业务数据进行抽取、转换、分析和其他模型化处理,从中提取关键性数据,为客户商业决策提供数据挖掘服务[④]。

2. 数据的跨境流动成为数字贸易的核心特征

数据成为全新的国际形态。在数字经济大背景下,数据日益成为重要的战略资产。

---

① 鼎韬,《数字贸易的五大分类及主要内容》。
② 中华人民共和国商务部服务贸易和商贸服务业司,《中国数字贸易发展报告2021》。
③ 鼎韬,《全球化4.0:数字贸易时代的到来》,2021年12月。
④ 鼎韬,《全球化4.0:数字贸易时代的到来》,2021年12月,第91页。

数据跨境流动已成大势所趋,诸国纷纷针对本国国情和优先目标选择适当的数据跨境流动方案。受当前经济全球化和数字化趋势的影响,数据大规模的跨境传输不可避免,多国通过国内立法、签署国际协定的方式确立数据跨境流动规则。高水准数据跨境流动规则的制定在抢占数字贸易规则决策者身份的过程中起到重要作用。一是数据的流动能够有效贯通生产、分配、流通、消费等全过程,优化各类要素的配置组合,从而实现对经济的放大、叠加、倍增效应;二是数据流动汇聚起来后,能够呈现和反映个人、企业、社会和国家的整体动态和需求,为个人更便捷地生活、企业更高效地运营、社会更高效地运转等方面提供更加全面、完整的决策依据。2019年9月,日本与美国签署的贸易协定提到,"确保各领域数据无障碍跨境传输"以及"禁止对金融业在内的机构提出数据本地化要求",希望制定旨在促进数据自由流动的规则,继续发挥两国在数字贸易领域国际规则制定方面的引领作用。

各国合作向数据安全化、领域全面化、条例谨慎化和合作全球化方向发展。出于对国民信息隐私安全的审慎考量,新加坡、欧盟等在数据跨境流动条例中制定了合作国家的选择标准,对合作国家的数据保护水平提出了一定的要求。此外,日本、美国、欧盟、英国等诸多国家和组织之间签订多个双边、多边协定,协同合作,共同推动数据跨境流动。亚太经济合作组织为部分内部成员的数据跨境交互提供了实践机会:APEC部分成员国(美国、日本、加拿大、新加坡等经济体)提出跨境隐私规则(Cross-Border Privacy Rules,CBPR)体系,使各参与经济体在尊重隐私的基础上实现数据跨境流动。

出于保护本国数据、维护国家安全及促进国家发展目的,数据本地化存储的呼声渐高,诸多国家对关键领域数据进行本地化存储限制。

中国具有超大规模数字经济市场优势,数据应用场景丰富,数据产量和数据总量世界领先。随着中国国际出口带宽的增长,跨境电商在不同国家的渗透率不断上升,社交媒体生产海量视频数据,工业互联网应用带动数字基础设施建设等相关应用场景扩展,中国作为世界数据贸易枢纽的地位显现。

本章关键词

数字技术贸易　云计算服务　软件贸易　大数据　物联网　数字渗透率　数字产品贸易　大数据服务　金融科技　数字教育　数据贸易

本章思考题

1. 简述数字技术对全球贸易的影响。
2. 数字技术革命对传统产业商业模式产生的颠覆性影响有哪些?
3. 数字内容贸易的作用有哪些?
4. 简要概括数据的特点。
5. 数据贸易带来国际贸易市场的哪些新变化?

第 2 部分

数字贸易实务

第6章 数字贸易市场现状与数字贸易平台

随着数字技术的进步和全球化进程的加深,全球数字贸易快速崛起并高速发展。数字贸易作为贸易新形态,逐渐成为国际竞争的新领域,为世界经济复苏与全球贸易增长注入了新动能。数字贸易是数字经济时代的主要贸易方式之一,也是数字经济的重要组成部分,正逐渐成为推动传统贸易转型升级的核心力量。全球主要经济体根据自身产业优势,积极开展数字贸易,并依托数字贸易平台融入全球价值链,构建全球数字贸易新标准。通过对本章的学习,我们可以了解美国、欧盟、日本和中国的数字贸易发展现状及特点,掌握数字贸易平台的发展过程和内涵,理解数字贸易平台在数字贸易发展中的作用。

6.1 主要经济体数字贸易

数字服务贸易快速增长,占服务贸易的比重超过50%。WTO的数据显示,2013—2022年,全球数字服务贸易出口规模由2.4万亿美元增长至4.1万亿美元,年均增速为6.0%,超过同期的货物贸易和其他服务,其占服务贸易出口的比重从50.0%增长至57.8%。尤其是面对全球新冠疫情的不利影响,数字服务贸易仍保持逆势增长,2020—2022年其增速分别为1.6%、15.6%和3.4%,成为驱动贸易增长的新引擎[①]。

6.1.1 美国数字贸易

1. 美国数字贸易的发展现状

(1)美国数字贸易领跑全世界

美国是全球数字贸易发展的领导者,拥有完善的数字产业体系和发达的网络基础设施,已成为世界数字贸易第一大国,具有数字技术和产业的绝对优势。美国高度重视数字贸易的发展,已将其提升到国家发展战略层面,并认为这是保持其国际竞争力和统领地位的关键。

WTO的数据显示,在2022年全球数字服务贸易出口规模排在前十的国家中,60%为欧美发达国家,其出口规模占全球数字服务贸易出口的比重合计达47.4%。其中,排名第一的美国数字服务贸易出口6,561亿美元,占全球数字服务贸易出口的16.1%,是排名第二的英

---

① 国家外汇管理局国际收支分析小组,《2023年上半年中国国际收支报告》,2023年9月28日。

国数字服务贸易出口的近2倍,这展示出美国数字贸易在美国服务贸易中的主导地位。

(2)美国从多领域、多角度应对数字贸易挑战

近年来,互联网发展下的数字革命正在对全球经济产生根本性变革,给全球贸易政策和贸易规则带来了新的挑战,针对这一挑战,美国从多领域、多角度采取新的应对策略。

2016年,美国开始建立针对数字贸易的组织架构。同年7月,美国贸易代表办公室宣告成立数字贸易工作组(Digital Trade Working Group,DTWG),时任美国贸易代表办公室副贸易代表的罗伯特·霍利曼(Robert W. Holleyman)为其主要负责人。其职责包括对涵盖数字产品及服务、云计算等领域的全球数字贸易壁垒进行识别并制定解决方案,以及就双边及多边贸易谈判中数字贸易层面的规则制定和事实进行协调[①]。该数字贸易工作组倡导数据跨境自由流动,相继识别了各国存在的数字贸易壁垒和相应的政策规则,设立了数字贸易参赞,帮助美国企业开拓了海外数字贸易市场。

从产业角度来看,美国支持数字贸易的产业力量和产业政策同样强大。普华永道根据全球上市公司2022年3月31日的股票市值,给出了"2022年全球市值100强上市公司"排行榜。按总部所在地来划分,这100家公司中有63家公司的总部在美国,且这100家公司的总价值比一年前上升了18%。其中,排名前十的公司中有8家来自美国,它们分别为苹果、微软、Alphabet(谷歌母公司)、亚马逊、特斯拉、伯克希尔哈撒韦、英伟达以及Meta(脸书母公司),如表6-1所示。强大的产业力量和产业政策的驱动使美国数字贸易的优势更为明显。

表6-1　2022全球市值100强上市公司中的前十名

排名	公司	国家	领域	股票市值/上年市值
1	苹果	美国	科技	28,500亿美元/20,510亿美元
2	微软	美国	科技	23,110亿美元/17,780亿美元
3	沙特阿美	沙特阿拉伯	能源	22,980亿美元/19,200亿美元
4	Alphabet	美国	科技	8,420亿美元/13,930亿美元
5	亚马逊	美国	非消费必需品	16,590亿美元/15,580亿美元
6	特斯拉	美国	非消费必需品	11,140亿美元/6,410亿美元
7	伯克希尔哈撒韦	美国	金融	7,800亿美元/5,880亿美元
8	英伟达	美国	科技	6,850亿美元/3,310亿美元
9	Meta	美国	科技	6,050亿美元/8,390亿美元
10	台积电	中国	科技	5,410亿美元/5,340亿美元

资料来源:普华永道给出的"2022年全球市值100强上市公司"排行榜。

2. 美国数字贸易的相关政策

美国是数字贸易政策与规则制定的领导者。从20世纪90年代至今,美国不断推广数字贸易"美式模板",强调信息和数据的自由化,影响着全球数字贸易规则的制定。同时,美国凭借自身在数字经济发展方面的领先优势,建立了具有全球约束力的规则体系,掌握着数字贸易规则制定的领导权和话语权。

---

① 常海青.应对数字贸易国际规则差异的思考[J].中国国情国力,2020(6):61-64.

美国在双边和多边贸易协定中率先推出了数字贸易规则,将数字贸易规则作为电子商务这一独立章节下的独立条款。1997年7月1日,克林顿总统颁布了美国政府促进、支持电子商务发展的战略性文件《全球电子商务框架》。这份文件至今仍是美国政府电子商务发展政策的纲领性文件,每年由政府跨部门组成的电子商务工作组对其进行审议,并就其实施情况进行报告。该文件提出了发展电子商务的5项基本原则:①私营企业应起主导作用;②政府应当避免对电子商务作不恰当的限制;③政府参与的目标应当是支持和加强一个可预见的、宽松的、一致的和简单的商业法治环境;④政府应承认互联网特有的性质;⑤政府应在国际范围内促进电子商务的发展。《全球电子商务框架》还从海关和税务、电子支付系统、统一商务法规、知识产权保护、隐私、安全、电信基础结构和可互操作性、内容、技术标准等9个方面提出了具体的政策建议。

美国国际贸易委员会于2013年和2014年先后发布了报告《美国数字贸易和全球经济Ⅰ》(Digital Trade in the United States and the Global Economy, Part1)和《美国数字贸易和全球经济Ⅱ》(Digital Trade in the United States and the Global Economy, Part2),将狭义的数字贸易——"通过互联网提供产品和服务的贸易"扩展为广义的数字贸易——"互联网和互联网技术在订购、生产以及交付产品和服务中发挥关键作用的贸易",研究了阻碍美国进入全球市场的数字贸易壁垒和障碍。2015年5月,美国贸易代表办公室发布《数字12条》,致力于改变国际贸易规则,促进商品、服务和数据在自由和开放的互联网上自由流动。2016年4月,美国贸易代表办公室发布《数字24条》,制定了更加全面、与《跨太平洋伙伴关系协定》(Trans-Pacific Partnership Agreement, TPP)保持一致的数字经济政策。《数字12条》和《数字24条》的内容如表6-2所示。

表6-2 《数字12条》与《数字24条》的内容

《数字12条》的内容	《数字24条》的内容	
1. 促进自由开放的互联网	1. 促进自由开放的互联网	13. 构建适应的数字贸易框架
2. 禁止数字关税	2. 禁止数字关税	14. 促进网络安全合作
3. 确保基本的非歧视原则	3. 确保基本的非歧视原则	15. 保持市场驱动的标准化和全球互操作性
4. 允许跨境数据流动	4. 允许跨境数据流动	16. 取消对所有制成品的关税
5. 阻止本地化障碍	5. 阻止本地化障碍	17. 确保对投资和跨境服务做出强有力的市场准入承诺
6. 禁止强制技术转让	6. 禁止强制技术转让	18. 确保更快、更透明的海关程序
7. 确保技术选择权	7. 保护关键源代码	19. 促进透明度和利益相关者参与制定法规和标准
8. 推进创新认证方法	8. 确保技术选择权	20. 确保与国有企业的公平竞争
9. 提供可执行的消费者保护	9. 推进创新认证方法	21. 促进严格和平衡的版权保护和执行
10. 保障网络竞争	10. 提供可执行的消费者保护	22. 推进现代专利保护
11. 培育创新加密产品	11. 保障网络竞争	23. 打击贸易秘密盗窃
12. 构建适应性框架	12. 培育创新加密产品	24. 确认合格评定程序

资料来源:美国贸易代表办公室。

2017年,美国向亚太经济合作组织提交了《促进数字贸易的基本要素》报告,该报告进一步明确了美国主导的数字贸易规则的基本主张。其主要包括:第一,在所有合法的商业目的下,互联网应保持自由开放;第二,跨境服务贸易规则适用于数字贸易,非歧视待遇适用于数字产品,各国政府应永久性地给予数字产品(包括载体)零关税待遇,实现电子传输关税豁免的永久化;第三,倡导数据跨境自由流动,确保商业目的的跨境数据流动不受阻碍,不能对跨境数据流动建立歧视和保护主义壁垒;第四,数据存储设备与源代码非强制本地化;第五,禁止强制性技术转移。可制定相关贸易规则,禁止对企业提出转移技术、生产流程等产权信息的要求。

3. 美国参与的数字贸易协定

为了促进跨境数据流动,美国不仅谋求在经济合作与发展组织、二十国集团和亚太经济合作组织等有关数据流动的国际讨论中发挥主导作用,还通过与其他国家缔结自贸协定占据国际规则制定的先机。美国参与的国际数字贸易协定主要有两个。

一是《美墨加协定》(United States-Mexico-Canada Agreement,USMCA)。它是美国、墨西哥和加拿大达成的一项自由贸易协定,其中第19章数字贸易以TPP中的数字贸易规则为基础。除直接承袭TPP中的部分条款外,USMCA对TPP中的数字贸易规则进行了一系列升级。该章节旨在保护数字供应商的竞争力,减少数字贸易限制,新增禁止将关税和其他歧视性措施应用于以电子方式分发的数字产品中;确保数据可以跨境传输,并最大限度地减少数据存储和处理的限制;保护消费者在数字贸易中的隐私权;限制政府要求披露源代码和算法的权力;加强应对网络安全挑战的合作;促进对政府生成的公共数据的开放访问等。

二是《美日数字贸易协定》(U.S.-Japan Digital Trade Agreement,UJDTA)。2019年,美国与日本签订《数字贸易协定》,这是全球首份专门针对数字贸易的协定,也是有史以来在消除数字贸易壁垒方面最全面、最高标准的协定。其基本内容包括:为了保证数据跨境自由流动,缔约方之间免征关税,但以无差别待遇征收国内数字税;禁止强制本地化数据存储,禁止强制通信设施和计算设施本地化;保护跨境数据流动和知识产权,即加强密码保护和密钥算法保护;对数据跨境流动服务提供人的责任免除等条款。

总之,美国在数字贸易方面的基本战略历来是非常清晰的,即利用其在数字经济和数字贸易领域的绝对优势,大力推动跨境数据自由流动,维护美国互联网巨头的利益。

6.1.2 欧盟数字贸易

1. 欧盟数字贸易的发展现状

欧盟数字服务贸易的全球市场份额处于领先地位,与美国市场的依存度非常高。世界银行的数据显示,2020年,欧盟国家的ICT货物贸易出口金额为3,247亿美元,约为中国的40%,约为美国的2倍;欧盟国家的ICT服务贸易出口金额为3,827亿美元,占全球贸易份额的56%。欧盟国家可数字交付的ICT服务贸易出口金额为1.65万亿美元,占全球贸易份额的52%,约占其服务贸易出口总额的66%。根据欧盟统计局的数据,从欧盟国家数字赋能服务贸易的出口目的地和进口来源地来看,欧盟国家之间的数字贸易非常活跃。2020

年,超过 40%的交易发生在欧盟国家之间。2020 年,在对非欧盟国家的数字赋能服务出口中,美国占 22%;在对非欧盟国家的数字赋能服务进口中,美国占 34%,可见欧盟数字贸易与美国数字贸易的依存度非常高[①]。同时,在数字技能方面,欧盟中 56%的人至少具备基本的数字技能。数据显示,2020 年欧盟有 840 万 ICT 专家,而 2019 年这一数字为 780 万[②]。

欧盟未盲目照搬美国在跨境数据流动等方面的最新规则,而是坚持严格的个人隐私保护政策,试图在"美式模板"外建立数字贸易规则的"欧式模板"。相比于"美式模板","欧式模板"更加注重个人隐私的保护,允许个人数据流入具有充分保护的国家和地区。同时,欧盟还在多个可数字化服务领域设置了准入门槛,在视听服务和文化服务等方面设置了较多保护性措施,渐进地开放成员文化服务市场。

2. 欧盟数字贸易政策

近年来,欧盟委员会发布政策文件,明确表达欧盟在国际数据传输规则制定中发挥领导作用的意图。2018 年 5 月 25 日,欧盟为解决互联网时代用户数据的收集、使用问题,出台了《通用数据保护条例》。该条例旨在强化个体对个人数据的权利,以使数据保护措施匹配数字化时代。该条例的适用范围极为广泛,任何收集、传输、保留或处理涉及欧盟所有成员国内的个人信息的机构组织均受该条例的约束,它是目前全球在保护个人数据方面规定最为严格、处罚最为严厉的法规之一。

2018 年 11 月 14 日,欧盟颁布《非个人数据自由流动条例》(Regulation on the Free Flow of Non-personal Data),旨在废除欧盟各成员国的数据本地化要求,同时确保监管机构的数据访问和获取权限。该条例的核心内容包括:① 确定适用范围与数据本地化的定义;② 废除数据本地化要求,确保数据自由流动;③ 保障监管机构的数据获取权限;④ 鼓励在欧盟层面建立数据提供商的"自我规制的行为准则",从而使用户更容易地转换云服务提供商,促进数据转移。

2019 年 4 月,欧盟出台《开放数据与公共部门信息再利用指令》,提出基于欧盟和国家准入制度,在不影响关于保护个人数据的欧盟和国家法律的前提下,以促进开放数据的使用以及产品和服务的创新为目标,鼓励基于个人或商业目的广泛地提供并开发、利用公共部门信息,最少化或消除法律、技术或财政的限制,促进信息流通与信息传输,同时鼓励以分析、挖掘开放数据的新方法为基础,开创和发展新的信息服务[③]。

2020 年 12 月 15 日,欧盟委员会公布了《数字服务法案》(Digital Service Act,DSA)的草案,DSA 针对相关在线平台上的非法和有害内容制定了追责新标准,将更好地保护用户及其基本权利。其中,DSA 增加了对定向广告投放和特定内容推送的限制,同时重新梳理了欧盟范围内的数字内容治理流程。从 2023 年 8 月 25 日 DSA 生效开始,谷歌、亚马逊等科技巨头必须全面遵守法律规定,网络平台对平台上发布的内容承担法律责任。DSA 的出台意味着欧盟的数字治理新框架逐渐形成,展示了欧盟在数字贸易领域的雄心,其目标直指美国数字产业巨头。在欧美数字治理"不对称监管"进一步凸显的背景下,双方的竞争与

---

① 张雪春,曾园园.欧盟数字贸易现状及中欧数字贸易关系展望[J].西部金融,2022(9):3-10.
② 欧盟委员会.《2021 年数字经济与社会指数》。
③ 张群,尹卓,于浩,等.欧盟开放数据和公共部门信息再利用指令的启示[J].大数据,2022(6):143-152.

合作将呈现新的形态。表 6-3 罗列了欧盟主要数字产业的相关政策。

表 6-3 欧盟主要数字产业的相关政策

年份	政策/战略	主要内容
1993	《成长、竞争力与就业白皮书》	首次提出有关欧盟的社会信息化建设,重点是加快欧盟国家之间的信息基础设施建设
1995	《个人数据保护指令》	规定公民不可以将数据传输到数据得不到有效保护的欧盟以外的国家,特殊原因除外
2001	《欧盟专利制度》和《版权指令》	规定了单一专利申请、审查和维持的制度。一项欧洲专利申请可以变成多达在 38 个国家生效的欧洲专利。规定了版权归作者、表演者、录音制品制作人、电影及广播机构所有,同时规定了与互联网有关的复制权、向公众传播权和向公众提供权。单一专利制度包括权利的限制与例外
2010	"欧洲数字化议程"战略	提出 7 个阻碍欧盟数字经济发展的因素,并通过建立数字市场、改进信息技术标准、提升网络信息安全、加强前沿技术开发等手段来解决当前发展问题
2015	《单一数字市场战略》	为打破欧盟国家之间的数字壁垒,解决数字版权、IT 安全及数字保护等领域的法律纠纷问题,欧盟委员会提出该项战略,并预测该项战略将更好地为欧盟企业及个人提供优质的数字产品和服务,最大化数字经济的增长潜力,每年可为欧盟带来可观的收入及相应的就业量
2017	《数字贸易战略》	反对各种以数字保护为借口,阻止数字贸易以及禁止强制数据本地化的措施
2018	《通用数据保护条例》	该条例赋予欧盟公民个人数据获取、安全转移、删除、被窃时知情等权利,旨在为数字信任创建一个坚实的框架,为基于可信任数据技术的未来竞争优势奠定基础
2018	《非个人数据在欧盟境内自由流动框架条例》	该条例旨在确保非个人数据在欧盟范围内的自由流通,消除数据保护主义,增强欧盟在全球市场的竞争力。该条例和《通用数据保护条例》(General Data Protection Regulation,GDPR)共同奠定了欧盟的第五大自由,即继人、货物、服务和资本可以在欧盟自由流通之后,全类型数据(个人和非个人数据)可以摆脱本地化障碍,在欧盟范围内自由流通,这是欧盟针对数字经济的法律框架构建工作的一个重要里程碑
2018	《欧盟反虚假信息行为守则》	这是全球首个行业内通过自我监管来打击虚假信息的政策,加大了打击网络虚假信息的力度
2019	《数字单一市场版权指令》	加强保护数字环境下内容创作者的合法权益,促进数字作品的合规传播和利用
2020	《数字服务法案》和《数字市场法》的草案	它们被视为欧盟在数字领域 20 多年来的首次重大立法,是欧盟在数字经济反垄断规制领域进行的自我革新,意在打破互联网企业垄断,推动欧洲数字经济健康可持续发展
2022	新版《反虚假信息行为守则》	该守则是 2018 年版本的加强版,旨在通过制订更广泛的措施来打击网络虚假信息,更好地落实欧盟政治广告透明度和针对性提案,以及《数字服务法》

资料来源:公开资料。

3. 欧盟数字贸易协定

欧式数字贸易规则主要涉及知识产权保护、数据隐私保护、限制跨境数据传输、要求数据存储本地化等内容,以及一系列数字贸易协定。《欧盟-日本经济伙伴关系协定》在2019年正式生效,对世界经济格局、国际贸易规则都产生了重大影响。该协定包含11个数字贸易条款,其中大多数条款在欧盟签订的自由贸易协定中首次被提及,如国内监管、未事先授权原则、电子合同、消费者保护、未经请求的商业电子信息。2020年12月,欧盟和英国在原则上达成《欧盟-英国贸易与合作协定》,其中对数字贸易部分的内容做出了规定。

由于欧盟的联盟体制的影响,其数字贸易相关协定相对零散,涉及的领域相对较多,其中,欧盟与瑞士、土耳其、智利等多个地区都制定了双边贸易协定,这些协定均含有涉及数字贸易的条款,条款内容涉及服务贸易自由化、知识产权、贸易便利化等多个领域,如表6-4所示。

表6-4 欧盟与各地区的数字贸易协定

地区	协议名称	协议涉及的内容
瑞士	《七项双边协定》	服务贸易自由化
西巴尔干地区①	《稳定与联系协定》	知识产权、服务贸易自由化
土耳其	《关税同盟协议》	技术性贸易壁垒、知识产权
南椎体国家②	《欧盟与南椎体联系协定》	知识产权
智利	《欧盟与智利联系协定》	投资、知识产权
地中海地区	《欧盟-地中海联系协定》	服务贸易自由化、知识产权、投资自由化
韩国	韩国-欧盟FTA	贸易便利化、知识产权

资料来源:公开资料。

6.1.3 日本数字贸易

1. 日本数字贸易的发展现状

UNCTAD的数据显示,日本数字交付的服务出口额从2010年的65,106.3百万美元增长至2020年的114,741.0百万美元,年均增速为5.83%,超过全球年均增速。日本数字交付的服务出口额占世界服务贸易的比重大幅提升,从2010年的48.44%升至2020年的71.58%,如表6-5所示。

表6-5 2010—2020年日本数字交付的服务进/出口额及其占世界服务贸易的比重

年份	出口额/百万美元	出口额占世界服务贸易的比重/%	进口额/百万美元	进口额占世界服务贸易的比重/%
2010	65,106.3	48.437,32	71,991.3	43.709,64
2011	73,611.5	52.270,98	79,850.6	45.457,63
2012	64,043.9	46.768,06	82,175.4	44.490,87

---

① 西巴尔干地区包括克罗地亚、塞尔维亚、波黑、阿尔巴尼亚、黑山和马其顿等国家。
② 南椎体国家指位于南美洲处于南回归线以南的地区。一般所称的南锥体包括阿根廷、智利和乌拉圭三国,有时也包括巴拉圭和巴西的南里奥格兰德州、圣卡塔琳娜州、巴拉那州、圣保罗州,是南美洲经济最发达的地区。

续表

年份	出口额/百万美元	出口额占世界服务贸易的比重/%	进口额/百万美元	进口额占世界服务贸易的比重/%
2013	67,376.0	49.824,41	83,975.0	49.145,52
2014	87,214.4	53.247,83	102,590.9	53.315,33
2015	86,202.0	53.002,70	103,194.3	57.783,64
2016	97,024.1	55.187,75	110,247.6	59.214,74
2017	101,641.8	54.389,04	113,831.7	58.968,94
2018	107,071.5	55.154,51	123,415.2	60.682,46
2019	117,661.8	56.726,11	130,782.4	63.401,59
2020	114,741.0	71.584,51	133,278.4	72.225,42

资料来源：UNCTAD。

2. 日本数字贸易政策

在数字贸易政策方面，日本注重数字知识产权保护和数据隐私保护，以营造公平、开放的数字贸易环境。同时，日本的数字化贸易战略更注重本国的"数字硬实力"，力图积极发挥新型生产要素的融合性，将其充分融入本国产业结构中，完成数字化改造。日本数字贸易规则的主张包括以下 4 个方面。

① 跨境数据的自由流动。基于制造业的优势，提出可信数据自由流动，强调严格保护个人数据以及包含知识产权和国家安全情报的数据等，支持涉及健康、制造以及运输等领域的非个人的、有价值的数据的跨境自由流动。

② 知识产权保护。除合法的公共政策目标之外，东道主国家不得强制要求公开源代码和算法，不得对包括加密技术在内的特定技术的使用提出任何强制性要求。

③ 数据安全保护。允许各国为实现个人数据合法保护的公共政策目标，实施贸易限制措施，同时各国应对政府访问个人隐私数据设置明确的正当行政程序。

④ 公平、开放的数字贸易环境。改变电子商务或数字贸易相关服务中的市场准入标准，鼓励企业参与公平竞争；主张公开政府数据，对访问数据的国外企业给予国民待遇[①]。

2017 年 5 月，日本内阁通过《官民数据活用推进基本计划》，其选取了电子行政、健康医疗护理、观光、金融、农林水产、制造业、基础设施与防灾减灾、移动通信 8 个重点领域，推动了电子化、开源化、行政 IT 化和业务再造流程，旨在为数据流动奠定基础，完善服务平台，从而振兴区域经济，保障国民生活舒适安全。2018—2020 年，日本连续三年推出了具有不同核心目标的《世界最先端数字国家创造宣言——官民数据活用推进基本计划》。2019 年 12 月，日本内阁决定通过《数字政府实施计划》，提出到 2025 年建立一个使国民能够充分享受信息技术便利的数字社会，并将开放数据作为其中的重要一环。

2021 年 2 月 9 日，日本发布《数字社会形成基本法案》草案，旨在促进数据有效利用和社会数字化转型，并用它取代 2000 年制定的《IT 基本法》。为此，日本政府将修改 50 余部相关法律，通过减少盖章要求、简化书面手续、设立新管理机构等方式，改变目前中央政府、

---

① 侯东伟，《数字贸易国际规则比较分析——基于区域贸易协定文本》，选自《中国跨境电商发展报告（2022）》，2022 年 5 月。

地方政府和民间组织各自为营的数据保护机制,助力日本早日建成数字社会。这一法案同时规定,为了协助内阁秘书处完成数字社会形成的内阁事务,迅速周密地执行有关数字社会形成的行政工作,将依据法律在内阁中设立数字厅,并在上述法案的基础上制定数字社会形成相关政策的优先计划。表 6-6 所示为日本国内与电子商务、数字贸易发展相关的立法情况。

表 6-6　日本国内与电子商务、数字贸易发展相关的立法情况

序号	相关的法律	日本执行监督部门	序号	相关的法律	日本执行监督部门
1	《有关法律适用的通则法》	法务省	8	《结算服务法》	财务省、金融厅
2	《不当赠品类及不当表示防止法》	公平交易委员会、消费者厅	9	《防止非法使用伪造卡和偷盗卡未授权取款以保存款人的法律》	金融厅
3	《有关电子消费者合同的民法特例法》	经济产业省、消费者厅	10	《禁止私人垄断和确保公平交易法》	公平交易委员会
4	《特定商业交易法》	经济产业省、消费者厅	11	《特定电信服务提供商的损害赔偿责任限制及发布者信息公开法》	总务省
5	《个人信息保护法》	个人信息保护委员会	12	《电子签名及电子认证业务法》	总务省
6	《有关特定电子邮件发送合理化法》	总务省、消费者厅	13	《行政活用信息通信技术推进法》	内阁官房IT、综合战略本部
7	《禁止未经授权访问法》	总务省、经济产业省			

资料来源:公开资料。

3. 日本数字贸易协定

在数字贸易协定方面,日本主要的国际数字贸易协定包括《美日数字贸易协定》、《全面与进步跨太平洋伙伴关系协定》(Comprehensive and Progressive Agreement for Trans-Pacific Partnership,CPTPP)、《区域全面经济伙伴关系协定》(Regional Comprehensive Economic Partnership,RCEP)与《日本-英国全面经济伙伴关系协定》等。2018 年,日本等 11 个国家共同签署了 CPTPP。该协定促进了成员之间的商品和服务贸易自由化,并包含了电子商务章节,为解决数字贸易问题开创了新局面。2020 年 11 月,东盟 10 国和中国、日本、韩国、澳大利亚、新西兰共 15 个亚太国家正式签署了 RCEP。其中第 12 章电子商务章节旨在促进缔约方之间电子商务的合作,列出了鼓励缔约方通过电子方式改善贸易管理与程序的条款;要求缔约方为电子商务创造有利环境,保护电子商务用户的个人信息,为在线消费者提供保护,沿用当前不对电子商务征收关税等条款。

6.1.4　中国数字贸易

1. 中国数字贸易的发展现状

① 中国数字贸易的发展速度较快,但与发达国家仍存在较大的差距。2013—2021 年,

中国可数字化交付的服务贸易出口额的年均增长率为 11.33%；美国为 4.98%；德国为 5.7%。2021 年，美国可数字化交付的服务贸易出口额为 6,130.1 亿美元，居世界第一位；英国为 3,533.7 亿美元；德国为 2,422.3 亿美元；中国为 1,948.4 亿美元，居世界第四位[①]。2019—2021 年，中国数字贸易规模由 15,704.3 亿元增至 18,543.9 亿元，2021 年同比增长 40.1%，这高于服务贸易同比增速 24.1 个百分点，数字贸易占服务贸易总额的比重由 29.0% 增至 35.0%。2021 年服务贸易的数字渗透率达到 0.347。这较 2020 年提高了 5.7 个百分点，显示出数字贸易发展动力强劲。

② 数字贸易经济效应进一步凸显。2018—2021 年，中国可数字化交付的服务贸易总额由 2,561.8 亿美元增至 3,605.2 亿美元，年均增速达到 12.1%，远高于服务贸易总体增速，可数字化交付的服务贸易占比由 32.4% 增至 43.9%，如表 6-7 所示。2019—2020 年中国数字服务的进/出口额、增速如表 6-8 所示。2021 年人力资源和社会保障部发布 18 种新职业，其中 9 种职业被划定为数字经济衍生的数字职业[②]。

表 6-7　2015—2021 年中国数字贸易的规模、增速及占比

年份	2015	2016	2017	2018	2019	2020	2021
服务贸易总额/亿美元	6,542	6,616	6,957	7,919	7,850	6,617	7,905
可数字化交付的服务贸易总额/亿美元	2,000.0	2,092.0	2,079.5	2,561.8	2,722.1	2,947.6	3,605.2
可数字化交付的服务贸易出口额/亿美元	1,137.3	1,121.5	1,025.7	1,321.4	1,437.5	1,551.5	1,948.4*
可数字化交付的服务贸易进口额/亿美元	862.7	970.5	1,053.8	1,240.4	1,284.6	1,396.1	1,656.8
可数字化增速/%		4.6	0.6	23.2	6.3	8.3	12.1
可数字化交付的服务贸易占服务贸易总额的比重/%	30.6	31.6	29.9	32.4	34.7	44.5	43.9

数据来源：商务部。其中 2021 年可数字化交付的服务贸易出口额为 UNCTAD 统计的数据。

表 6-8　2019—2020 年中国数字服务的进/出口额、增速

数字服务类别	2019 年				2020 年			
	出口额/亿美元	出口额同比增长/%	进口额/亿美元	进口额同比增长/%	出口额/亿美元	出口额同比增长/%	进口额/亿美元	进口额同比增长/%
可数字化服务贸易（总额）	1,437.50	4.50	1,284.60	3.60	1,551.50	7.90	1,396.10	8.68
保险服务	47.8	2.9	107.8	−9.3	53.8	12.5	123.4	14.6
金融服务	39.1	12.3	24.7	16.4	41.8	7.0	31.7	28.6
电信、计算机和信息服务	538.6	14.5	269.0	13.2	607.7	12.8	329.7	22.6
知识产权使用费	66.5	19.6	343.8	−3.4	86.8	30.5	376.3	9.5
个人、文化和娱乐服务	12	−1.3	40.8	20.2	13.2	9.8	30.1	26.3
其他商业服务	733.5	4.9	498.5	5.4	748.2	2.0	504.9	1.3

资料来源：商务部。

[①] 李小牧，李嘉珊，王丽.服务贸易蓝皮书：中国国际服务贸易发展报告（2023）[M].北京：社会科学文献出版社，2023.

[②] 鼎韬，《2021 年中国数字贸易发展报告》。

据海关统计,2023年中国跨境电商进出口贸易总额为2.38万亿元,较2022年增长15.6%。在新冠疫情期间跨境电商进出口贸易总额出现了不降反升的迹象,成为稳外贸的重要力量。其中,2020年,中国信息通信服务在数字服务出口中的占比最大,为38.2%。2011—2020年,中国知识产权使用费、金融服务、信息通信服务等细分数字服务的平均增速分别为31.7%、19.6%和17.4%,均高于世界平均水平。从国际竞争力来看,2011—2020年,中国数字服务贸易净出口值从2011年的逆差148.2亿美元扭转至2020年的顺差147.7亿美元,这反映中国数字服务贸易的国际竞争力在持续增强。

① 在数字贸易的地区发展格局方面,中国数字贸易的发展水平呈现东强西弱和南强北弱的态势。数字贸易发展程度比较高的省市主要集中在东南沿海地区,而中西部省市数字贸易发展程度相对较低。数字贸易发展需要良好的互联网、物流等基础设施作为支撑,并与地区经济发展水平密切相关①。

② 中国重点领域的数字贸易保持着强劲的发展态势。首先,中国软件、社交媒体、搜索引擎、通信、云计算、卫星定位等信息技术服务出口总体保持高速增长②。2021年,软件业务出口521亿美元,同比增长8.8%,两年复合增长率为3.0%。其中,软件外包服务出口149亿美元,同比增长8.6%;嵌入式系统软件出口194亿美元,同比增长4.9%③。其次,中国数字娱乐、数字传媒、数字学习、数字出版等数字内容产品领域的出口实力明显增强,它们已成为与世界进行文化传播与交流的重要载体。中国在海外社交媒体中表现较好的头部品牌集中于消费电子和游戏两个行业。消费电子行业的头部品牌(如小米、OPPO、一加等)的出海影响力均排在全球前十位。2021年,在游戏行业,中国自主研发的游戏在海外市场的销售收入达180.13亿美元,较前一年增加25.63亿美元,同比增长16.59%。在全球收入增长前十的手游中,有5款手游来自中国游戏厂商④。

除此之外,中国数字服务出口的竞争力不断增强。中国数字服务贸易出口规模占全球的比重由2013年的3.4%提升至2022年的5.1%。

2. 中国数字贸易的相关政策

近年来,中国出台了一系列关于数字贸易发展的政策,以促进数字经济发展的政策导向持续强化,引导实体经济与数字经济深度融合,如表6-9所示。

表6-9 近年来中国数字贸易的政策措施

时间	政策措施
2017.5	积极推动数字丝绸之路建设,实现与沿线国家之间的数字贸易便利化
2019.1	发布《国家数字经济创新发展试验区实施方案》
2019.11	发布《中共中央 国务院关于推进贸易高质量发展的指导意见》,正式提出要加快数字贸易发展,提升贸易数字化水平
2020.4	认定中关村软件园等12个园区为国家数字服务出口基地
2020.8	发布第三轮《全面深化服务贸易创新发展试点总体方案》;发布《中国-东盟数字贸易中心实施方案》,将建设4个数字贸易企业基地、5个数字贸易服务平台、6条数字贸易产业链

---

① 前瞻产业研究院.《2022年中国及全球数字贸易发展趋势研究报告:区域先行 数贸全球》.
② 王晓红,夏友仁.中国数字贸易发展:现状、挑战及思路[J].全球化,2022(2):32-45,134.
③ 工业和信息化部.《2021年软件和信息技术服务业统计公报》.
④ 国家新闻出版署.《2021年中国游戏产业报告》.

续表

时间	政策措施
2020.9	习近平主席提出共同致力于消除数字鸿沟,助推服务贸易数字化进程,加快数字领域的国际合作
2020.9	正式成立国家数字贸易专家工作组
2020.11	发布《关于推进对外贸易创新发展的实施意见》,提出要加快数字贸易发展,发挥自由贸易试验区、自由贸易港的制度创新作用
2021.4	向东盟秘书长交存RCEP核准书,并宣布考虑加入CPTPP
2021.1	发布《"十四五"服务贸易发展规划》,首次将"数字贸易"列入服务贸易发展规划,明确未来一个时期内中国数字贸易发展的重点和路径
2023.10	成立国家数据局。其主要职责是协调推进数据基础制度建设,统筹数据资源整合共享和开发利用,统筹推进数字中国、数字经济、数字社会规划和建设等

资料来源:公开资料。

2021年,商务部等24部门印发《"十四五"服务贸易发展规划》(下面简称《规划》)。《规划》首次将"数字贸易"列入服务贸易发展规划,明确未来一个时期中国数字贸易发展的重点和路径。《规划》提出,顺应经济社会数字化发展新趋势,抢抓数字经济和数字贸易的发展机遇,发挥新型服务外包创新引领作用,加快推进服务贸易数字化进程。《规划》要求,完善数字贸易促进政策,加强制度供给和法律保障。积极支持数字产品贸易,为数字产品走出去营造良好环境。持续优化数字服务贸易,进一步促进专业服务、社交媒体、搜索引擎等数字服务贸易业态创新发展。稳步推进数字技术贸易,提升云计算服务、通信技术服务等数字技术贸易业态关键核心技术的自主权和创新能力。积极探索数据贸易,建立数据资源产权、交易流通等基础制度和标准规范,逐步形成较为成熟的数据贸易模式。同时,提升数字贸易公共服务能力,建立数字贸易统计监测体系,加强国家数字服务出口基地建设,布局数字贸易示范区。加强数字领域中的多边和双边合作;建立健全数字贸易治理体系,在数字贸易主体监管、个人信息保护、数据跨境流动、重要数据出境、数据产权保护等领域,及时出台符合中国数字贸易发展特点的政策法规。

6.2 数字贸易平台

6.2.1 数字贸易平台的含义

数字平台指的是集自动化、信息化、高效率、低成本于一体的公共服务平台。数字贸易平台通过大数据、云计算、人工智能等新一代数字技术的创新与应用,打破产业主体之间的信息壁垒,构建新型供需关系和产业链协同关系,进而实现参与主体之间的资源与信息的快速交互、响应,最终驱动产业链的供给侧生产模式以及需求侧采购模式的双重变革。

数字经济时代,数字技术对于贸易的影响越发深远。伴随着全球贸易的数字化转型,数字贸易已经成为全球贸易中最具活力的贸易形式,逐渐成为促进传统贸易转型升级的核心推动力,塑造了世界贸易新形态。各国通过数字贸易平台融入全球价值链,通过参与数字贸易为经济全球化注入新动能。

数字贸易平台是数字贸易的载体,促进了交易和服务的一体化,呈现了"卖全球"和"买全球"景象。它颠覆了传统跨境贸易的运作方式,解决了企业在贸易链条中可能遇到的流程不透明、环节多、成本高等问题,打造了集产品展示、在线交易、关检、物流、支付、服务于一体的全平台、线上外贸闭环模式,打破了传统跨境贸易平台的贸易壁垒,为全球贸易的发展带来了更多机会①。

《中国中小企业跨境电商白皮书》提出:开放型全球数字贸易平台面向全球范围内的贸易体,尤其是广大中小企业,通过大数据、云计算、人工智能等数字化技术对全球数字贸易买卖双方的供求进行精准匹配,为其提供包括数字化营销、交易、金融及供应链服务在内的一揽子数字化外贸解决方案,旨在构建开放型世界经济,推动全球数字贸易向更加开放、包容、普惠、平衡、共赢的方向发展。

数字贸易平台为数据、商品和服务提供供需对接,为研发、创新、生产等分工协作提供支持,是数字贸易发展的重要载体。它通过交易的信息化、数据化、智能化,解决信任、品控、价格评估等关键问题,以实现交易环节的降本增效。

国外的亚马逊,国内的阿里巴巴、京东等都属于数字贸易平台,不同于传统的零售商业,它们并不是把买入的商品进行转售,而是在买卖双方之间通过数据进行交易撮合。之所以数字贸易平台的商业变革有益于提升社会福利水平,是因为它们降低了交易成本和信息成本等社会无谓损失。

在数字经济背景下,平台经济作为一种全新的业态得到快速发展。所谓的平台经济是一种基于数字技术,吸收产业链上下游的相关要素资源,在数字技术的基础上,由数据驱动、平台支撑、网络协同的经济活动单元构成的新经济系统,是基于数字平台的各种经济关系的总称。平台经济是数字经济的主流表现形态,代表着数字经济的发展方向。

6.2.2 数字贸易平台的产生和发展

1. 数字贸易平台产生的背景

(1) 数字贸易成为全球贸易发展新趋势

数字贸易通过数字技术与贸易开展过程的深度融合,打通产业链的生产端、交易端以及供应链端的信息交互与响应通道,构建产业链的新型供需关系和协同关系,进而提升整个产业链的运转效率②。

数字贸易作为一种新的经济活动形态,从贸易主体、资源配置效率以及全球贸易发展新动力等角度来看,都存在着积极的经济效应。对于消费者来说,数字贸易拓展了可贸易产品的边界,不仅可以直接增加贸易产品的种类、数量和获取渠道,还可以使得交易成本下降,从而提升消费者福利水平。对于生产者来说,数字贸易提供了全球价值链发展的新动力,推动了全球价值链向高级形式转变。

数字贸易的发展和数字技术的广泛应用大大降低了贸易主体和贸易环节之间的信息不对称程度,实现了生产要素在全球范围内的高效配置,提高了市场效率。数字贸易有效降低了贸易参与的成本和门槛,在传统贸易模式下,受成本和跨国企业垄断的限制而无法参与全

---

① 2019年熊励在《光明日报》上发表的《进博会:助推全球数字贸易平台开放共享》一文。
② 艾瑞咨询,《全球数字贸易白皮书》,2021-10-13。

球贸易的中小企业都可以在数字贸易背景下有效地参与市场竞争。另外,数字经济、平台经济和互联网技术的发展也为服务贸易提供了变革动力,目前超过一半的全球服务贸易已经实现数字化。麦肯锡统计的数据指出,由于数字技术和数字贸易的推动,跨境服务的增速比商品贸易的增速高60%。随着数字技术与金融、教育、医疗等行业的进一步融合发展,数字服务贸易占全球贸易的比重将迈上新的台阶。

《全球数字贸易与中国发展报告2021》显示,全球数字贸易呈现出发展速度加快、经济发达地区优势显著、发展中经济体地位提升、数字贸易规则加速酝酿的趋势。其中数字贸易平台作为数字贸易的载体,在跨境电商、社交媒体、搜索引擎、软件服务等数字贸易领域都占据主导地位,引领行业发展的基本态势。

(2)"B2B+B2C"成为跨境电商发展新热点

依托互联网技术的发展,电子商务应运而生,且迅速发展壮大,跨境电商作为电子商务和国际贸易的组合产物,突破了时间和空间的限制,对经济全球化和国际贸易转型有着重大战略意义。从1998年亚马逊登陆欧洲市场开始,跨境电商已经走过萌芽期、发展期,逐步迈入成熟期。而跨境电商平台的功能也从萌芽期单纯的信息撮合功能,变为发展期的线上交易功能,再变为成熟期的供需匹配、线上交易、个性营销、交易履约和跨境物流等全方位供应链服务提供功能。

跨境电商的模式主要有企业对企业的模式(B2B)和企业对消费者的模式(B2C)两种。其中B2B是指企业与企业之间通过专用网络或平台进行数据信息的交换、传递,开展交易活动的商业模式。B2C又叫作"商对客",是销售企业直接面向消费者的商业模式。在跨境电商发展初期,交易模式主要就是单一的B2B模式。随着互联网技术的快速发展,跨境电商的交易模式转变为B2B、B2C等多种模式,阿里巴巴旗下的速卖通和天猫国际采用的就是典型的跨境电商B2C模式。

大数据、人工智能、云计算和机器学习等数字技术的广泛应用使得庞大的交易数据和产品服务信息发挥出价值。叠加新冠疫情的影响,全球B2C平台的第三方卖家业务大幅缩水,B2B渠道的业务发展势头强劲。在这种背景下,"B2B+B2C"成为跨境电商热点组合。这种组合主要通过"OEM①+小额现货+跨境零售"相结合的形式开展,能够在批量供给和个性化需求中寻求平衡,满足贸易多样化的发展趋势,在B端和C端优势互补,在数字技术赋能的前提下,挖掘C端交易数据的价值,进而反哺B端的研发创新,同时B端借助研发和订单来发展供应链,以满足多元化市场需求。

(3)数字时代下中小企业对于"走出去"战略产生了新诉求

第四次全国经济普查显示,中国中小微企业法人单位占全部规模企业法人单位的99.8%,吸纳就业人数占全部企业就业人数的79.4%,拥有资产占77.1%,营业收入占68.2%。中小企业作为中国经济社会发展的主力军,对于中国经济和就业有着重要的战略支撑意义。在数字时代的"双循环"背景下,规模小、资源有限且集中度高的中小企业开展数字贸易既是大势所趋,也是难得的机遇。

但对于中小企业而言,在数字化转型的过程中,其往往会遇到转型能力不够、转型成本偏高、转型阵痛期长等问题,所以在"双循环"和数字经济背景下,中小企业对"走出去"战略

---

① OEM:原始设备制造商(Original Equipment Manufacture)。

产生了新诉求。不同于大型企业的规模经济效应,中小企业在数字贸易中更加依靠科技创新、营商环境改善和平台支持来融入全球价值链,所以希望平台建设能够基于产业链和生态链,鼓励开源发展,共享技术、通用性资产、数据、人才、市场、渠道、设施等。中小企业的人员少,经营规模小,盈利能力相对有限,其在数字化转型过程中更希望寻求门槛较低、服务价格较低的平台,这些平台以低廉的价格提供海外推广、报关、仓储物流、支付结算和售后服务等全方位、综合性的支持。

(4) 数字技术应用催生平台服务新需求

互联网、大数据、区块链、云计算和人工智能等数字技术赋能传统行业的各个环节,这不仅增加了贸易机会,降低了贸易成本,还提高了贸易效率。同时,贸易主体也对平台服务提出了新需求。在贸易撮合环节,企业希望可以通过云展会营销、社媒营销、直播营销和大数据基准营销等数字化营销工具来提升自身的市场开拓能力。在交易环节,企业希望平台能够改进电子提单、移动支付、电子签名、智慧关务等数字化、一体化服务,在将传统贸易的烦琐环节进行整合数字化的同时,保证交易的即时性和安全性。在仓储物流环节,智慧物流的应用不仅可以降低物流成本,还可以提升物流效率和客户服务质量。规模较小、缺乏融资途径、抗风险能力较差的中小企业还希望平台能够在销售链全方位服务之外改进金融服务和跨境法律服务。比如,阿里巴巴国际站提供了信用保障服务,超级信用证、中小企业信用融资等金融服务。

2. 数字贸易平台的发展阶段

数字贸易平台大体经历了以下发展阶段。

(1) 贸易信息展示平台阶段

贸易信息展示平台阶段也称作数字贸易平台 1.0 阶段。这个阶段主要是聚合各行业卖方商品的信息,由买方选择合适的商品购买。从全球范围来看,1998 年和 1999 年,亚马逊和 eBay 登陆欧洲市场正是跨境电商兴起伊始。随后,阿里巴巴国际站的成立标志着中国跨境电商的萌芽。例如,阿里巴巴黄页模式将中国供应商的信息聚合,并通过互联网平台把它展示给全球 200 多个国家或地区的采购商,搭建了线上国际贸易洽谈合作平台。该阶段的特点是:信息多而全,但信息质量较差,买卖双方往往难以实现在线交易。

(2) 在线交易服务平台阶段

在线交易服务平台阶段也称为数字贸易平台 2.0 阶段。跨境电商平台的功能由信息撮合转向线上交易,其打通了支付、物流和服务等环节,平台的商业模式和盈利模式也随之改变,跨境电商产业链得到拓展和完善。B2B、B2C 等交易模式提供了买卖双方线上交易的载体。B2B 解决了传统大宗交易困境,其参与对象以跨国大型企业为主,通过在线信息交流和金融支付工具,减少了中间环节,提高了交易效率,使得国际贸易更加便利化。伴随着"互联网+"的兴起,跨境电商逐渐迈入成熟阶段。数字贸易作为数字经济的重要组成部分,已经成为全球贸易中最具活力的贸易形式,数字贸易平台则是各个国家和地区参与国际贸易、融入全球价值链的重要途径。

(3) 供应链综合服务平台阶段

供应链综合服务平台阶段也称为数字贸易平台 3.0 阶段。随着互联网进入成熟期,供应链综合服务平台逐渐成为贸易企业构建服务平台的主流,其主要特点是着力于整合优化供应链资源,减少中间环节。它集合了贸易全产业链的上下游,包括买卖双方、海关、政府、金融机构、渠道等,形成了一个完整的数字贸易生态圈,实现了由贸易向综合服务发展,平台服务范围向金融、物流等多个领域延伸。比如,敦煌网 DTC(数字贸易中心)模式整合优化了产业链营销、金融、物流等环节,提供了开放服务端口,打造了集贸易信息展示、在线支付、融资分期、物流基础设施等多元化服务于一体的平台。

(4) 生态型产业平台阶段

生态型产业平台阶段也称为数字贸易平台 4.0 阶段。随着全球贸易的数字化程度不断加深,数字贸易平台也将进一步发挥协同发展的优势,促进线下经济和线上经济的深度融合;打破产业主体之间的信息壁垒,构建新型供需关系和产业链协同关系;促成交易和服务的一体化和平台化,形成交易服务一体化平台;为全球各行业的中小企业提供接入全球价值链的通道,提高资源配置效率;丰富贸易细分领域,推动数字贸易规则的变革。

数字贸易平台持续驱动产业链商流、信息流、物流以及资金流"四流合一",开始向生态型产业平台加快升级,以打造新型产业供需关系和生态协同关系。生态型产业平台是指在可持续发展的背景下,通过整合资源、促进合作和创新构建起的一个集产业链、价值链和创新链于一体的综合性平台。其目的是推动产业的生态发展,促进经济增长与环境保护的良性循环,实现经济效益、社会效益和生态效益的统一。

生态型产业平台将通过增强平台的连接能力、感知能力以及响应能力,打破产业主体之间以及产业主体与金融机构之间的信息壁垒,构建新型供需关系和生态协同关系。这将增强生态成员的信息快速交互与响应能力,最终升级重构产业网络并形成更高质量的价值生态。

6.2.3 数字贸易平台的种类

数字贸易平台根据其提供的商品或服务的专业性和综合性,大体分为以下 6 种。

① 生产性数字平台。它是指专门为生产提供第三方服务的平台,包括工业互联网平台、互联网大宗商品交易平台、互联网货物运输平台等。

② 生活性数字平台。它是指专门为居民生活提供第三方服务的平台,包括互联网销售平台、互联网约车服务平台、在线旅游经营服务平台、互联网体育平台、互联网教育平台、互联网社交平台等,如 Airbnb、Uber、携程网、滴滴出行、美团等。苹果公司运营的 iTunes Store 主要提供电影、音乐等数字产品;YouTube 是全球最大的视频网站,拥有全球最大的视频用户群体;亚马逊旗下的 Kindle Store 专门销售电子书阅读器和电子书。

③ 跨境电商平台。它主要是指为跨境电子商务买卖双方提供交易、信息、贸易、资金结算等服务的电子商务平台,分为 B2B 和 B2C 两个类别。跨境电商平台为境外客户提供信息、资金结算、物流、宣传等服务,其所获得的收入属于数字贸易的范畴。

④ 数字科技创新平台。它是指专门为科技创新创业等提供第三方服务的平台,包括网络创新众创平台、网络众包平台、网络众扶平台、技术创新网络平台、科技成果网络推广平台、知识产权交易平台、开源社区平台等[①]。

⑤ 金融领域的数字中介平台。它主要指第三方支付平台。根据维基百科的定义,第三

---

① 鼎韬,《全球化 4.0:数字贸易时代的到来》,2021 年 12 月。

方支付指的是由第三方业者居中于买家、卖家之间进行收付款作业的交易方式。根据 2010 年中国人民银行在《非金融机构支付服务管理办法》中给出的非金融机构支付服务的定义，从广义上讲第三方支付是指非金融机构作为收、付款人的支付中介所提供的网络支付、预付卡发行与受理、银行卡收单服务以及中国人民银行确定的其他支付服务。目前，在国外，最知名的跨国第三方支付平台主要包括 PayPal、MoneyGram、Worldpay 等，在中国，其主要包括支付宝、财付通、银联商务、壹钱包、快钱等。这些平台在海外和跨境支付服务方面的收入均属于数字贸易。

⑥ 以工业互联网为基础的企业之间的跨境数据服务平台。目前，数字中介平台服务领域中发展较快的方面主要是电子商务、金融、生活服务领域。服务外包的分类里面已经涵盖电商平台服务。中国正处于传统产业数字化转型升级的重要阶段，数字贸易发展的驱动力强劲。未来，数字贸易平台将推动行业升级与业务细分的持续深化，加快向生态型产业平台升级，最终促进中国经济供给侧与需求侧高质量发展的双重改革，打造新型产业供需关系和生态协同关系[①]。

6.2.4 数字贸易平台的作用

1. 提高商品价值实现的效率

数字贸易时代，数字贸易平台成为贸易中的关键角色。这种交互形式的改变大大提升了整个贸易过程的效率。与传统商业模式相比，数字贸易平台进一步强化了"流通当事人"的职能，运用数字技术手段有效连接供需两侧市场，缩短了商品销售时间，节约了纯粹流通环节中的人力、物力耗费，提高了商品价值实现的效率。

2. 使社会价值的创造能力进一步提升

商品价值实现的速度在某种程度上决定了微观主体企业在既定时间内的获利能力。在其他条件不变的前提下，由于数字贸易平台对商品和服务供需双方进行了精准匹配，因此流通时间大大缩短，从而使生产周期大幅缩短。流通环节资本的减少可以相对增加生产环节、研发环节的资金，从而在既定资本条件下创造更多的价值。当然，数字平台商业变革并不是对流通过程和商业销售方式进行本质上的颠覆，它的关键作用在于通过运用强大的数字技术手段有效连接了供需两侧，使商品价值的实现效率有了新突破。

3. 打破时空局限，使供需双方可以随时随地进行交易

数字贸易平台不需要实体场所，而是在互联网上搭建了虚拟的买卖活动场所和虚拟的货架列表，消费者通过浏览页面、查看商品详情以及相关评价就可以对比商品的质量和价格，并在线上完成交易。随时随地的线上购物体验使商品买卖便利化，促进了商品的价值实现，使得"商品的惊险跳跃"变得更容易完成。

4. 促进消费者数据的规模和质量提升

在数字平台上，各种商品以数字化信息方式呈现，同时商品交易的全过程都可以实现数据化的跟踪和追溯。数字平台运用数据技术能够高效地捕捉广大消费者的潜在消费需求，并根据这些数据信息来挖掘实现商品价值的潜在交易。

---

① 艾瑞咨询，《2021 年全球数字贸易白皮书》，2021-10-13。

5. 为个性化商品和服务提供交易条件

通过数字技术,数字平台能够敏锐地发现长尾经济下的潜在消费者,精准推送商品信息,有效地捕捉未来消费的发展趋势。数字平台商业变革是适应社会化大生产下消费升级的必然趋势。但也应当看到,数字平台商业本质上仍然属于纯粹流通领域,其中的流通费用与劳动耗费仍然属于非生产性的,从而在数字平台商业内部不能创造价值,数字平台商业利润来源于其他产业部门的价值转移,有时这种转移是以长期数字垄断租金形式存在的。

6. 解构与重构传统贸易产业链

在传统贸易产业链中,生产端、交易端以及供应链端存在诸多痛点,数字贸易平台通过突破痛点重构供需匹配关系与产业主体协同模式。其在生产端,提高产品信息监测与应用能力,促进厂家降本增效;在交易端,通过交易的信息化、数字化、智能化,解决信任、品控、价格评估等关键问题,优化交易环节;在供应链端,聚焦仓储、物流、金融三大核心痛点,加快释放整个供应链的数字化升级价值[①]。

数字平台商业资本存在一系列内生缺陷,如果不加以正确地引导与规范,可能出现数字盲目跟风消费、数字平台商业垄断、无效投资等问题。数字平台作为一种商品经营资本,既不创造价值,也不创造剩余价值,只是对价值的实现起中介作用,对已经生产出来的价值进行重新分配。

当然,如果没有外部监管,数字贸易平台可能会从多个方面损害平台用户的利益,以提高自身的利润。例如,数字贸易平台可能会通过算法匹配中的价格和质量歧视进行大数据杀熟,对匹配机制进行有利于增加平台利润的调整。

本章关键词

跨境电商　数字贸易规则　数字贸易平台　平台经济　生态型产业平台

本章思考题

1. 试比较总结美国、欧盟、日本及中国数字贸易的不同之处(可从发展态势、政策重点、参与的国际协定等方面进行总结)。

2. 随着数字技术与服务贸易的加速融合,中国数字贸易保持高速增长,其规模持续扩大,展现出亮眼的发展潜力,但仍然存在出口竞争力较弱、发展动力不足以及法律法规不完善等问题。请针对上述发展问题,思考促进中国数字贸易发展的相关对策和建议。

3. 思考数字贸易平台与跨境电商平台的异同。

4. 结合数字贸易平台的发展现状,谈谈现阶段数字贸易平台面临着哪些发展阻力。

5. 请思考在"双循环"背景下,中国建设数字贸易平台的思路。

---

① 艾瑞咨询,《全球数字贸易白皮书》,2021-10-13。

第7章 数字贸易效应分析

对消费者而言,数字贸易通过增加贸易品种和数量,降低交易成本,减少交易环节,提供个性化、定制化的产品或服务来提升消费者福利水平。对生产者而言,数字贸易推动全球价值链体系重构,加速全球产业链横向扩张。对市场而言,数字贸易降低了信息不对称程度并打破了贸易壁垒。为适应数字贸易全球化、网络化、数字化、智能化的特征[①],各国都将网络安全、制度政策以及技术提升作为重点,从而直接促进了市场主体之间的沟通交流,提高了市场效率。

7.1 数字贸易的经济效应

7.1.1 数字贸易对消费者产生的经济效应

相较于电子商务,数字贸易对消费者的个性需求和行为偏好更加重视,不仅消费者参与到数字贸易的各环节,而且其数据还成为生产中的重要投入要素。

1. 数字社会的消费者

① 消费者是数字贸易的交易主体。在数字贸易中,消费者作为商品和服务的购买者和使用者,是整个交易链条的末端。数字产品的需求定位、设计、生产、销售等各个环节以满足消费者需求为首要原则。同时,在数字贸易的平台化、网络化形式下,消费者可以实现从买方变为卖方的角色转换,既可以买方的身份通过贸易平台购买产品,也可借助网络、平台,以卖方的身份销售产品或提供服务。

② 消费者是新型生产要素的供给主体。在数字贸易中,数据、信息等核心要素极为重要,消费者在交易过程中的各项数据是贸易企业研发产品和服务、制订生产计划的依据。企业利用收集的数据对消费者的偏好、需求进行分析和预测,并提供满足消费者差异化需求的产品或服务。传统企业将数据作为新型生产要素完成数字化转型、智能化转型升级;数字平台企业凭借数字技术、数据要素兴起;贸易企业通过收集、分析数据为消费者提供更为精准化、个性化的产品或服务。

---

① AZMEH S, FOSTER C, ECHAVARRI J. The international trade regime and the quest for free digital trade[J]. International Studies Review,2020(3):671-692.

③ 消费者是数字贸易的营销对象。数字贸易利用消费者画像制订营销策略。一方面，数字贸易企业在营销活动中发现市场机会，分析消费者未被满足的需求，在此基础上有针对性地开发新产品。另一方面，细分市场是数字贸易企业营销策略的基础，企业通过分析目标消费者和目标市场在数字贸易平台上有针对性地投放广告，使消费者获得个性化的推荐等服务，提升了平台匹配效率和消费者福利水平[1]。数字贸易可直接增加贸易品种和数量，从而提升消费者福利水平。根据微观经济学理论，增加消费者偏好产品和服务的多样化消费。

2. 数字贸易对消费者产生的经济效应分析

（1）通过丰富一国产品种类增加消费者福利

在贸易方式上，数字化的贸易平台、社交平台和媒体平台等全面代替传统信息传播媒介，信息基础结构进化成去中心化的网络，传统贸易中信息不对称的情况得到有效改善，信息获取、加工和传播的效率、效果大幅度提升。电商平台成为国际贸易的重要载体和枢纽，信息流通、商品展示、产品售卖、交易洽谈、支付结算等均转变为线上模式，进而贸易的固定成本大幅降低，效率显著提升。

在贸易对象上，数据和以数据形式存在的产品和服务可以通过信息通信网络进行全球贸易，对各国生产、生活等诸多领域产生的影响不断扩大。一方面，数字产品在进行贸易时可以不受空间、时间的限制，这在一定程度上增加了可贸易产品的种类。数字贸易的产生和发展催生出更多的数字消费产品[2]。同时，将数字产品引入国际贸易中，在原有传统可贸易产品的基础上，使原先不可贸易的产品变得可贸易，增加了可贸易产品的种类。5G、虚拟现实、人工智能等信息技术的发展[3]，进一步丰富了数字产品和服务的种类，增加了消费者福利。另一方面，数字贸易的发展与金融、保险、医疗、零售等众多行业相互融合，倒逼传统企业数字化转型，推动产品和服务升级迭代，并增加可贸易产品和服务的种类。在传统贸易中，书籍、视频、音频等产品需要实体化，并经历生产、运输、售卖、支付结算等多个环节，但在数字贸易中，此类产品会以虚拟化、网络化、智能化的方式进行贸易，以数据包等形式在线交付[4]。这在一定程度上满足了消费者的多样化需求，增加了消费者福利。

（2）通过降低交易成本间接增加消费者福利

一是供求精准对接。数字贸易参与者可以通过平台、网络等途径搜集和获取信息，了解产品特性，这样降低了消费者的消费成本，并为消费者提供了全面的产品信息，提高了需求和供给的匹配度。

二是交易效率显著提升。消费者通过平台、网络等进行即时议价、产品细节询问等活动，使得交易决策和行为变得更高效。

三是交易环节减少。在传统贸易中，企业生产出售的产品或服务需要经过代理商、经销商、零售商等环节，交易链繁复冗杂，贸易效率低下，且中间环节过多，导致产品或服务交易成本增加，增加的成本最终转移到价格上，故消费者承担了一部分成本，消费者福利减少。而在数字贸易中，由于贸易的数字化、平台化等特点，中间环节大大减少，从而形成了 B2C

---

[1] 濮方清,马述忠.数字贸易中的消费者:角色、行为与权益[J].上海商学院学报,2022(1):15-30.
[2] 夏杰长,肖宇.数字娱乐消费发展趋势及其未来取向[J].改革,2019(12):56-64.
[3] 李晓华.数字经济新特征与数字经济新动能的形成机制[J].改革,2019(11):40-51.
[4] 刘洪愧.数字贸易发展的经济效应与推进方略[J].改革,2020(3):40-52.

的交易链,极大地提高了贸易效率。

四是监督成本降低。信息技术使得交易过程中的跟踪、监督、顾客评价和售后服务变得更为高效、便利,监督成本随之下降。

总之,数字贸易的开展降低了交易成本,使交易流程更为高效、便利和透明,使得原本高成本的贸易产品也可以参与其中,间接增加了贸易产品的种类。

(3) 通过创新提升消费者福利水平

数字贸易交易成本的下降会加剧生产者间的研发竞争。生产者为了增加市场份额,激发消费者的消费需求,会不断创新,以缓解市场竞争产生的压力。此外,产品或服务交易成本的下降促使贸易企业将更多的资金、人力等要素投入研发创新。特别地,低交易成本将使得市场规模不断扩大,进而引发数字技术创新,促使数字产品种类不断增加。同时,交易成本的降低通过创新渠道促使贸易产品的价格下降。交易成本的降低会促使更多的贸易企业参与全球竞争,使国际贸易市场变得更加有效。同类可贸易产品市场的竞争越激烈,企业越会降低商品价格,以增加竞争优势,从而提升消费者福利水平[1]。

(4) 通过网络外部性提升消费者福利水平

在数字贸易中,平台的系统性、消费者之间的互补性产生了网络外部性,消费者总福利呈几何级增长,这具体表现在平台匹配效率提高、产品或服务的价格下降等方面。消费者规模越大、与贸易平台的连接越紧密、路径依赖越强、转换成本越高,数字贸易平台的网络外部性越强,消费者福利水平的提升越显著[2]。

(5) 通过提高一国实际收入水平提升消费者福利水平

在数字贸易中,众多企业参与贸易活动的门槛降低,企业通过价格竞争、价格降低和提供多样化产品的方式提高一国实际收入水平,进而提升消费者福利水平。

(6) 可能构成消费者福利损害

随着贸易企业对消费者数据信息的掌握能力的提高和技术的不断成熟,近年来出现"算法歧视""大数据杀熟"等乱象。企业可以根据消费者的消费记录、消费水平等设定差异化的价格,以此来获得更多的利益,这损害了消费者福利。"算法歧视"存在一定的隐蔽性,难以被消费者察觉。同时,个性化推荐也会导致消费者受算法的影响无法获取更多的产品信息,长此以往个性化推荐会出现同质化,这会抑制竞争,限制消费者的选择。

7.1.2 数字贸易对生产者产生的经济效应

在数字贸易中,数字技术提升了贸易便捷性和时效性,有效降低了现有贸易产品的全球价值链的组织和协调成本,还催生了新的贸易产品以及在传统贸易产品基础上产生的新的可贸易产品的全球价值链。

1. 为全球价值链提供新的动力并重构新型全球价值链体系

数字技术与国际生产分工各环节相融合,分工成本下降,这将促使全球价值链的组织和协调变得更为高效,全球价值链分工的广度和深度也会进一步延伸,并将推动已有全球价值链的进一步革新。

---

[1] 刘洪愧.数字贸易发展的经济效应与推进方略[J].改革,2020(3):40-52.
[2] 濮方清,马述忠.数字贸易中的消费者:角色、行为与权益[J].上海商学院学报,2022(1):15-30.

2. 推动形成新的全球价值链路及新的发展路径

数字贸易不仅促使传统企业进行数字化转型,还推动新业态产生,进而数字产品和数字服务将不断涌现。这些产品或服务自生产时起就带有数字化属性,并具有全球生产和消费的属性,从而产生一系列与传统贸易的全球价值链分工模式截然不同的数字产品全球价值链分工模式。

3. 推动全球价值链向更高形式转型升级

数字贸易将互联网、平台等作为贸易渠道,并将产品或服务以数字订购或数字支付的形式进行贸易,降低了贸易成本。同时,数字产品和服务的种类在不断增多,其范围在不断扩大,这延伸了全球价值链的长度。数字贸易在国际贸易中所占的比重越来越大,越来越多的国家认识到发展数字贸易的必要性和重要性,并相继出台相应的法规,以支持数字贸易的发展。更多的国家参与到数字贸易国际市场分工当中,进而推动全球价值链的转型升级。

4. 加速解构全球垂直一体化的分工模式

数字技术的应用加速了全球产业链的横向扩张,解构了垂直一体化的分工模式,国际贸易呈现出包容增长的格局。数字技术简化了报关和清关等流程,提高了贸易便利程度,为中小企业开展"多频次、碎片化、小额化"的国际贸易提供了可能。此外,互联网普及率的提升降低了中小企业参与全球供应链的门槛,缩短了产业链和供应链,提高了产业链上下游对接效率,使得中小企业及个体商户获得了更多贸易机会[①]。

5. 改变企业提供产品或服务的形式

数字化、虚拟化、智能化的数字贸易使得以往企业提供产品或服务的形式发生改变。从企业供应链的角度来说,数字贸易采用全球采配的形式降低采购成本。从生产的角度来说,数字贸易采用智能制造的形式进行定制化和标准化生产,利用跨境数字贸易平台降低易货成本。从创新的角度来说,数字贸易的激烈竞争促使企业进行产品创新和研发,加快企业数字化转型,加快生产供给端的优化升级。数字贸易提高了企业产业链和供应链的质量和层次,提高了企业在国际贸易市场中的竞争力。

7.2 数字贸易的创新效应

数字贸易是贸易创新发展的引领者。数字化研发、生产、贸易和服务平台促进全球产业链、供应链和创新链稳定发展,推动创新效率提升、技术扩散与开放合作,促进科技、医疗、文化、体育、教育等优质服务资源全球共享。因此,数字贸易不仅为贸易高质量发展提供了创新动力,也是我国与世界各国进行科技人文交流的重要载体,为我国构建新发展格局提供了重要战略支撑[②]。

7.2.1 数字贸易与网络安全政策创新

网络安全是指一个网络系统不受任何威胁与侵害,能正常地实现资源共享功能,即保护

---

① 张洪胜,张小龙.跨境电商平台促进全球普惠贸易:理论机制、典型事实和政策建议[J].国际商务研究,2021,42(4):74-86.
② 王晓红,《以数字贸易引领贸易创新发展》,中新经纬,2021-7-20.

计算机、服务器、移动设备、电子系统、网络和数据免受恶意攻击和篡改。信息内容的安全即信息安全，包括信息的保密性、真实性和完整性。网络安全也被称为信息技术安全或电子信息安全。

在探讨数字贸易的创新效应时，网络安全是一个不可忽视的重要领域。数据、信息、思想和知识的跨境流动可以产生更高的生产率、更优质的创新和更可持续的发展。但是，数据自由流动也会对隐私、产权和安全问题提出更多挑战。随着网络连接的深入，网络攻击越来越多，不仅针对传统的国防和国家安全目标，也针对经济领域。攻击关键基础设施、盗窃知识产权（IP）和操纵在线信息等风险，损害了企业和消费者对互联网作为商业和贸易基础的信任。在信息技术发达与互联网广泛渗透的背景下，一方面，服务使用者的个人信息频频遭到泄露和不正当使用，不仅公民个人的隐私受到了侵犯，而且大量个人信息的泄露可能对国家安全造成严重损害。例如，2016年土耳其国家警察部门持有的将近5,000万土耳其公民的个人信息被泄露并在黑市上售卖，其中包含土耳其现任国家领导人的个人和亲属信息[①]。另一方面，个人、有组织的犯罪团体，甚至政府都有机会在技术支持下通过互联网获取他国的重要数据或情报，或者发布煽动性的敏感信息，这对他国的政治安全造成巨大威胁。

1. 各国政府出台新的网络安全政策法规

随着网络攻击风险成为重要的安全隐患，降低网络风险已成为许多国家关注的焦点，各国纷纷出台相应的政策措施，其中包括新的贸易措施。据统计，全球至少有50%的国家制定了网络安全政策和法规。各国政府选择使用更广泛的经济手段，以保护被视为国家安全的领域。这使得各国政府频繁以国家安全为由设置新的贸易壁垒。网络安全政策越来越以风险为基础，要求政府、组织和企业评估攻击风险，确定潜在危害，并制订适当措施，以减少风险或影响。

由于数字贸易的对象、方式与传统贸易不同，新的网络安全政策法规增添了对数据流的限制、数据本地化要求以及对信息技术产品的进口限制等措施。一些国家还采取了包括提高关税在内的进口限制措施，将其作为惩罚和威慑网络攻击的手段。以美国为代表的主张互联网自由开放的国家要求禁止对数字产品征收关税，强调贸易伙伴不应歧视国外厂商提供的数字产品，反对阻碍数据跨境自由流动的歧视性与保护性壁垒。以俄罗斯为代表的关注国家利益与安全的国家则认为将数据保存在管辖权范围内、禁止数据传输至不信任的国家可以更好地保护数据安全，也便于其获取境内潜在犯罪行为信息。

2. 国际贸易网络安全政策急需变革

数字贸易时代下，WTO的安全例外规则急需变革。WTO的安全例外规则是传统的安全措施，对国家数字贸易网络安全适用有限，与各国政府应对分散性、长期性的网络风险存在分歧。首先，成员国可能不愿意第三方审查本国安全措施。其次，网络安全产生了WTO专家组不能解决的复杂问题，包括网络攻击的危害、网络安全措施的潜在危害等。再次，网络安全措施的信息机密性给申诉成员的举证带来了挑战。最后，在FTA的背景下，安全例外情况多是原则性的规定，为大多数网络安全举措提供了辩护的余地，但频繁依赖安全例外条款以实施网络安全措施也将严重影响FTA承诺的未来。

对此，对网络安全日益增长的需求给基于规则的贸易体系带来了两方面挑战：一方面是

---

① 黄志雄. 网络主权论：法理、政策与实践[M]. 北京：社会科学文献出版社，2017：176-178.

WTO 和 FTA 中的安全例外或一般例外条款在区分真正网络安全措施和变相保护主义措施方面的界限不清;另一方面是随着经济体变得更加数字化和互联化,出于正当的网络安全目的的贸易限制可能会大幅增加。

为了满足数字贸易的发展需求,解决这些问题,需要对网络安全贸易规则进行创新,合作建立关于网络安全以及相关风险的全球共识,以及制定专门针对网络安全的贸易规则。

① 支持基于风险评估的网络安全方法。风险评估包括对措施、风险、代价的评估。网络安全威胁的迅速变化要求动态应对风险,定期重新评估风险,并考虑将风险降低到可接受的水平。灵活性较差的网络监管可能会很快过时或者沦为形式上的例行检查。

② 制定全球网络安全标准。制定网络安全标准是应对网络安全的最佳国际实践。国际标准化组织(International Organization of Standardization, ISO)和国际电工委员会(International Electrotechnical Commission, IEC)已经开发了一系列与网络安全相关的技术标准,如联合开发的 ISO/IEC 27000 系列标准,以及电气设施、卫生保健和船舶领域的标准。当务之急是制定网络安全标准来应对物联网带来的网络风险。

③ 确保网络安全标准合规。合规认证可以让消费者和企业对政府和私人组织的网络安全有信心。根据 2019 年 6 月生效的《欧盟网络安全法案》(EU Cybersecurity Act),欧盟网络安全机构将建立一个欧盟范围内的网络安全认证方案。

④ 提高数据的访问质量。随着网络安全攻击技术变得越来越复杂,利用大数据分析和机器学习来监测网络活动在风险分析和异常分析中发挥着越来越重要的作用。数据本地化可以减少全球运营和供应链的风险,但强制数据存储在特定的地理位置可能会增大数据泄露的风险。

7.2.2 数字贸易与贸易规则创新

数字贸易的迅速发展对各国制度政策提出了新的要求和挑战,世界主要经济体都基于自身利益诉求提出相关规则,但尚未形成一个全球统一的规则体系,围绕数字贸易规则相关议题的谈判也成为当前数字经济和国际贸易领域的焦点问题[①]。目前数字贸易规则的博弈态势主要形成了 WTO 框架和 APEC 区域框架并行、"美式规则"和"欧式规则"主导、亚太模式和中国实践崛起的发展格局。

1. WTO 框架和 APEC 区域框架并行

(1) WTO 框架的数字贸易规则

目前,在 WTO 框架下尚未形成被广泛认可的多边数字贸易规则。由于各国的发展阶段、产业基础等客观因素差异较大,且各国对数字贸易的认识不足,所以各国形成统一的数字贸易规则体系的难度较大[②]。为此,WTO 就数字贸易相关的议题展开了多次谈判。经过近两年的谈判,86 个成员国最终于 2020 年 12 月签署了《WTO 电子商务诸边谈判合并案文》(WTO Electronic Commerce Negotiations Consolidated Negotiating Text),该谈判合并案文的议题范围大大超出现有规则,是 WTO 框架下数字贸易规则谈判取得的重要进展。

---

① 朱雪婷,王宏伟.全球数字贸易规则博弈态势与焦点[J].技术经济,2022,41(4):86-93.
② 彭磊,姜悦.数字贸易规则本质与中国数字贸易规则体系构建研究[J].国际贸易,2022(9):71-78.

WTO框架下数字贸易规则的核心议题主要集中在数字贸易关税壁垒,数据跨境流动管理、数字知识产权保护、市场准入等非关税壁垒以及数字治理和相关配套措施上,如跨境贸易便利化等方面。其中,关于数字贸易相关税收的议题主要集中在国际电子传输是否应该永久性地免征关税和国内是否要针对数字服务进行征税上。数据的跨境流动和管理主要涉及数据存储和计算设施是否要本地化及个人隐私保护、政府数据开放等问题。数字知识产权保护主要包括版权和专利保护、源代码和专有算法保护以及商业秘密保护等问题。市场准入、非歧视性待遇以及数字治理和监管是为了扩大数字贸易的开放和竞争范围,并减少数字贸易的负面影响。

然而,电子商务的主要壁垒来自市场准入、国民待遇等非关税壁垒,WTO框架下电子商务并没有涉及歧视性待遇这一重要问题[1],可见WTO在推动数字贸易规则制定的过程中仍有很多需要解决的难题。

(2) APEC区域框架的数字贸易规则

APEC作为亚太地区最高级别的经济合作机构,一直非常关注电子商务的发展对各经济体的影响,在数字贸易规则方面进行了诸多探索,为亚太地区的数字贸易规则奠定了良好基础。APEC区域框架下的数字贸易规则谈判的核心议题主要集中在以下两点。

① 跨境隐私保护。例如,2004年发布的《APEC隐私框架》(Asian Privacy Framework)、2007年发布的《APEC数据隐私探路者倡议》(APEC Data Privacy Pathfinder Initiative)、2009年发布的《APEC跨境隐私执法安排》(Cross-Border Privacy Enforcement Arrangement)、2011年发布的《APEC跨境隐私规则》(APEC Cross-Border Privacy Rules)及2015年更新的《APEC隐私框架》等,充分表明了跨境隐私保护在APEC区域框架下的重要性。这里的跨境隐私保护主要是指数据跨境流动过程中涉及的隐私泄露和安全保护问题。虽然全球数字贸易的快速发展离不开数据大范围的跨境流动,但数据的自由流动往往会带来一定的数据安全问题,而APEC非常注重寻求数字贸易发展和数据安全的平衡,为全球跨境隐私保护提供了重要参考。

② 跨境贸易便利化。在无纸化贸易等问题上,APEC已经达成初步共识,它是实现跨境贸易便利化的基础,涉及电子认证、电子签名和电子发票等,APEC于2021年发布了《亚洲及太平洋跨境无纸贸易便利化框架协定》(Framework Agreement on Facilitation of Cross-border Paperless Trade in Asia and the Pacific)。

2. "美式模板"和"欧式模板"主导

(1) 美式模板

"美式模板"的代表性协定主要包括TPP、CPTPP、USMCA和《美日数字贸易协定》。在2015年以前,WTO框架下数字贸易规则的缺失使得区域及双边数字贸易规则的谈判频现。2015年签署的TPP具有里程碑意义,它是美国为了维护自身在社交网络、搜索引擎等数字贸易优势领域的利益,主导签订的数字贸易规则。TPP以电子商务专章的形式,规定了数字贸易相关规则,旨在建立自由和开放的数字产品和服务贸易。虽然美国最终退出了

---

[1] 李墨丝.超大型自由贸易协定中数字贸易规则及谈判的新趋势[J].上海师范大学学报(哲学社会科学版),2017(1):100-107.

TPP,但2017年新签订的CPTPP完全保留了TPP中电子商务专章的相关条款,其所关注的数字贸易核心议题并未发生改变。

2019年,美国、墨西哥、加拿大三国签订了USMCA,该协定聚焦于贸易利益和国家利益的区域化发展,并将电子商务专章改为数字贸易专章,进一步提高了数字贸易规则的标准,对相关条款做了重要改进和深化。USMCA不仅成为继TPP之后美式数字贸易规则谈判的新模板,而且对之后的UJDTA和WTO框架下的规则谈判产生了重要影响。相比于TPP/CPTPP,该协定进一步提升了相关核心议题的严苛程度。

① 在减少数字贸易壁垒方面,USMCA更加关注非关税壁垒,如取消政府限制数据跨境自由流动的权力,不能将计算设施本地化和开放、转让源代码及算法等作为市场准入的条件,并增加了政府开放数据的软条款。

② 在保护消费者权益方面,USMCA要求成员国尽快建立规范数字贸易健康发展的国内法律框架,进一步加强对消费者的隐私保护和个人信息保护等。

③ 美国为了维护国内大型互联网平台企业的利益,如微软和苹果公司等,在USMCA中新增了限制互联网服务提供者责任的条款,提出互联网服务提供者作为中介,对于用户在互联网平台传输内容导致的侵权行为不承担法律责任[①]。

2019年10月,美国和日本签署了UJDTA,该协定沿袭了USMCA的核心条款,条款内容涉及倡导跨境数据和信息的自由流动、限制本地化要求、源代码和算法保护、政府数据开放、互联网服务提供者的责任限制等。在此基础上,UJDTA既有对相关规则的进一步强化,也有对部分极端条款的修正。其中,进一步强化主要体现在以下两方面。一是明确了数字产品和服务跨境交易产生的国内税问题。美国和日本对电子传输免征关税达成共识,但对于是否征收数字产品国内税一直存在较大分歧。UJDTA则规定国内税同样适用于数字产品的非歧视待遇,即对于数字产品和服务的跨境交易,既不能征收关税,也不能征收国内税。二是新增了针对加密信息通信技术产品的专门条款,规定"不得以转让、访问有关密码技术的专有信息作为加密信息通信技术产品的市场准入条件"。这一规定不仅使数字知识产权的保护力度得到加大,也成为美国维护自身产业利益的一把利器。适度修正主要针对USMCA中严苛的数字贸易自由化条款,增强了本国政策的调控能力及其与国际公约的协调性,主要是为了提高规则的适用性和接受度,扩大"美式规则"在全球范围内数字贸易规则制定方面的影响力。

(2)欧式模板

欧盟融合自身特色形成了数字贸易规则的欧式模板。TPP中的数字贸易规则反映了诸多美国数字贸易的情况,对欧盟产生了较大影响。欧盟在TPP之后签署的贸易协定(比如《欧盟-加拿大综合经济与贸易协定》以及《欧盟-日本经济伙伴关系协定》)沿用了TPP中的不少核心条款。"欧式模板"在数字贸易规则谈判中关注的关键议题主要包括两方面。

一是强调个人隐私保护。考虑到对个人隐私保护的传统,欧盟允许对"跨境数据自由流动"进行必要限制并允许计算设施本地化。上述规定也是《通用数据保护条例》中部分理念的反映。

---

① 李墨丝.CPTPP+数字贸易规则、影响及对策[J].国际经贸探索,2020,36(12):20-32.

二是坚持"文化例外"原则。出于对欧盟本土文化的保护,欧盟设定"文化例外"条款。欧盟不仅在WTO多边谈判体制中多次提出"文化例外"原则,也在双边和多边谈判中一直坚决否定传统贸易规则在文化部门的适用性。"文化例外"原则是欧盟在数字贸易谈判中的禁忌。

3. 亚太模式和中国实践崛起

2020年6月,新加坡、新西兰和智利签署了《数字经济伙伴关系协定》(Digital Economy Partnership Agreement,DEPA)。2020年8月,新加坡和澳大利亚签署了类似于DEPA的《数字经济协定》(Digital Economy Agreement,DEA)。2023年1月,在DEPA的基础上的《韩国-新加坡数字伙伴关系协定》(Korea-Singapore Digital Economy Agreement,KSDPA)开始生效。DEPA已成为亚太地区乃至全球数字经济国际规则的又一重要模式,中国在2021年11月1日申请加入该协定。

DEPA主要包括16个模块的内容,不仅包括促进跨境数据流动、数字产品免征关税、个人信息和在线消费者保护等"美式规则"和"欧式规则"的核心内容,还创新性地采用了数字身份互认、电子发票互操作系统建设、电子支付国际标准建设、金融科技企业合作、政府数据公开、数据监管沙盒合作、人工智能治理框架共识等多项新兴技术的软性合作,将规制范围从数字贸易领域扩大到数字经济的多个领域,将焦点从数据权利争夺转移至数字经济技术合作。软性合作是一种灵活、开放且注重共赢的合作方式,强调在合作过程中实现资源共享、互助互补,以及通过创新协同和风险分担来提高各方的竞争力和可持续发展能力。

随着数字经济和数字贸易的蓬勃发展,中国政府加快了数字贸易领域的国内改革和对外开放,并在WTO框架下,在参与全球数字贸易规则谈判和制定的过程中进行了许多有益探索,但进展相对缓慢。截至2021年年末,除了申请加入的DEPA外,中国所有签署的自由贸易协定中包含电子商务专章的协定主要有4个。

① 2015年签署的中国-韩国FTA。中国-韩国FTA是中国第一个包含电子商务专章的双边自由贸易协定,为中国之后的电子商务谈判奠定了良好基础。该协定所关注的核心议题主要包括数字贸易关税、个人信息保护和跨境贸易便利化(电子认证与电子签名、无纸化贸易等)等。

② 2015年签署的中国-澳大利亚FTA。中国-澳大利亚FTA中的数字贸易条款在包含中国-韩国FTA基本规则的基础上,增加了国内监管框架和透明度条款,以便提高监管力度和缔约方的执行效率。

③ 2018年签署的中国-新加坡FTA。该协定所关注的数字贸易核心议题与中国-澳大利亚FTA所关注的并无太大区别。

④ 2020年签署的RCEP。该协定在中国-澳大利亚FTA和中国-新加坡FTA的基础上,制定了更高水平的数字贸易规则,除了针对非应邀商业电子信息加强了监管,还在计算设施本地化和通过电子方式跨境传输信息方面提出了相关政策方向。该协定在提升数字贸易开放度和自由度的同时,也增加了信息泄露风险,提升了监管难度,是中国对接高标准数字贸易规则的重要尝试,反映了目前中国数字贸易规则的最高水平。

主要经济体关于数字贸易发展的主要政策文件与国际协定如表7-1所示。

表 7-1 主要经济体关于数字贸易发展的主要政策文件与国际协定

国家	发展态势	政策重点	政策	参与的国际协定
美国	数字贸易发展较为成熟,更加注重开拓海外市场	强调信息和数据的自由化	《促进数字贸易的基本要素》《数字12条》	《全面与进步跨太平洋伙伴关系协定》《美墨加协定》《美日数字贸易协定》
欧盟	在计算机、信息、保险、文化娱乐等领域中占据发展优势,试图打造数字单一市场	强调在数据得到有效保护和数字服务提供商有效监管条件下的数字贸易自由化	《通用数据保护协定》《非个人数据自由流动条例》《开放数据指令》	《欧盟-日本经济伙伴关系协定》《欧盟-英国贸易与合作协定》《欧盟-墨西哥贸易协定》
日本	强调数字技术创新和数字基础设施建设,其数字技术和数字贸易的发展成熟度不及美国	注重数字知识产权保护和数据隐私保护,营造公平、开放的数字贸易环境	《官民数字活用推进基本计划》《数字手续法》《数字政府实行计划》《数字社会形成基本法案》	《美日数字贸易协定》《全面与进步跨太平洋伙伴关系协定》《区域全面经济伙伴关系协定》《日本-英国全面经济伙伴关系协定》
新加坡	布局自由贸易港,以期建成东南亚跨境电商平台的总部中心	在数据流动、数字贸易领域践行自由、开放的政策,推动建立灵活高效的自贸协定磋商机制	《电商促进计划》《数字经济行动框架》《智慧国家2020》《支付服务法案》	《数字经济伙伴关系协定》《新加坡-澳大利亚数字经济协定》《全面与进步跨太平洋伙伴关系协定》《区域全面经济伙伴关系协定》
中国	尽管起步较晚,但数字贸易发展速度非常快	强调数字主权的治理模式	《全面深化服务贸易创新发展试点总体方案》《"十四五"服务贸易发展规划》	《区域全面经济伙伴关系协定》《数字经济伙伴关系协定》(申请加入)

资料来源:国务院发展研究中心、前瞻产业研究院。

7.2.3 数字贸易与技术创新

大数据、区块链、物联网、人工智能等新一代信息技术的快速推广应用,为数字贸易发展奠定了坚实的产业基础。同时,由于全球数字技术的快速发展与新冠疫情的影响,数字技术有效增强了经济韧性,使数字贸易获得了发展机遇,同时也导致了海量跨境数据流动,大幅提升了贸易数字化水平,推动了数字贸易强势崛起[①]。

---

① 盛斌.构建中国特色开放型经济学理论体系:从发展自信到理论自信[J].世界经济研究,2022(12):16-19.

数字贸易是以数字技术的使用为特点的新型贸易方式。数字贸易平台借助物联网技术下的智慧仓储及配送网络提高物流管理效率;通过区块链技术在金融领域的应用降低融资信用门槛;凭借大数据积累优势形成对市场的预判。新一代信息技术应用将持续推动数字贸易快速发展,助力数字贸易的商流、信息流、物流与资金流的高效配合与流通。数字技术与产业加速融合,将促进全球数据流大规模增长,云外包、数字媒体、在线教育、在线娱乐、远程医疗、远程维修、移动支付等新业态、新模式加速成长,服务贸易数字化水平持续提升。

在此背景下,各国纷纷出台支持数字技术创新的战略。中国提出"互联网+"战略,指明未来经济发展会向"智能+"转型,数字贸易将通过大数据、云计算等实现升级换代。同时,欧盟、日本、韩国等也着手构建数字贸易智能化时代。2017年下半年,欧洲七大银行联合推出了数字贸易链融资平台,旨在借助数字智能分布式分类账本技术,为欧洲中小型企业提供更加便利的国内或跨境贸易。2017年12月,日本SBI集团与火币集团签署了数字货币合作协议,致力为数字贸易提供更便捷的交易渠道。2018年年初,韩国也提出了利用数字技术把釜山打造成未来智慧城市的愿景,以推动韩国向下一代技术迈进,加速数字智能贸易的发展。德国制定了《数字化战略2025》,指明在工业4.0时代,加大数字化技术在工业中的应用力度,努力通过研究成果转化提高本国数字经济的成熟度。2017年4月发布的《澳大利亚网络安全战略》从法律层面为澳大利亚数字经济战略向其他部门扩展及其打造"数字政府"的构想提供了强有力的保障。

7.3 数字贸易的市场效应

7.3.1 数字贸易与贸易成本和对外贸易发展

1. 数字贸易有助于降低贸易成本

在传统贸易中,搜集、汇聚和分析国际市场信息、基础设施、地理区位、物理距离、通关效率等因素对于一国企业或各经济体具有较大的制约作用。尤其是对于中小企业来说,其综合竞争力较弱,在国际贸易市场中的话语权小,无法参与国际贸易活动,进入国际贸易市场的贸易成本较高,这使得中小企业在参与国际贸易活动时会遭到不公平对待或成为相关头部企业贸易的"附属",对中小企业参与国际贸易活动极为不利,造成潜在的贸易壁垒。数字贸易降低了传统贸易中的交易成本,如信息获取成本、谈判成本、物流成本等。通过互联网平台,企业可以直接与消费者进行交易,这提高了交易效率。

传统国际贸易理论将贸易中的各类摩擦统称为"冰山成本",它既包括由地理距离等"自然阻力"造成的成本,也包括由制度约束、信息壁垒等"人为阻力"造成的成本[1]。

① 贸易关系建立阶段的成本。由于存在信息不对称性,贸易双方的匹配需要付出一定的成本,包括搜索成本、沟通成本和信用成本。首先,进口国互联网及电子商务平台的发展能够扩大贸易信息的搜索与展示范围,降低买卖双方搜索信息的成本,搜索引擎的发展也使得对特定产品的供需信息匹配更加高效。进口国数字技术的应用使得出口国企业能够通过

---

[1] 范鑫.数字经济发展、国际贸易效率与贸易不确定性[J].财贸经济,2020,41(8):145-160.

网络营销降低展示及推广产品的成本。其次,进口国ICT的发展能够降低贸易双方的沟通成本,互联网使得买卖双方能够不受空间和时间的制约进行实时沟通,节省了传统贸易中"面对面"磋商所需的人力及财力,提高了沟通的效率。信用成本指交易双方为获取对方信用信息所需付出的成本。数字经济时代,建立在交易行为数字化基础上的信用评价体系扩展了信用评估的方式与范围,世界各国均对如何构建有效的信用评价体系与标准进行了探讨,互联网及数据处理技术的发展为国际合作与共享信用信息提供了新渠道,降低了贸易双方的信用成本。

② 贸易履约阶段的成本。由于关税与非关税壁垒的普遍存在,出口国企业需要付出制度成本,它主要指各种合规成本,即企业因遵循政府制定的各种制度、规章、政策所需要付出的成本。数字经济时代,世界各国均在推进政府工作的信息化进程,基于"互联网+"的电子政务的发展正在受到广泛关注,进口国在线服务(如信息化通关平台)能够简化贸易相关合规手续的办理时间与办理流程,提高办理效率,进而降低出口国企业的合规成本。电子商务平台及移动银行业务也降低了支付成本。

2. 数字贸易降低了信息搜索成本,减少了信息不对称现象

传统贸易受时间、空间的限制,贸易渠道十分有限,供求双方获取产品信息的途径较为匮乏,存在信息不对称的问题,这造成市场效率低下。而数字贸易中的消费和供给数据可查询、可追溯,一方面,消费者可以通过平台、网络了解产品的基本属性、性能、购买评价、产品服务等多方面信息,还可以比较不同供给方提供的同类产品;另一方面,供给方可以根据交易平台后台的消费量以及售后评价等信息了解消费者的需求,并有针对性地提供满足消费者需求的产品。此外,供应链实时跟踪系统以及产品追溯源系统的使用,显著提高了整个供应链过程的透明度,企业对上中下游产品拥有更多信息,提高了市场化生产效率。

数字贸易虽然降低了信息搜索成本,但信息不对称的现象仍然存在。虽然数字贸易可以扩大供需双方信息获取渠道,但数字贸易参与主体间所掌握的信息分布是不均匀的。数字贸易参与主体掌握的有关产品、市场等的信息资源越多,则其市场竞争力越大;而其掌握的信息资源越少,则其市场竞争力越小。数字贸易中的消费者相对于供给方,在信息掌握程度上存在一定劣势,获取产品和企业信息时需要承担更高的成本。

数字贸易中的信息不对称问题会造成逆向选择以及道德风险问题。逆向选择是指市场的某一方如果能够利用多于另一方的信息使自己受益而使另一方利益受损,则倾向于与对方进行交易。数字贸易中消费者的信息劣势可能会导致逆向选择问题,最终造成价格扭曲、供求失衡以及市场效率损失问题。道德风险是指在信息不对称的条件下,不确定或不完全合同使得负有责任的经济行为主体不承担其行动的全部后果,在最大化自身效用的同时,做出不利于他人行动的现象。数字贸易参与主体可能遇到的道德风险问题主要有隐私问题、信用问题等①。

3. 数字贸易增加了国际贸易的参与主体,从而优化了市场结构

传统国际贸易主要发生在企业之间或企业与政府之间,数字贸易使中小微企业和个人消费者更便利地参与国际贸易活动。中小微企业和个人消费者可以通过创建个人平台、网

---

① 濮方清,马述忠.数字贸易中的消费者:角色、行为与权益[J].上海商学院学报,2022(1):15-30.

络等途径进行贸易,成为数字贸易主体,从而推动 C2C 和 B2C 商业模式的发展[①]。数字贸易使企业可以直接与消费者"面对面"对接,进而降低了中小企业参与贸易活动的门槛,形成了更为充分的竞争市场,竞争规则也更为公平,并且中小企业可以通过分析平台收集的数据更好地研发和生产具有市场竞争力的产品[②]。

① 降低中小微企业进入新市场的信息不对称程度。贸易数字化使得消费者和中小微型企业能够更直接地参与到国际贸易活动中,数字环境下的中小微型企业在寻求国际化发展的过程中,可以通过获得高质量的知识和信息服务核实产品来源,克服信息劣势,在一定程度上减少与大型企业之间由于信息不对称而造成的潜在损失。一般来说,企业在进入一个新的市场之前,应该对整体的市场环境进行全面研究,以判断风险水平和回报水平。在对外贸易中,企业开拓一个新的国际市场更是困难重重。许多中小微型企业由于资本和企业规模的原因,很难与大型跨国公司竞争。然而,数字贸易的诞生推动了国际贸易的转型升级,企业可以通过互联网充分获取市场信息,大大降低了"走出去"的难度。数字贸易提高了中小微型企业向海外市场扩张的可能性。同时,通过数字贸易电子商务平台,中小微企业可以根据用户的消费偏好,充分掌握最新的市场趋势和发展趋势,明确品牌定位,提高产品竞争力。

② 降低贸易活动中各个环节的信息不对称程度。企业在参与数字贸易活动时,通过建立企业内部信息化系统,向生产者准确提供产品供应链的实时状态,从而实现透明化生产。企业还将会得到更多上下游相关产品的供应信息,从而提升资源配置效率,提高生产率。诺贝尔经济学奖获得者罗纳德·科斯用交易成本的概念解释企业规模,交易成本也是数字贸易的重要影响因素。完成一项市场交易时,要清楚交易对象、交易意愿以及交易条件,为了达成交易要经历事前谈判、事中契约拟定、交易履行沟通等过程。各种即时互动平台使国际贸易的交流方式更多样,各种电商平台使交易方式更便捷、安全,单一窗口、电子海关使监管方式全面升级,各种数字技术的应用使得交易成本下降,也让整个贸易过程变得高效。

总之,互联网信息平台的建设为企业提供了完善的营销服务,拓宽了销售渠道,极大地降低了探索多国贸易市场的成本,从而促进企业出口扩展边际增长。特别是相对于同质化产品,企业对差异化产品信息的搜寻与掌握需要支付更高的成本,差异化产品企业对互联网的作用也许更敏感。另外,互联网信息技术的应用与发展降低了供需双方的沟通交流成本与交易成本,提高了出口效率,具有重要贸易产品扩张效应与目的国扩张效应。

4. 数字贸易助力对外贸易快速发展

外贸的繁荣和内需市场的扩大为商贸流通业的发展注入了强劲的动力,实现了中国内外贸的双向发展,使得中国成为全球制造业集中地和世界工厂,并不断对接全球产业链,融入全球价值链,让中国经济发展与世界经济发展之间的关系变得越来越紧密。

① 数字技术加速全球产业链向智能化转型。一笔对外贸易业务的达成需要物流、金融、制造等产业的通力配合。数字贸易配合高效、灵活的跨境支付体系和跨境物流体系,通过跨境平台将信息整合,降低了企业的运营成本和时间成本。通过产业链整合,出现了"智慧零售""新零售""全域零售"等零售新模式,数字贸易积极运用云计算和大数据实现各个业

---

① 盛斌,高疆. 超越传统贸易:数字贸易的内涵、特征与影响[J]. 国外社会科学,2020(4):18-32.
② 刘洪愧. 数字贸易发展的经济效应与推进方略[J]. 改革,2020(3):40-52.

务环节的数据整合和分析,优化跨境电子商务产业链的各个环节,创新、升级传统的运营模式,全面布局跨境电子商务新业态,这有助于打造数字化服务平台和解决方案。

② 平台创新机制汇聚各方供需信息与资源,实现信息透明。数字贸易平台使得全球供应链的目标从寻求最低要素成本转变为关注用户需求,传统线性供应链中的中间商被去中介化。数字贸易平台的扁平化结构能有效降低成本,实现供需精准对接。数字贸易平台参与企业可摆脱各级分销体系,借助信息处理、搜索、分类和推送直接触及最终客户,去除大量中间层,减少供应链层级,缩短企业间贸易距离、文化距离和心理距离。同时数字贸易平台能密切关注各类全球供应链中断风险,更快、更便捷、更高效地开展联络、竞争与合作,有效地进行风险管控。

7.3.2 数字贸易与市场效率

1. 数字贸易提高了市场效率

市场效率是指一个市场实现其相应功能(促进交换)的效率,它的高低取决于商品或者劳务进行转移的难易程度。古典贸易理论认为,贸易反映的是国家要素禀赋形成的比较优势,通过自由贸易可以提高市场效率,使贸易国双方获益。因此,在完全竞争的市场中,自由贸易是最优政策。自由贸易的观点部分地建立在理想化的理论模型上,但市场的不完全竞争是普遍现象。在工业革命的进程中,世界贸易中份额最大、增长最快的是工业化国家之间的贸易,贸易模式多为产业内贸易,规模经济和不完全竞争被引入贸易理论的范畴[①]。

随着数字革命的深化,贸易的对象、模式、规模、范围和速度等有了很大的改变。数字平台能够帮助企业以较低的成本参与国际竞争,获取创新资源,同时能够刺激企业加快技术创新,实现快速超越。具体而言,数字贸易对市场效率产生的正向效应是:降低市场信息的不对称程度,提升市场主体的沟通效率;缩小数字技术间的差距,打破贸易壁垒。

数字贸易时代,关税不再是主要的贸易壁垒,而是出现了许多新形式的非关税壁垒,特别是数据的自由流动将成为影响数字贸易的关键因素。相应地,贸易政策的着重点也发生了变化,除市场准入和非歧视待遇等传统贸易政策外,数据流动和存储政策、隐私保护政策、知识产权保护政策等也受到越来越多的关注,成为各国谈判的重点。

根据技术差异理论,数字贸易产生的基础是各国数字技术发展程度的差距。数字技术比较发达的国家不断开发出新的数字产品,在数字贸易中占据领先优势;而数字技术相对落后的国家则在极力模仿和赶超,这是客观事实。数字技术领先的国家为了一直保持其竞争优势,倾向于制定较为严苛的数字知识产权保护规则,并不断推动数字技术的更新升级。下面基于数字产品生命周期理论进行分析[②]。技术先进国最先推出一种数字产品,此时该数字产品处于"新产品阶段"。随着技术较先进国对这种数字产品的模仿,其他国家也逐渐开始生产这种数字产品并进行出口贸易,同时技术先进国的出口份额下降,该数字产品进入"成熟阶段"。当技术相对落后国掌握生产这种数字产品的数字技术后,技术较先进国的出口份额将进一步下降,甚至其将转变为进口方,此时产品进入"标准化阶段",如图7-1所示。一般制定数字知识产权保护规则的目的就是降低这种技术向其他国家扩散的速度,进而获

---

① 陈颖,高宇宁.数字贸易开放的战略选择——基于美欧中印的比较分析[J].国际贸易,2022(5):49-55.
② 李玉昊.RTAs框架下美式数字知识产权规则及其数字贸易效应研究[D].北京:对外经济贸易大学,2021.

得较多的收益。

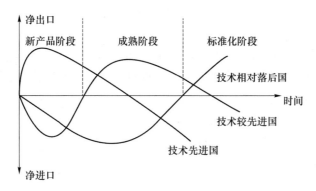

图 7-1 数字产品生命周期

(资料来源:参考相关资料整理)

技术较先进国为了尽可能将数字产品的"新产品阶段"延长,技术相对落后国为了追赶目标,都对数字技术水平的全面提升给予了普遍关注。各主要国家的数字技术水平及其应用能力的提升必然会缩小各个国家之间的数字技术差距,这也使得各个国家通过贸易壁垒保护自身利益的诉求减少,从而降低国际数字贸易门槛。

2. 数字贸易优化了供应链管理,促进了市场竞争

数字贸易的发展推动了供应链管理的数字化,企业可以通过数字化平台实时地监控和管理供应链,实现库存优化、物流跟踪、质量控制等功能,提高供应链的透明度和效率。同时,数字贸易打破了地域和规模的限制,使得更多的中小企业和创业者有机会参与到全球市场中,加剧了市场竞争。在竞争压力下,企业需要不断地创新和提升产品和服务的质量,优化资源配置,这提高了市场整体效率。

3. 数字贸易拓展了市场空间,推动了创新

企业是国家创新体系的核心,只有提高企业的自主创新能力才能从根本上提高国家层面的竞争力。因此,从微观层面来看,降低贸易门槛、提升自主创新能力更需要企业创新能力的提高。

数字技术的开放性能够减少技术障碍和相关的市场风险,有利于企业加速进入全球市场;数字技术的关联性一方面鼓励企业与消费者共同创新,提高了企业的产品或服务与市场供需的匹配度,另一方面加强了消费者之间的沟通交流,促进了创新性实践的传播,助力企业发现新机遇,有利于提升企业竞争优势。此外,数字贸易市场进入门槛低,市场主体呈现多元化发展的特点。

① 更多的中小企业参与到数字贸易市场中。在工业经济时代,跨国公司遵从链式组织方式和流程。在这种全球价值链关系中,跨国大公司与小微企业间的主从关系明显,大公司处于价值链的顶端,起支配作用,赚取全球化的大部分利益,而小微企业处于价值链的低端,为跨国大公司提供配套服务,处于被支配地位,仅得到少量资源和利益。由于大量平台企业的存在,数字贸易市场大大降低了中小企业拓展市场的成本,使得各个主体间平等地参与贸易活动、受益主体更加多元化,其中中小微企业是最大的受益者。

② 企业开始向小型化、专业化转变。数字经济时代,企业外部交易成本比内部交易成

本下降得更快,因此,更多大企业将非核心业务外包,从事专业化生产。同时,小企业也更加机动、灵活,更能适应和满足用户个性化的定制需求,对瞬息万变的市场需求做出迅速的反应。

③ 平台上出现更多的产品和服务的个体供给者(C2C 模式)。在共享平台上,个人卖家与个人买家基于自身闲置资源余缺情况以及共享消费、绿色消费理念自发地进行交易。基于所拥有资源的不同和需求的变化,供给者和需求者的界限模糊,两者身份可以相互转换。

数字贸易能够满足消费者多元性、及时性、便捷性、低成本、个性化的需求,这也是数字贸易市场的效率不断提高、数字贸易市场不断扩大的重要原因。

本章关键词

网络安全　网络外部性　贸易成本　市场效率　信用成本　制度成本

本章思考题

1. 数字贸易时代,各国为什么要创新网络安全政策?
2. 简述数字贸易对消费者和生产者产生的经济效应。
3. 在数字贸易对消费者产生的经济效应中,导致消费者的信息不对称的原因是什么?
4. 简述市场信息不对称问题对贸易成本的影响。

第3部分

数字贸易政策与未来发展

第8章 数字贸易规则

传统的贸易规则已无法适应日益增长的数字贸易治理需求,需要相应的数字贸易规则来促进数字贸易的发展,使数字贸易更加公平、公正和有序。全球数字贸易规则分化趋势增强,对于全球数字经济的发展形成制约。本章主要从多边和区域层面梳理当前数字贸易规则谈判的进展和成果。在多边层面,WTO是负责制定和维护国际贸易规则的最主要国际组织,对数字贸易规则的讨论通常在电子商务框架下进行;在区域层面,美欧是规则构建的主要经济体,其主导的"美式模板"和"欧式模板"为数字贸易规则的构建提供了一定的经验。另外,中国也在积极地参与多边和区域层面的规则谈判和构建,为弥合世界数字鸿沟贡献了中国智慧和力量。

8.1 传统贸易规则向数字贸易规则的过渡

8.1.1 数字贸易发展对传统贸易规则的挑战

规则是事物运行所遵循的法则,一般指由社会参与主体共同制定、公认的或由代理人统一制定并通过的,由参与主体中的所有成员一起遵守的条例和章程。数字贸易时代,随着互联网和信息通信技术的应用和普及,数字治理缺失问题逐渐凸显。从内容来看,贸易方式和对象的数字化导致出现新的规则诉求。

一方面,部分货物、服务贸易模式面临"数字化转型",传统贸易规则随之演变为数字贸易规则。传统货物和服务的准入、待遇、税收、贸易便利化、技术标准互认和用户保护规则,衍生为数字产品和服务的准入、数字产品和服务的待遇、数字税收、数字贸易便利化、数字技术标准互认以及在线消费者保护规则。

另一方面,数字贸易以信息技术、数据流动、信息网络和数字平台为驱动和要素,催生了一系列内生性的新兴贸易规则。如图8-1所示,数字贸易依靠信息通信技术赋能,衍生出高新技术的互认、使用和创新规则;以数据流动为关键牵引,衍生出数据的跨境、共享和隐私保护规则;以信息网络为重要载体,衍生出通信设施的普遍服务和稳定接入、网络和信息安全规则;以数字平台为有力支撑,衍生出平台责任、竞争等规则。近年来,在全球经济波动的背景下,各国对数字贸易和数字经济协同发展的诉求更加凸显。因此,规则逐步延伸至数字贸易和数字经济相关的各个新兴领域[1]。

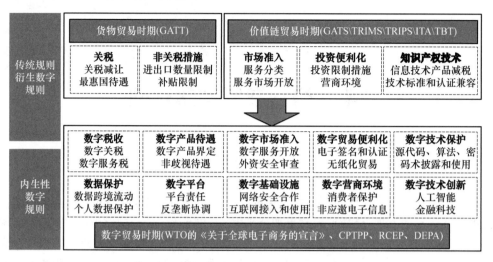

图 8-1 传统贸易规则到数字贸易规则的演进

(资料来源:中国信通院发布的《全球数字经贸规则年度观察报告(2022)》,第 7 页)

数字技术、数字应用对原有的贸易规则体系和规则生成机制也提出了挑战。一方面,数字化使得不同业务相互交融,具体业务边界更加难以界定。因此,原有的服务贸易规则体系整体采用分行业的正面清单模式,逐渐难以覆盖不断出现的新模式和新问题。另一方面,数字经贸规则的设计不仅涉及一国经济利益,还需考虑诸多公共安全和地缘政治因素,而各国数字产业的发展水平、制度完备水平以及政策价值取向存在较大差异,相关数字经贸规则在 WTO 等诸边框架下的进展相对缓慢,呈现高度碎片化趋势。因此,各国正在加速构建以负面清单模式为主的、更加独立灵活的数字经贸规则体系[2]。

8.1.2 电子商务规则向数字贸易规则的过渡

自 20 世纪末以来,全球科技创新空前活跃,新一代信息技术加速向国际经贸领域延伸,促进了跨境电子商务的高速发展。WTO 在 1998 年就通过了《关于全球电子商务的宣言》(WTO Declaration on Global Electronic Commerce),却未能产生专门规范电子商务的多边协定,主要依靠《服务贸易总协定》(General Agreement on Trade in Services,GATS)、《信息技术协定》(Information Technology Agreement,ITA)和《与贸易有关的知识产权协定》(Trade-Related Aspects of Intellectual Property Rights,TRIPS)来加以协调,留下大量的监管空白[3]。

自 21 世纪以来,随着数字化对各行各业的渗透,电子商务的普遍定义[4]已无法覆盖众多衍生领域,数字贸易应运而生。2011—2020 年,数字服务贸易、服务贸易、货物贸易的复

---

[1] 中国信息通信研究院(简称中国信通院),《全球数字经贸规则年度观察报告(2022 年)》。
[2] 中国信通院,《全球数字经贸规则年度观察报告(2022 年)》。
[3] 柯静.WTO 电子商务谈判与全球数字贸易规则走向[J].国际展望,2020,12(3):43-62,154-155.
[4] 随着技术的发展,电子商务普遍被定义为"通过互联网购买和销售商品和服务",包括 OCED 在内的国际组织也采用了这种定义。

合增长率分别是4.4%、1.19%、−0.4%,数字服务贸易的增速显著高于服务贸易和货物贸易。截至2020年年底,全球数字贸易占服务贸易的比重提升至60%以上[①]。随着数字贸易成为新一轮经济全球化的重要驱动力量,数字贸易领域规则的"规则赤字"逐步凸显,需要更加完善的规则来促进数字贸易的发展,使数字贸易更加公平、公正和有序。电子商务规则是调整电子商务活动或行为的法律、政策、标准和规范。而数字贸易规则是指为了规范和促进数字服务贸易活动而制定的一系列法规、政策、标准和规范。图8-2所示为贸易模式及其对应的贸易规则的演进过程。

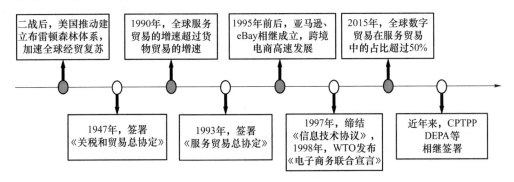

图8-2 贸易模式及其对应的贸易规则的演进过程

(资料来源:中国信通院发布的《全球数字经贸规则年度观察报告(2022年)》,第4页)

面对数字贸易领域日益增长的治理需求和多边规则滞后的现状,区域数字贸易规则不断涌现,电子商务条款也更多地被纳入区域贸易协定(Regional Trade Agreement,RTA)中。截至2021年年底,已签署的自由贸易协定中,共有119个协定包含数字贸易相关规则,这些协定覆盖全球110个国家。最具代表性的协定是CPTPP、USMCA,以及新加坡、新西兰、智利三国达成的DEPA。数字经贸规则的内涵和外延不断丰富[②]:一是规则范围伴随着技术产业的发展而不断拓展;二是规则议题从消除贸易壁垒向促进数字经贸协同发展延伸;三是规则谈判机制更加灵活,其形式从条款、专章变为专门协定。表8-1所示为数字经贸规则内涵外延的变化过程。

表8-1 数字经贸规则内涵外延的变化过程

发展阶段	核心问题	典型协定	涉及主体	主要内容
跨境电商高速发展	确保跨境电子商务合法性地位、保护消费者权益	WTO的《关于全球电子商务的宣言》、美国-智利FTA、美国-新加坡FTA	跨境电子商务及相关服务的提供者	• 电子传输免征关税 • 无纸化贸易 • 数字产品非歧视待遇 • 电子签名 • 在线消费者保护 • 非应邀电子信息 • 电子交易框架

---

① 中国信通院发布的《全球数字经贸规则年度观察报告(2022年)》。
② 中国信通院发布的《全球数字经贸规则年度观察报告(2022年)》。

续表

发展阶段	核心问题	典型协定	涉及主体	主要内容
数字贸易全球化发展	消除数字贸易壁垒、促进自由贸易	美国-韩国FTA、CPTPP、USMCA、《美日数字贸易协定》	数字内容、社交媒介、搜索引擎等数字产品服务的提供者	• 跨境数据自由流动 • 计算设施位置 • 源代码、使用密码术的信息通信产品 • 互联网接入和使用 • 交互式计算机服务 • 个人信息保护 • 政府数据开放
数字经济协同发展	促进新兴产业发展、维护技术标准和系统兼容、释放数字经济潜能	DEPA、新澳数字经济协定、英新数字经济协定、韩新数字经济协定	数字服务上下游产品、数字化转型企业、各类中小企业	• 数字身份 • 数据交换和系统兼容 • 电子发票 • 电子支付 • 金融科技 • 数据创新和监管沙盒 • 人工智能 • 数字包容性

资料来源：中国信通院，《全球数字经贸规则年度观察报告(2022年)》，第8页。

8.2 WTO框架下的数字贸易规则

WTO是负责制定和维护国际贸易规则的最主要的国际组织，在数字贸易国际规则制定中扮演着重要的角色。目前，WTO对数字贸易规则的讨论通常在电子商务框架下进行[1]，且大多数WTO成员在电子商务谈判中未将数字贸易和电子商务的概念加以区分，只有美国坚持使用数字贸易的概念[2][3]。因此本节中的WTO框架下的数字贸易规则也即WTO电子商务谈判规则。

8.2.1 WTO数字贸易规则的谈判背景

1. 全球数字贸易急剧增长

互联网的迅猛发展刺激了商业模式的变化，并推动了电子商务的激增，为国际贸易增长与经济发展提供了新机遇。而在新兴技术的推动下，全球数字贸易快速增长，2019年暴发的新冠疫情更是大幅提振了全球数字贸易的急剧增长。2022年，全球数字服务贸易的规模为3.82万亿美元，同比增长3.9%，ICT服务贸易继续领跑细分数字服务贸易[4]。

---

[1] 盛斌，陈丽雪.多边贸易框架下的数字规则：进展、共识与分歧[J].国外社会科学，2022(4)：93-110,198.
[2] 美国在WTO谈判中的提案：World Trade Organization(WTO),Joint Statement on Electronic Commerce,INF/ECOM/5,25 March 2019；USMCA和《美日数字贸易协定》均明确使用"数字贸易"的概念。
[3] 盛斌，陈丽雪.多边贸易框架下的数字规则：进展、共识与分歧[J].国外社会科学，2022(4)：93-110,198.
[4] 国务院发展研究中心对外经济研究部，《数字贸易发展与合作报告2023》。

2. 数字贸易规则呈碎片化态势

自20世纪90年代中期以来,电子商务已成为国家、区域、国际或多边层面议程上的重要议题之一。1998年,电子商务首次在WTO的背景下得到认可,并且《全球电子商务宣言》通过了,但未能产生专门规范电子商务的多边协定。虽然WTO的既定规则和协议对数字贸易的适用性得到了WTO及主要经济体的认可(见表8-2),但一些WTO成员和其他利益相关者仍怀疑现行的规则可能不完全具备成为将来应对全球经济数字化影响下的商业和贸易的规制手段[①]。因此,在多边规则进展迟滞的背景下,各主要经济体尝试先通过区域平台实现数字贸易治理,然后将区域层面形成的数字贸易规则模板引入多边平台的谈判议程[②]。

表8-2 WTO现有规则中关于数字贸易(电子商务)的规制

应用	数字贸易(电子商务)		WTO相关贸易法规
内容	商品	GATS	GATT、TFA、ITA
	娱乐(书籍、电影、音乐、游戏、电视)		TRIPS
	电信(访问网络、电子邮件、VoIP等)		GATS中的电信服务附件和关于基础电信的协议
	零售和供应链管理(在线平台、网站)		GATT、TFA
	金融服务(支付和其他金融交易)		GATS中的金融服务附件
	其他(社交媒体、数据存储和处理、云计算等)		TRIPS、GATT、TFA、ITA
技术	域名	TRIPS	TBT
	IP地址		
	软件		
	互联网协议(TCP/IP)		
基础设施	海底和陆地电缆	TBT	GATT、ITA、GATS中的电信服务附件和关于基础电信的协议
	卫星和无线电网		
	设备(计算机、智能手机等)		TRIPS、GATT、TFA、ITA

资源来源:Yasmin Ismail. E-commerce in the world trade prganization: history and latest developments in the negotiations under the joint statement[R]. IISD,2020:5。

此外,飞速增长、不断流动的数据是数字经济的命脉,然而世界各国在数据搜集、存储和传输等方面还未就相关治理规则达成共识。目前的全球数据治理规则由各种单边、双边和多边框架,贸易规则等拼凑而成。"碎片化"的数据治理状态将会损害国家经济、安全等重大利益,并阻碍全球化进程[③]。

3. 数字鸿沟凸显

近年来,贸易保护主义蔓延,区域主义盛行,多边贸易体制边缘化。新冠疫情的危机更是揭示了世界各国之间存在巨大的数字鸿沟,引发了人们对数字化转型将导致数字鸿沟扩

---

① Yasmin Ismail. E-commerce in the world trade organization: history and latest developments in the negotiations under the joint statement [R]. IISD, 2020.
② 贺小勇,高建树.数字贸易国际造法的共识、分歧与因应[J].学术论坛,2022(4):93-104.
③ 澎湃新闻,全球数治|亚太数据治理的两种路径和互操作性,2021-06-24.

大的担忧。数字鸿沟是指在全球数字化进程中,不同国家、地区、行业、企业、社区之间,由于对信息、网络技术的拥有程度、应用程度以及创新能力的差别而造成信息落差和贫富进一步两极分化的趋势。2022年,发达经济体与发展中经济体(不包含最不发达国家)跨境数字服务出口分别同比增长13.5%、17.1%,然而最不发达国家跨境数字服务出口同比下降4.5%,已连续两年负增长①。各国政府越来越关注各种贸易协定中对电子商务的处理,许多WTO成员中的发展中国家甚至不参与WTO电子商务谈判,以保障自身的政策空间。因此,推动数字贸易规则包容性发展已成为当务之急。重构全球贸易规则、在新世界格局下将成员拉回多边平台、开展内部多边对话是WTO协调与多边贸易规则体系之间的矛盾,也是实现WTO现代化的新路径②。

8.2.2 WTO数字贸易规则的谈判进程

自WTO成立以来,有关电子商务规则的谈判大体经历以下几个阶段③。

1. 首次提出阶段

1998年5月,在日内瓦举行的WTO第二届部长级会议上,电子商务首次在WTO得到认可,并且该会议通过了《全球电子商务宣言》,成员们同意暂停征收电子传输关税。在随后的每一届WTO部长级会议上,禁令都被延长两年。同年9月,WTO总理事会下属的工作组通过了《电子商务工作计划》(Work Programmer on Electronic Commerce,以下称为《计划》),其将电子商务定义为"通过电子方式生产、分销、营销、零售或交付商品和服务",主要围绕电子商务的贸易相关方的利益建立相互理解,并未预设目标,以便今后进一步建立新规则。在此框架下,WTO电子商务议题由货物贸易理事会、服务贸易理事会、知识产权理事会、贸易和发展理事会分专题推进,最后它们向总理事会汇报。但由于《计划》涉及议题过于广泛,因此4个指定机构之间的电子商务讨论进展缓慢,这致使WTO成员之间很难达成共识,谈判最终陷入停摆状态,如表8-3所示。

表8-3 《电子商务工作计划》的相关内容

相关理事会	相关讨论
货物贸易理事会	相关电子商务方面(如技术性贸易壁垒协定、反倾销协定、原产地规则协定),包括: • 电子商务相关产品市场准入 • 海关估价 • 进口许可证程序 • 关税和其他费用 • 技术标准 • 原产地规则 • 分类

---

① 国务院发展研究中心对外经济研究部与中国信通院.《数字贸易发展合作报告2022》。
② 张茉楠,周念利.数字贸易对全球多边贸易规则体系的挑战、趋势及中国对策[J].全球化,2019(6):32-46,135.
③ 于鹏.WTO电子商务规则谈判新进展及前景[J].中国经贸导刊,2019(22):19-22.

续表

相关理事会	相关讨论
服务贸易理事会	GATS法律框架中对电子商务的处理,包括: • 范围(包括供应方式) • 最惠国待遇 • 透明度 • 发展中国家参与度的提高 • 国内监管 • 竞争 • 隐私保护、公共道德以及防止欺诈 • 市场准入承诺 • 国民待遇 • 电子服务供应、公共电信传输网络和服务的接入和使用 • 关税 • 分类
知识产权理事会	与电子商务相关的知识产权问题,包括: • 版权和商标的保护与执行 • 新技术和技术的获取
贸易和发展理事会	电子商务对发展的影响,包括: • 电子商务对发展中国家(尤其是中小企业)贸易和经济前景的影响 • 提高发展中国家参与度的方案 • 利用信息技术将发展中国家纳入多边贸易体系 • 电子商务对传统实物商品分销方式的影响 • 电子商务的金融影响

资料来源:WTO总理事会,《电子商务工作计划》,1998年9月。

2. 交叉讨论阶段

进入21世纪后,WTO总理事会开始就跨领域交叉问题对《计划》进行专题磋商。从2001年6月15日到2016年10月18日,共进行了12次专题讨论,之后WTO通过总理事会召集非正式、不限定成员名额的会议。但从1998年启动工作计划到2015年在内罗毕召开WTO部长级会议,这些机构并没有取得重大进展。由于在关键领域长期缺乏共识,因此除了延长对电子传输暂停征收关税的规则外,其他讨论并未形成实质性成果。1998—2015年讨论的电子商务问题如表8-4所示。

表8-4 1998—2015年讨论的电子商务问题

问题	服务贸易理事会	货物贸易理事会	贸易和发展理事会	知识产权理事会
分类	√	√	√	
透明度	√			
国内监管	√			
竞争	√			
关税	√	√		
发展中国家的利益(获得技术/能力建设等)	√	√		
消费者/隐私保护	√			

续表

问题	服务贸易理事会	货物贸易理事会	贸易和发展理事会	知识产权理事会
中小企业和中小微企业			√	
市场准入	√	√		
基础设施	√		√	
知识产权和版权				√

注:"√"表示问题在指定理事会的报告中被提及。

资料来源:Yasmin Ismail. E-commerce in the world trade prganization: history and latest developments in the negotiations under the joint statement[R]. IISD,2020:11。

3. 再次提上议事日程阶段

2016年7月5日,由墨西哥、印度尼西亚、韩国、土耳其和澳大利亚组成的MIKTA集团举办电子商务研讨会,呼吁WTO"更加关注其数字贸易议程"。2017年4月25日,电子商务发展之友(Friends of E-commerce for Development,FED)召集了阿根廷、智利、哥伦比亚、哥斯达黎加、肯尼亚、墨西哥、尼日利亚、巴基斯坦、斯里兰卡和乌拉圭,举行了WTO第一届部长级会议,讨论了电子商务对推动增长、缩小数字鸿沟以及发展中国家及最不发达国家制定发展解决方案的作用。他们确定了在WTO电子商务工作框架内支持电子商务发展的7个主要问题①。2016—2017年讨论的电子商务问题如表8-5所示。

表8-5　2016—2017年讨论的电子商务问题

问题	服务贸易理事会	货物贸易理事会	贸易和发展理事会	知识产权理事会
透明度和国内监管	√			
信息流:信息流和本地化要求	√			
个人信息保护和隐私保护	√			
电子传输关税	√			
促进电子商务交易:电子签名、支付和认证	√			√
发展中国家、最不发达国家和中小企业的合作和利益	√	√	√	√
基础设施和连通性(互联网和数据访问)	√	√	√	
市场准入(数字商品和服务)	√			
商业信托和版权				√
消费者保护	√			
数字产品非歧视		√		

注:"√"表示问题在指定理事会的报告中被提及。

资料来源:Yasmin Ismail. E-commerce in the world trade organization: history and latest developments in the negotiations under the joint statement[R]. IISD,2020:13。

4. 首个联合声明的探索阶段

2017年12月,在阿根廷布宜诺斯艾利斯举行的WTO第十一届部长级会议(MC11)是

---

① 7个问题:确定电子商务准备战略;获取ICT基础设施和服务;贸易物流和贸易便利化;电子支付解决方案;法律确定性和监管框架;能力建设和技术援助;融资渠道。

WTO电子商务谈判的转折点。美国、欧盟、日本等发起数字贸易自由化谈判提议,42个WTO成员参与其中。此次会议颁布了《电子商务联合倡议》(Joint Initiative on E-commerce),在沿用了《计划》模式的基础上,重申了重要性和包容性,提出WTO应发挥促进开放、透明、非歧视和可预测监管环境的重要作用,号召WTO各成员积极地针对未来WTO与贸易有关的电子商务谈判开展探索性工作,并提出各自的提案,以协商制定规则。

MC11第一次会议于2018年3月14日举行,以探讨成员对电子商务问题的期望和解决办法。2018年7月,71个WTO成员共同签订颁布了第二份《电子商务联合声明》,包括发达国家、转型经济体和发展中国家,以及两个最不发达国家(Least Developed Countries, LDC)——柬埔寨和缅甸。2018年,WTO成员共举行了9次会议,讨论了成员的提案,并共同商定了后续谈判议程,以为今后WTO电子商务的谈判做准备。该讨论阶段以2019年1月25日WTO成员在瑞士达沃斯签署《关于电子商务的联合声明》告终。

5. 正式谈判阶段

2019年1月,包括中国在内的76个WTO成员在瑞士达沃斯举行的电子商务非正式部长级会议上签署《关于电子商务的联合声明》,确认有意正式启动与贸易有关的电子商务议题谈判。而后受新冠疫情的影响,谈判以小组形式和每月一次的全体会议进行,旨在提高效率。2021年4月敲定电子签名和认证问题的谈判文本;同年9月就消费者保护和开放政府数据等议题达成一致。2022年6月12日—6月17日,在日内瓦举行的WTO第十二届部长级会议(MC12)期间,联合倡议的联合召集人发表声明,承诺在2022年年底之前发布修订后的综合谈判文本①,并启动了电子商务能力建设框架,以加强数字包容性,并增加发展中国家和最不发达国家利用数字贸易的机会。2023年12月20日,WTO电子商务谈判召集方——新加坡、日本、澳大利亚宣布包括中美欧在内的90个WTO成员(占全球贸易规模的90%以上)实质性结束部分全球数字贸易规则谈判,并呼吁参加方尽快在2024年全面结束谈判。

WTO是全球数字贸易规则制定的核心机构。在电子商务谈判方面,参加方已就电子签名和认证、在线消费者保护、无纸贸易、电子交易框架、电子合同等13个议题形成基本共识,将推动电子支付、电信服务等议题尽快形成共识,并力争就电子传输免征关税作出高水平承诺,以增加协定的商业意义。未来,参加方还将继续讨论数据流动、计算设施本地化等议题,争取尽快全面结束谈判。

8.2.3 WTO数字贸易规则的谈判内容与谈判障碍

1. 主要内容

WTO电子商务谈判基于成员向WTO提交的文本提案,通过全体会议、焦点小组和小组会议相结合的方式进行。在以下6个主题下讨论WTO成员提交的问题:促进电子商务、开放和电子商务、信任和数字贸易、电信、市场准入。每个主题下的具体内容如表8-6所示。

---

① 综合谈判文案——记录谈判进展并将其作为进一步工作的依据——由主席们定期制定。第一份合并文本于2020年12月发布(https://www.bilaterals.org/IMG/pdf/wto_plurilateral_ecommerce_draft_consolidated_text.pdf);第二份文件于2021年9月发布(https://www.bilaterals.org/IMG/pdf/wto_plurilateral_ecommerce_draft_consolidated_text_september_2021.pdf);第三份合并文件于2022年年底发布。

从 2019 年 1 月到 2023 年 4 月,WTO 成员共提交了 91 项提案①。

表 8-6 WTO 电子商务谈判的主题内容

主题	细分分类	具体内容
促进电子商务	促进电子交易	• 电子交易框架 • 电子认证和电子签名 • 电子合同 • 电子发票 • 电子支付服务/电子支付便利化
	数字贸易便利化与物流	• 无纸化交易 • 最低限度 • 唯一托运参考号 • 海关手续 • 改善贸易政策 • 单个窗口的数据交换和系统的互操作性 • 物流服务 • 加强贸易便利化 • 货物放行和放行技术的使用 • 提供贸易便利和支持性服务
开放和电子商务	非歧视和责任	• 数字产品的非歧视待遇 • 交互式计算机服务(有限责任) • 交互式计算机服务(侵权)
	信息流动	• 通过电子方式跨境传递信息/跨境数据流动 • 计算设施的位置 • 适用于金融服务供应商的金融信息/金融计算设施的位置
	电子传输关税	
	访问互联网和数据	• 开放政府数据 • 开放互联网接入、关于[电子商务/数字贸易]接入和使用互联网的原则 • 访问和使用交互式计算机服务 • 访问在线平台/竞争对手
信任和数字贸易	消费者保护	• 在线消费者保护 • 未经请求的商业电子信息
	隐私	• 个人信息/个人数据保护
	商业信托	• 源代码 • 使用密码学的 ICT 产品

---

① 提交提案的 WTO 成员包括阿根廷、哥伦比亚、哥斯达黎加、新西兰、巴西、日本、美国、新加坡、俄罗斯、中国台湾-澎湖-金门-马祖单独关税区、欧盟、加拿大、乌克兰、澳大利亚、贝宁、中国、中国香港、韩国、肯尼亚、科特迪瓦、印度尼西亚、喀麦隆、菲律宾、布基纳法索、墨西哥、危地马拉、厄瓜多尔、挪威、英国、尼日利亚。提案详情请参见 https://docs.wto.org/dol2fe/Pages/FE_Browse/FE_B_009.aspx?TopLevel=10785。

续表

主题	细分分类	具体内容
电信	更新WTO关于电信服务的参考文件	• 范围 • 定义 • 竞争保障措施 • 互连 • 通用服务 • 许可和授权 • 电信监管机构 • 稀缺资源的分配和使用 • 基本设施 • 争议的解决 • 透明度
	网络设备及产品	
市场准入	服务市场准入	
	电子商务相关人员的临时入境和逗留	
	商品市场准入	

资料来源: https://www.bilaterals.org/IMG/pdf/wto_plurilateral_ecommerce_draft_consolidated_text_september_2021.pdf。

2. 谈判障碍

WTO电子商务谈判的障碍主要包括成员国之间在一些核心问题上的分歧,以及发达国家和发展中国家在数字经济参与和受益方面的差异。同时,一些成员国也担心数字贸易规则可能会削弱其国内法律和法规的权威性,从而对多边规则产生怀疑。

(1) 谈判立场分歧

在电子商务谈判中,一些成员国根据自身在数字经济和数字贸易领域中的比较优势主张开放自由贸易,而另一些成员国则关注数字经济对本国产业和就业的影响,这反映了发达国家和发展中国家在数字规则上利益诉求的差异。

① 以美国为代表的发达经济体。美国是最早提交WTO电子商务谈判初步讨论文件的缔约方之一。美国的优势是服务贸易,也是当前数字贸易、数字经济最发达的国家。基于其在数字贸易领域的强大竞争力,美国旨在消除其他成员的各种数字贸易壁垒,推动全球数据与信息自由流动,实现美国数字企业、产品与服务的全球扩张。因此,美国的讨论文件中包括"维护和促进数字贸易最高标准的贸易条款",这反映了美国在全球数字贸易规则构建方面的雄心。日本的数字开放程度与立场与美国相似。据此,美日积极推动实现全面的数据开放与数字贸易、数字产品贸易自由化,要求在跨境数据自由流动、网络自由接入、消除贸易壁垒、非歧视性待遇、禁止数据本地化、禁止泄露源代码等方面实行非常严苛的知识产权保护,以维持其竞争优势。

② 以欧盟为代表的发达经济体。欧盟寻求一套"全面而雄心勃勃的世界贸易组织纪律和承诺",也支持跨境数据自由流动、非歧视性待遇和知识产权保护等提议。但由于欧盟缺乏大型互联网公司,在数字技术竞争中落后于美国等数字贸易强国,在全球数字规则构建中

更加重视国内政策和对个人隐私的保护,因此这些以欧盟为代表的发达经济体同时强调保留合理的隐私保护与安全例外。同时,欧盟主张扩大数字服务贸易市场准入,修改过时的世界贸易组织电信服务参考文件,以更好地促进竞争。加拿大、新加坡等发达经济体也主张为国内保留一定的数字监管政策空间。

③ 以中国为代表的发展中经济体。相对于发达经济体,发展中经济体的比较优势在于制造业而不是服务业。中国是新兴的数字贸易大国,其比较优势集中于依托互联网以及电商平台的跨境货物贸易,在数字规则上偏向于跨境电子商务和改善数字贸易营商环境的贸易便利化规则。因此不同于美国希望达成的高标准协议,中国提案侧重于促进电子商务和全球价值链,以此帮助 WTO 成员,特别是发展中国家从数字贸易中受益。鉴于成员不同的行业发展水平以及历史和文化传统,中国主张尊重各方在互联网主权、数据安全和隐私保护方面的不同政策,并希望通过其他监管措施实现"合理的公共政策目标"。在中国看来,数字产品的数据流动、数据存储和处理应该是探索性讨论的主题,而不是具体的承诺。同时,中国强调了弥合数字鸿沟和能力建设的重要性。

④ 以印度、印度尼西亚和南非等为代表的抵制型成员。它们认为数字贸易自由化将对本国经济产生冲击,出于对自身产业与安全的保护,反对开放数据流动,要求数据存储本地化,甚至不支持永久暂停对电子传输征收关税,印度和南非缺席了两份 WTO 电子商务联合声明的发表。表 8-7 所示为 WTO 主要成员所提出的数字规则议题。

表 8-7 WTO 主要成员所提出的数字规则议题

数字规则议题	美国	日本	欧盟	加拿大	新西兰	新加坡	韩国	中国	俄罗斯
电子传输免征关税	√	√		√	√	√		√	√
数字产品免税				√					
ITA 扩围			√	√					
数字产品非歧视待遇	√	√							
跨境数据流动	√	√	√	√		√	√		√
数据本地化	√	√				√			
数据开放	√								
互联网开放	√	√	√						
保护源代码与专有算法	√	√		√		√	√		
加密	√								
保护版权									
在线消费者保护	√	√	√	√	√	√	√	√	√
个人信息保护		√	√			√	√		
网络安全	√					√	√		
未经请求的电子商业信息									
无纸化贸易									
电子认证和电子签名	√					√		√	
电子发票					√				
改善数字基础设施				√		√			
提高政策透明度			√	√	√	√	√		

注:"√"代表包括此项议题,未勾选则代表不包括此项议题。

资料来源:盛斌,陈丽雪.多边贸易框架下的数字规则:进展、共识与分歧[J].国外社会科学,2022(4):93-110,198。

(2) 核心议题分歧

① 数字贸易征税分歧。自 1998 年 WTO 第二届部长级会议提出暂停对电子传输产品征收关税以来,这一议题便得到持续关注,越来越多的成员加入此议题的讨论,但目前各成员并没有达成共识。由于 WTO 成员对"电子传输"概念的理解不同①,以及对暂停实施对数字贸易征收关税的范围缺乏共识,因此目前 WTO 成员对数字产品征收关税持不同态度:美国、日本、欧盟、加拿大、澳大利亚、新西兰、新加坡等赞同永久不征税;而相较于发达经济体,以中国、印度尼西亚为代表的发展中经济体较为谨慎,支持暂不征税的做法;印度、印度尼西亚和南非则反对永久暂停征收关税。印度尼西亚等国认为,暂停是持续向发达国家提供免税准入,以帮助其进入包括最不发达国家在内的发展中国家市场,这将对经济增长、就业和可持续发展产生负面影响②。

另外,在国内税方面,欧盟主张对数字服务征收数字税或类似税种,以确保跨境数字贸易中的利润被适当课税并为公共服务作出贡献。而 UJDTA 和美国在 WTO 电子商务谈判中的提案文本均明确数字产品的非歧视待遇适用于国内税的征收③。就欧盟等经济体征收数字服务税的措施,美国发起了"301 调查"并相应地采取了单边措施④。

针对数字贸易和数字经济发展给各国带来的税基侵蚀和利润转移(Base Erosion and Profit Shifting,BEPS)问题,2013 年 G20 委托 OECD 主导设计"双支柱"方案并逐步推进该方案,136 个国家(地区)就国际税收新框架的关键要素达成了共识。支柱一:征税权的重新划分,侧重于数字经济征税权分配机制和纳税地点,目的是处理跨国企业的利润再分配问题。支柱二:全球最低企业所得税税率(15%)的确定,以应对大型跨国企业通过寻找低税地区的方式进行高额盈利转移从而减轻税负的行为。2024 年,这 136 个国家(地区)都将根据"双支柱"方案进行征税。该方案在一定程度上平衡了各国的利益诉求,有效削弱了 BEPS 问题对各国带来的利益侵害,标志一个世纪以来国际税收规则体系将发生根本性变革。

② 数字贸易非歧视待遇模式分歧。非歧视待遇是多边贸易体制的基础。非歧视待遇通常指的是缔约国双方在通商、航海、关税、公民法律地位等方面相互给予的不低于现时或将来给予任何第三国的优惠、特权或豁免待遇。虽然多边贸易规则中的非歧视待遇如何在数字贸易中适用尚无定论,但随着数字贸易的自由化,以美国和日本为首的国家逐渐在 WTO 电子商务谈判中提出关于数字产品非歧视待遇的议题。在提案中,美日认为"数字产品"是指经数字编码的、供商业销售或分销而生产的、可通过电子方式传输的计算机程序、文本、视频、图像、录音或其他产品(不包括货币在内的金融工具的数字化表示)⑤。因此,美国不存在数字产品交易归类为服务交易还是商品交易的争议。而欧盟一直以来将数字产品归类于服务贸易,在 FTA 中也没有使用"数字产品"这一概念,只强调了服务贸易规则对电子传输提供服务的适用性,这也反映了欧美之间的分歧。同时,美国在非歧视待遇上采取负面

---

① 印度尼西亚等国认为"电子传输"仅指电子商务的传输媒介,提议"暂停"仅适用于电子传输本身,不适用于电子传输的商品和服务,成员可以对电子传输涵盖的内容征收关税。

② 印度尼西亚对电子传输关税的看法:https://docs.wto.org/dol2fe/Pages/FE_Browse/FE_B_009.aspx?TopLevel=10785。

③ WTO 电子商务谈判文本第 B.2(1) 6 条备选文案 1。

④ 贺小勇,高建树.数字贸易国际造法的共识、分歧与因应[J].学术论坛,2022(4):93-104。

⑤ WTO 电子商务谈判文本第 B.1(1) 1 条。

清单模式,极大地扩展了非歧视待遇的适用范围[1]。而欧盟在服务贸易市场准入上仍然多采用正面清单模式[2],以防范本国的文化和视听产业受到别国的侵蚀。中国没有提交相关提案。

③ 跨境数据流动分歧。跨境数据流动是WTO成员分歧最大的一项议题。首先,美国和日本主张数据跨境自由流动和禁止数据本地化,将跨境数据流动的限制和数据本地化要求视为数字贸易的主要壁垒。其次,欧盟、加拿大、韩国、新加坡、巴西、智利、墨西哥等WTO成员认为在确保数据能够跨境流动的基础上,须遵守适当的公共政策例外[3],并且欧盟强调了就个人数据和隐私的保护所采取的适当保障措施不受该条义务的约束[4]。最后以俄罗斯和中国为代表的发展中经济体则侧重强调安全性,认为数据自由流动带来的风险必须加以管控,数据流动的前提是具备保护机制和安全条件。中国认为,该议题的争议性较强[5],不适合在WTO规则层面上谈判,因而中国未有提案文本。表8-8所示为WTO主要成员在跨境数据流动规则上的立场。

表8-8 WTO主要成员在跨境数据流动规则上的立场

国家	总体立场	具体方案			
		跨境数据传输	数据本地化	互联网开放	在线支付保障
美国	确保跨境数据流动管制透明、非歧视,以及互联网自由、开放	制定规则确保消费者和企业都能在无任意或歧视性限制的情况下跨境转移数据	制定规则确保企业无须在其服务的各成员辖区内建立或使用特定的数字基础设施	制定规则确保成员不随意屏蔽或过滤在线内容	
欧盟	支持跨境数据流动,保证互联网的开放、中立	跨境数据传输不必须依赖成员境内计算设施或网络元件	不得要求必须对成员境内数据进行本地化存储或处理	确保企业和消费者公平、非歧视性地使用开放式互联网服务	
日本	确保数据自由流动	制定规则允许最低限度的贸易限制措施	禁止数据本地化,如使用或放置计算设施	制定规则确保各成员不对任何访问或服务施加限制	制定规则确保各在线支付解决方案均可访问
巴西	保障互联网自由、开放,必须讨论网络的中立性	确保在商业活动时能以电子方式跨境传输信息,禁止服务供应商按内容、来源等区别对待数据		保证互联网自由、开放	确保成员在线支付系统非歧视、安全

---

① 贺小勇,高建树.数字贸易国际造法的共识、分歧与因应[J].学术论坛,2022(4):93-104.

② 在贸易自由化的阻却效果上,正面清单模式远远强于负面清单模式,对于数字服务贸易中缺乏比较优势的经济体,正面清单模式无疑能迎合其保护国内市场的需求。

③ 巴西提案中的例外情形具体包括保护公共道德、维护公共秩序,防止欺骗、诈骗以及违约,保护公民、消费者和医疗患者的隐私;确保信息安全;网络安全;打击和预防恐怖主义,打击和预防违反刑法的行为。

④ WTO电子商务谈判文本第B.2(1) 6条备选文案3。

⑤ WTO,Joint statement on electronic commerce:communication from China, INF/ECOM/19[A].2019.

续 表

	总体立场	具体方案			
		跨境数据传输	数据本地化	互联网开放	在线支付保障
加拿大	保障信息数据流动自由、开放	制定规则允许企业以电子方式跨境传输信息(含个人信息)			
新加坡	保障信息数据流动自由、开放	确保在商业活动时能以电子方式跨境传输信息	成员不得强制要求在其辖区内使用或放置计算设施	制定电子商务的互联网访问和使用规则	
中国	增强电子商务和网络安全,尊重互联网主权	数据流动应以安全为前提,有必要按各成员法律法规传输数据			允许选择以电子方式付款
俄罗斯	确保电子商务中跨境交易的安全性和保密性	需制定数据保护机制和安全数据流动条件			在电子支付规则中禁止强制消费者提供必要外的个人信息,并规定信息处理程序、存储时限等

资料来源:程斌琪,李杨.后疫情时代 WTO 电子商务议题谈判前景[J].国际经济合作,2021(3):15-24。

(3) 个人信息保护规则分歧

在 WTO 电子商务谈判提案文本中,美国、欧盟及中国对保护个人信息意义的理解均不相同。中国等国家认为,保护电子商务中用户的个人信息数据具有经济和社会效益,可提高消费者对数字贸易的信心[1];欧盟强调保护个人数据和隐私是一项基本权利,可以采取限制性措施保护跨境个人信息,相应的高标准保护有利于构建数字经济中的信任和促进贸易发展[2];美国则强调个人信息保护措施合规的重要性,以及对个人数据流动的限制应具有必要性,与所面临的风险相称[3]。因此,在制定保护个人信息的框架和措施上,中美认为成员应考虑相关国际机构或组织的原则与标准,努力采取或维持非歧视的做法;而欧盟则认为成员有权采取其认为适当的保护措施,强调贸易协定中的纪律和承诺不影响成员各自国内个人数据与隐私保护的有关保障措施。从各国在 WTO 电子商务谈判中的文本实践出发,欧盟与其他主要经济体在个人信息保护规则上的分歧较为明显,关于该部分的提案亦相对较少。

(4) 源代码保护分歧

源代码(也称源程序)是指未编译的、按照一定的程序设计语言规范书写的文本文件,是一系列人类可读的计算机语言指令。开源软件是软件开发人员以外的第三方可以访问软件

---

[1] WTO 电子商务谈判文本第 C.2(1) 3 条备选文案 1。
[2] WTO 电子商务谈判文本第 C.2(1) 3 条备选文案 2。
[3] WTO 电子商务谈判文本第 C.2(1) 3 条备选文案 3。

源代码的软件类型。程序员将源代码以二进制文件在买方计算机上运行的软件发布给第三方自由使用和修改。专有软件的源代码仅供软件开发人员访问,购买者无法免费访问。这些源代码有时被视为软件开发人员的商业秘密。因此,开源软件为用户带来了较低的成本,而专有软件则带来了巨大的成本。

美国、日本、韩国、巴西、墨西哥等国认为,任何一个成员不得以要求转让或访问另一个成员所拥有的软件的源代码(或转让或访问该源代码中表示的算法),作为在其领土内进口、销售或使用该软件的条件。源代码或专有算法是现代数字企业与互联网公司竞争力的源泉,因此在WTO电子商务谈判中主张保护源代码和专有算法,以防止核心数字技术外流。而欧盟在提案中表示,禁止公开源代码或专有算法可存在例外情形,不适用于自然人或法人在商业基础上自愿转让或批准查阅源代码的情况,如公共采购交易或自由谈判的合同[①]。包括中国在内的发展中国家认为,禁止公开源代码和专有算法阻碍了知识和技术的转移,目前中国在谈判中并没有提交与源代码相关的提案。并且,大多数发展中国家也未提交相关提案。

在区域性组织中,UJDTA中的知识产权保护条款水平较高,其比CPTPP和DEPA更为严格(见表8-9)。UJDTA的源代码保护条款承袭USMCA,即"缔约方不能以源代码的强制转移及公开作为软件类等产品市场准入的前提条件",并且对"商业软件"和"基础设施软件"同时适用。除此之外,UJDTA增列了"保护算法和加密技术"内容,要求缔约国保护企业的加密技术不被迫转让或泄露,同时为了保障政府执法能力做出了例外规定,即政府有权要求企业提供密钥相关信息。

表8-9 UJDTA、DEPA、CPTPP中的知识产权保护条款比较

内容	UJDTA	DEPA	CPTPP
源代码保护条款	源代码不得强制转移及公开	不得强制或设定条件使企业提供源代码	不得以要求转移或获得源代码作为市场准入的条件
适用范围	商业软件及基础设施软件	商业软件	商业软件
例外条款		均为了保障政府执法能力设定了例外条款	

资料来源:谢谦.全球数字经济规则议题特征、差异与中国应对[J].改革,2023(6):29-39。

8.3 区域贸易协定中的数字贸易规则

相较于WTO框架下的多边贸易体系,区域贸易协定体现的是区域层面的规则谈判和磋商。由于多边层面和区域层面的谈判和磋商的成员范围不同,成员对全球数字贸易规则的关注点也不同。在多边层面,WTO电子商务谈判存在谈判阻碍和核心分歧,关于电子商务之类的规制已陷入多年无果的僵局,而在区域层面,现有以美国为主导的"美式模板"和以欧盟为主导的"欧式模板"对数字贸易规则进行了系统规划。作为数字经济发展最早的探索者,美欧两大经济体不仅是全球数字贸易规则的主要参与者和构建者,也是全球数字贸易规

---

① WTO电子商务谈判文本第C.3(1)4条备选文案2。

则走向的引领者,在数字贸易规则的制定上有一定成果和特点,但两者在一些重要领域仍然存在分歧。

8.3.1 美式数字贸易规则的主要内容及其主要特点

1. 美式数字贸易规则的主要内容

作为全球数字经济规模最大的国家,美国在数字贸易产业、技术创新等方面的优势突出,当地的许多大型数字服务贸易企业带动了消费和经济的发展,为美国带来巨大的社会经济效益。在数字贸易为美国带来成效的同时,美国也在极力为数字贸易构建一个约束力强的全球标准,希望能通过掌握数字贸易规则制定的主导权来进一步带动本国经济腾飞。美国主要签署的与数字贸易相关的自由贸易协定如表8-10所示。

表8-10 美国主要签署的与数字贸易相关的自由贸易协定

签署年份	FTA的名称	有关数字贸易的章节
1986年	美国-以色列FTA	无
2000年	美国-约旦FTA	无强制性电子商务
2004年	美国-智利FTA、美国-新加坡FTA	电子商务 跨境服务贸易 知识产权 信息技术合作
2005年	美国-澳大利亚FTA	
2006年	美国-摩洛哥FTA、美国-巴林FTA	
2007年	美国-多米尼加FTA	
2009年	美国-阿曼FTA、美国-秘鲁FTA	
2012年	美国-韩国FTA、美国-哥伦比亚FTA、美国-巴拿马FTA	
2011年	TISA①	电子商务 跨境服务贸易 知识产权 信息技术合作
2013年	《跨大西洋贸易与投资伙伴协议》	
2016年 (2017年退出)	TPP	
2018年	USMCA(原NAFTA②的升级)	数字贸易

资料来源:陈航.自由贸易协定框架下美国数字贸易规则研究[D].上海:华东政法大学,2020.

在数据跨境流动方面,美国坚持将数据跨境自由流动和禁止计算设施本地化等规则作为"美式模板"的主要内容和核心诉求。美国政府以维护产业竞争优势为主旨,构建数据跨境流动政策,在与各国的新一轮贸易谈判中都主张将"数据跨境自由流动"纳入协议条款,以消除这一领域的市场准入壁垒③。USMCA中针对数据跨境流动规定缔约方无法以任何理由拒绝数据跨境自由流动,没有例外条款,这最能体现这一核心诉求。

在数字知识产权保护方面,美国作为知识产权大国极其重视数字知识产权保护。数字

---

① 《国际服务贸易协定》(Trade in Services Agreement,TISA)。
② 《北美自由贸易协定》(North American Free Trade Agreement,NAFTA),是美国、加拿大及墨西哥在1992年8月12日签署的一项关于三国间全面贸易的协议,于1994年1月1日正式生效,美国随即成立了北美自由贸易区。
③ 张俊娥,董晓红.从USMCA看中美数字贸易规则领域的分歧及中国应对策略[J].对外经贸实务,2021(2):42-45.

经济时代,数字贸易既是数字内容的输出和输入,也是数字技术的扩散和知识产权的流动。一方面,美国在 TPP、USMCA 等贸易协定中规定源代码条款,不允许美国企业向目的国开放源代码;另一方面,美国要求在有关知识产权侵权的案件中,网络服务商立即删除或限制访问被侵权的作品,按法律法规受罚并承担相应责任。

在数字贸易的文化领域中,各国都坚持保护自身文化,防止外来文化对本国文化的侵蚀,故而都将文化领域排除在非歧视性待遇之外,但美国主导的 USMCA 将广播内容归纳到非歧视性待遇的范围内,以达到推行美国文化的目的。

2. 美式数字贸易规则的主要特点

① 规则谈判策略的转变和内容的逐步深入。自数字贸易初现萌芽开始,作为贸易大国的美国就对数字贸易开展了众多且系统的研究,初步探索了数字贸易的新内容。美国在世界的经济实力和国际地位助力其利用 WTO、亚太经济合作组织等国际组织来开展实施自己的数字贸易政策。但由于各国利益不一致,贸易协定难以达成,所以美国通过国际组织维护自身利益的谈判策略难见成效。于是在 21 世纪初美国将谈判重心从多边转向双边及诸边,通过与他国谈判并签署区域贸易协定来提高本国数字贸易规则的影响力。与此同时,条款的内容与时俱进、不断更新,可以有效解决大量复杂的数字贸易问题,逐渐形成具有美国特色的数字贸易规则。其中,支持跨境数据流动、数据存储非强制本地化、支持源代码保护已成为"美式模板"的突出特点。

② 贸易规则的约束力强且其具有排他性。随着数字经济在世界范围内日益盛行,各国都在数字化浪潮中探究适合时代发展又能维护自身核心利益的数字贸易规则。在这一过程中,美国的核心利益进一步明确,其规则开始显现出进攻性。与"美式模板"的雏形相比,如今美国的数字贸易规则的约束力明显增强,例如,USMCA 在服务贸易方面明确限制数据本地存储,在知识产权保护方面限制政府要求披露源代码等①。美国主张支持数据跨境流动、反对数据存储本地化、支持源代码保护正是致力于维护美国数字贸易领域的行业利益,这些规则是为美国内容服务、社交网站服务、搜索引擎服务、海外其他数字服务等领域的优势量身定做的规则②。而中国在这些领域并未放开限制,这成了中美数字贸易规则的分歧,美国维护其利益的同时对中国具有排他性。而美国在构建国际数字贸易规则中的影响力较大,这导致中国在规则制定中的话语权不足,影响力不大。

③ 贸易规则水平高。美国利用其主导的经贸谈判逐步推出数字贸易规则,并在主导的双边或多边贸易协定中进一步对相关规则进行完善和细化,其贸易规则水平逐步提高。一方面,贸易规则水平高体现在美国贸易规则的包容性和有效性。美国的数字贸易规则在核心利益条款上展现了进攻性,但在其他方面也有"例外"。与态度强硬、约束力强的 USMCA 相比,UJDTA 则有一定的改善:对进攻性强的条款增加了安全例外规则,对知识产权保护条款增加了软性规则。这不仅进一步提高了贸易规则水平,还提高了贸易规则应用的有效性。另一方面,贸易规则水平高体现在创新元素的应用。美国在不断引入有利于推进贸易自由化的新制度元素,如负面清单③。负面清单即表中所列之物不被许可使用,非表内之物

---

① 杨慧瀛,叶君瑶.美式数字贸易规则的演进及对中国的启示[J].商业经济,2022(10):73-76.
② http://zys.mofcom.gov.cn/article/d/201605/20160501315050.shtml.
③ 何枭吟.美国数字经济研究[D].长春:吉林大学,2005。

可以使用,具有普遍的适用性。这一创新给予了未来新产品实现贸易自由化更广阔的空间,也提高了美国乃至世界数字贸易规则的水平,进一步推动了数字贸易规模的扩大。

8.3.2 欧式数字贸易规则的主要内容及其主要特点

1. 欧式数字贸易规则的主要内容

随着全球数字服务贸易的发展,欧盟紧随时代浪潮,其数字贸易规则的内容和约束力逐渐从"软弱性"过渡为"进攻性"。它在与数字贸易相关的区域贸易协定中不断引进新的条款。表 8-11 所示为欧盟主要签署的与数字贸易相关的自由贸易协定。

表 8-11 欧盟主要签署的与数字贸易相关的自由贸易协定

签署年份	FTA 签署方	数字贸易相关内容
1996 年	欧盟-土耳其(《关税同盟协议》)	技术贸易壁垒 知识产权
2000 年	欧盟-南锥体国家	知识产权
2000 年	欧盟-墨西哥	无
2000 年	欧盟-南非	无
2002 年	欧盟-瑞士(《七项双边协定》)	服务贸易自由化
2002 年	欧盟-智利	投资 知识产权
2002 年	欧盟-地中海地区	服务贸易自由化 知识产权 投资自由化
2006 年	欧盟-西巴尔干地区(《稳定与联系协定》)	知识产权 服务贸易
2015 年	欧盟-韩国	贸易便利化 知识产权
2016 年	欧盟-加拿大(《综合性经济贸易协议》)	电子商务 知识产权
2019 年	欧盟-日本(《经济伙伴关系协定》)	电子商务 服务贸易 投资自由化
2019 年	欧盟-新加坡	服务贸易 电子商务 知识产权
2020 年	欧盟-越南	服务贸易 知识产权保护 电子商务
2023 年	欧盟-新加坡(《数字伙伴关系协定》)	电子商务 投资自由化 数字身份

资料来源:段平方,候淑娟.基于美式模板和欧式模板下中国数字贸易规则体系的构建[J].南华大学学报(社会科学版),2019,20(5):51-59。

① 在数据跨境流动方面,欧盟的态度一直具有模糊性。欧盟一方面出于对促进经济增长、保证就业的考虑,认为数据跨境流动有重大意义;另一方面出于对公民的隐私权和国家数据主权的担忧,对其进行限制。随着贸易规则的磋商和数字贸易的发展,欧盟已经意识到数据流动的必要性,并承诺在一定时间内考虑引进跨境数据流动规则,同时也重申外国企业要获取欧盟本地的数据,必须以保护个人隐私为先决条件的政策①。这充分体现了欧盟的核心利益是个人隐私权的保护。

② 数字知识产权保护标准严格。欧洲经济体中的知识产权密集型企业所占比例接近40%,为欧洲创造了30%以上的工作岗位②,对欧盟的经济社会发展具有重要意义。正是因为这一较大比例和重要战略意义,欧盟对知识产权的保护采取严格的标准和规定。但是在制定数字知识产权保护条款方面,欧盟仍然持有保留态度,在言语和例外条款上有一定的"软性",与美国相比少有强制约束。

③ 在数字文化产品市场中欧盟的态度始终是坚定的。文化例外是各国未来对数字文化产业采取保护措施的依据。在欧洲的经济发展与社会稳定中,文化产业起着至关重要的作用,给欧盟内部提供了高达五百万份的高质量工作。欧盟一直致力于保护本国文化,在文化类数字贸易领域坚持保守立场,在双边和多边谈判中多次不聚焦文化部门问题,并提出传统贸易规则不适合在文化领域运用。

2. 欧式数字贸易规则的主要特点

① 文本分散、语言柔弱。欧盟成员国众多,鉴于各国的利益诉求、立场态度截然不同,数字贸易规则相对零散,呈现碎片化特点。并且随着数字贸易规则日益健全,电信、广播和视听等多部门服务已经逐渐聚拢在同一分类当中,与之前的独立划分相比有很大的完善③。但是在数字贸易规则发展的进程中,"欧式模板"始终没有形成完整的体系,其相关条款包含在自由贸易协定里,并且零散分布在涉及数字贸易的各项条款当中,内容少且缺乏系统性。规则的不足导致了内容不完善和应用难度大等问题。例如,在数字贸易领域中"最惠国待遇"和"国民待遇"原则的适用性问题、视听服务在基础电信条款中的适用性问题等传统条款的适用性问题亟待解决④。

② 核心利益立场坚定。欧式模板的核心利益体现在个人隐私权的保护,欧盟在关键领域有着坚定的立场,这也是欧盟与其他贸易伙伴的谈判焦点,集中体现在"视听例外"和个人隐私保护上。"视听例外"属于数字文化部门,欧盟在双边和多边谈判中多次回避文化部门问题,并提出传统贸易规则不适合在文化领域运用。在与他国就数据跨境自由流动和知识产权保护方面进行谈判时,欧盟的高标准和坚定立场导致谈判多次搁浅,原因在于无法平衡其与个人隐私保护的矛盾,谈判焦点与欧盟的核心利益相冲突。可见,欧盟要想进一步推进与他国的数字贸易规则谈判,必须重点解决"视听例外"和个人隐私保护的问题。

③ 贸易规则具有灵活性。欧盟根据缔约国的比较优势强弱来制定不同的贸易规则,这

---

① 陈寰琦.国际数字贸易规则博弈背景下的融合趋向——基于中国、美国和欧盟的视角[J].国际商务研究,2022(3):85-95.
② 数据来源于欧盟委员会的年度增长调查 2015.
③ 周念利,陈寰琦.数字贸易规则"欧式模板"的典型特征及发展趋向[J].国际经贸探索,2018,34(3):96-106.
④ 段平方,候淑娟.基于美式模板和欧式模板下中国数字贸易规则体系的构建[J].南华大学学报(社会科学版),2019,20(5):51-59.

主要体现在两个方面:一是根据缔约国的发展情况,欧盟在数字贸易规则的态度和措辞具有灵活性。例如,针对个人隐私保护这一议题,欧盟对美国的态度极其强硬,在数据跨境自由流动方面的立场坚定,毫不让步;但在欧盟与韩国、越南和加拿大签订 FTA 时,个人隐私保护章节的语言具有鼓励性,与美国相比约束力不强。二是欧盟在数字贸易中有较高的地位和较强的实力,在主导制定 FTA 时会使相对弱势的国家和地区做出更多让步,双方承诺不对等。例如,在欧盟-厄瓜多尔 FTA 中,根据《服务贸易、服务业和电子商务》有关规则范围第 107 条第三款所列的规定,厄瓜多尔不得采取政府支持的贷款、担保和保险等与补贴相关的措施,而欧盟并没有做出相应的开放承诺[①]。

8.4 中国在贸易协定中的数字贸易规则

作为全球数字贸易和电子商务走在前列的国家,中国积极参与多边和区域的数字贸易规则的谈判和构建,在数字经济治理和数字贸易发展方面积累了充足的经验。在构建数字贸易规则中,中国立足于自身的核心立场,充分发挥电子商务的独特优势;在 WTO 电子商务谈判和区域贸易协定中,为实现全球数字贸易规则谈判的互利共赢贡献中国智慧,在推进区域贸易协定建设中不断探索具有中国特色的数字贸易规则之路。

8.4.1 中国在 WTO 框架下的数字贸易规则

作为数字经济贸易大国,中国在跨境电子商务领域具有较多的利益诉求,因此,中国提案的实质利益主要体现在跨境电子商务便利化方面。中国在 WTO 数字贸易诸边谈判中共提交 5 次提案。

2019 年 4 月 23 日提交的第一次提案侧重原则性和声明性,表明了中国的谈判目标、谈判进程、谈判方向以及关注的领域等,并对数据流动、数据存储、数字产品的待遇等成员关注的新议题做出了回应。中国认为数据应该在安全的环境下进行流动,合法合规,不偏离核心利益。该提案强调电子商务诸边谈判应和 WTO 多边讨论相辅相成,对完善多边贸易体制、助力世界数字贸易发展和创新 WTO 谈判功能有所帮助,并做出承诺:携手他国共建数字贸易规则,从共同利益出发,以促进全球数字贸易的健康、有序和可持续发展[②]。

2019 年 5 月 9 日提交的第二份提案涉及电子认证、电子合同、垃圾邮件、国内规制、一般和安全例外、透明度、电商规则和现有 WTO 规则的关系等综合性常规议题[③]。

2019 年 9 月 23 日提交的提案重点关注 ICT 产品的非歧视待遇问题,包括要求 WTO 成员应给予他国的企业和与电子商务相关的网络设备和产品非歧视待遇、不能排除或限制 ICT 产品或设备的供应,除非根据合法公共政策目标进行充分调查,且不应阻止公共电信网络或服务提供者选择对其网络和服务的支持技术以及与该技术关联的网络设备和产品,不应阻碍与电子商务相关的网络设备和产品的供应链,特别是那些基于长期商业合作的供

---

① 周念利,陈寰琦.数字贸易规则"欧式模板"的典型特征及发展趋向[J].国际经贸探索,2018,34(3):96-106.
② WTO, Joint statement on electronic commerce: communication from China, INF/ECOM/40[A]. 2019.
③ 石静霞.数字经济背景下的 WTO 电子商务诸边谈判:最新发展及焦点问题[J].东方法学,2020(2):170-184.

应链①。

2020年10月28日和2022年11月28日提交的提案尚未公开。

总体而言,中国提案多关注的是数字贸易的常规议题,倡导建立便利和安全的电子商务环境,而较少涉及对数字贸易影响更为深远的新议题。在成员国提案中最具有争议的3个核心议题是数据跨境流动和本地化要求、软件源代码和算法规制、税收问题的规定。中国在这3个问题上有自己的立场。

1. 数据跨境流动和本地化要求

中国目前在数据跨境流动和数据本地化方面有严格规定。例如,2016年11月第十二届全国人大常委会第二十四次会议通过的《中华人民共和国网络安全法》规定,关键信息基础设施数据在出境前应进行安全评估②。2021年9月1日实施的《关键信息基础设施安全保护条例》对"关键信息基础设施"进行了界定,重申个人信息和重要数据的本地存储和出境评估要求③。其他法律法规在禁止本地化方面也有严格规定,不对国内法进行相应调整将影响中国在涉及数据跨境流动和重要数据本地存储这两项议题的谈判中做出的承诺。在WTO电子商务诸边谈判中,体现中国对数据的国际治理能力及其规则话语权的关键点是平衡好数据安全和贸易增长。

2. 禁止对源代码和算法的强制接入、公开和转让

在建立网络安全标准体系时,源代码和算法的规则在不同层面上涉及网络产品与服务的安全审查、网络关键设施的认证评估、安全可控的产品和服务要求、关键信息基础设施的网络安全保护及加密等方面,可能部分涉及对源代码或算法的披露要求④。例如,在认证数字产品安全可控的过程中有可能涉及披露源代码。这一披露触及欧美等国的核心利益,威胁到其网络安全、产品研发和供应链安全,可见源代码和算法的规则一直是中美欧等主要成员国的提案要求和核心争议。所以中国应该坚持安全、开放、创新的原则,主张对源代码和算法的披露规制:一是维护国家网络安全,在核心技术上坚持独立自主,摆脱对外国的依赖;二是维持保护网络信息产业的本质属性,坚持软件这一领域的开放、创新。

3. 免征关税和数字税问题

WTO成员关于电子商务谈判税收问题的争议主要在于是否继续延长,甚至永久化对电子传输免征关税。中国在这方面主张支持免征关税和有限延期,这有利于互联网时代中小微企业参与国际贸易,增强其出口竞争力,提升国内消费者福利水平。而在未来谈判中,中国是否支持免征关税及使之永久化,需采用全面客观的计算方法研究相关统计数据,以全面综合的视角进行理性决策。在征收数字税方面,各国需研究如何优化国际税收框架,以适应数字经济时代的发展。近年来中国不断完善相关税制,多维度考虑免征关税及其延期问题,在数字经济国际税收治理中不断贡献中国智慧,但不足在于现有规定大部分与跨境电子

---

① WTO. Joint statement on electronic commerce:communication from China, INF/ECOM/40[A].2019.
② 根据《中华人民共和国网络安全法》第三十七条,关键信息基础设施的运营者在中华人民共和国境内运营中收集和产生的个人信息和重要数据应当在境内存储。因业务需要,确需向境外提供的,应当按照国家网信部门会同国务院有关部门制定的办法进行安全评估。
③ 该条例由国家互联网信息办公室2017年7月10日公开征求意见,其中第三章界定了"关键信息基础设施"范围,第二十九条则规定了数据本地化及出境安全评估要求。
④ 石静霞.数字经济背景下的WTO电子商务诸边谈判:最新发展及焦点问题[J].东方法学,2020(2):170-184.

商务的货物税收有关,对于数字税收还没有具体提案。在未来的谈判过程和提案中,中国应该详细思考数字税征收和电商企业非歧视待遇等问题,为将来构建良好的数字税收制度体系和迎接数字经济税收挑战做好准备。

8.4.2 中国在自由贸易协定中的数字贸易规则

在数字经济发展的新形势下,世界区域经济一体化进程加快,中国积极参与到构建完善的数字贸易规则体系的过程中,与周边国家达成共识,大力推进区域贸易协定建设。截至2022年年末,中国已与26个国家和地区签署了19个FTA,逐渐向范围更广、程度更深、标准更高的方向迈进。其中,中国-韩国FTA、中国-澳大利亚FTA、RCEP及中国-毛里求斯FTA仿照国际高标准RTA的做法以独立章节的形式列出电子商务条款[①]。

如表8-12所示,通过对2004—2020年中国签署的自由贸易协定、数字贸易相关条款等进行分析,总结中国在自由贸易协定中的数字贸易规则,将其划分为4个阶段。

表8-12 中国主要签署的FTA与数字贸易相关条款

签署时间	FTA签署方	数字贸易条款或文字表述
2004年 (2007年升级)	中国-东盟	一般例外条款提及"保护与个人信息处理和传播相关的个人隐私,保护个人纪录和账户机密"
2005年 (2017年升级)	中国-智利	在合作、原产地核查、知识产权等条款中提及"电子文件""电子数据""数字签名"等
2006年 (2009年升级)	中国-巴基斯坦	无
2008年 (2021年升级)	中国-新西兰	原产地核查条款提及"开发电子核查系统",便利化、透明度等,条款涉及"电子受理点""电子形式通知""电子文本";知识产权条款涉及"新数字经济的重要性"
2008年 (2018年升级,2023年进一步升级)	中国-新加坡	透明度条款提及"电子渠道";自然人移动条款提及"电子授权";提升贸易便利化、电子商务等领域的规则水平
2009年	中国-秘鲁	原产地证书条款提及"电子发证及核查系统的开发";无纸化贸易环境下自动化系统的应用条款和透明度条款提及"电子通报"、信息技术合作等
2010年	中国-哥斯达黎加	透明度条款提及"电子方式"
2013年	中国-冰岛	简化、便利化章节提及"电子申报并做信息处理"、无纸化贸易;磋商条款提及"计算机以及电子数据交换系统的使用";知识产权条款提及"新数字经济的重要性"

---

① 朱福林.全球高标准RTAs数字贸易规则演进与中国因应[J].学术论坛,2022,45(5):93-105.

续表

签署时间	FTA签署方	数字贸易条款或文字表述
2013年	中国-瑞士	原产地证书条款提及"建立电子信息交换系统";海关手续和贸易便利化章节提及"电子申报并做信息处理""信息技术的最大应用"等
2015年	中国-韩国	有独立的电子商务章节,贸易便利化条款提及"应用低成本、高效率的信息技术";有独立的电信章节,知识产权保护条款提及"电子商标的申请"
2015年	中国-澳大利亚	有独立的电子商务章节,海关便利化条款提及"信息技术的应用",原产地规则提及"开发原产地电子数据交换系统"
2017年	中国-格鲁吉亚	有笼统的电子商务条款,如建立原产地电子数据交换系统
2017年	中国-智利(升级)	贸易便利化条款提及"提供电子联系点";有独立的电子商务章节、跨境支付监管合作条款
2017年	中国-马尔代夫	具体文本未开放,涉及服务贸易、贸易投资自由化和便利化等领域
2019年	中国-巴基斯坦(第二阶段)	海关合作条款提及"电子数据交换"
2019年	中国-毛里求斯	有独立的电子商务章节,原产地规则提及"建立原产地电子数据交换系统"
2020年	中国与其他14国(RCEP)	有独立且更完整的电子商务章节,海关便利化中有"信息技术的应用"、电信服务附件;知识产权章提及"数字环境下的执法"等
2020年	中国-柬埔寨	电子商务章涉及"在线消费者保护""在线个人信息保护""无纸化贸易";服务贸易章提及"一带一路"倡议合作等

资料来源:杨莉.数字贸易国际规则构建的中国方案——基于中国区域贸易协定框架下数字贸易条款的演进特点解析[J].价格理论与实践,2022(10):200-203,215.

① 第一阶段,2001年之前为数字贸易规则缺失阶段。世界数字化发展程度较低,电子商务刚刚起步,人们对数字贸易和电子商务尚处于探索阶段,对于数字贸易规则的诉求不多。因此,在这一阶段,数字贸易规则甚少。

② 第二阶段,2002—2014年为数字贸易规则的萌芽阶段。2001年中国加入世界贸易组织,在世界经济迅速发展的潮流中,电子商务的发展开始加快,数字化水平有所提高,但仍处于低水平。相应地,数字贸易规则逐渐增多,中国RTA条款中出现与贸易方式数字化相关的文字表述,如2005年和2008年签订的中国-智利FTA及升级协定、2008年4月签订的中国-新西兰FTA、2009年4月签订的中国-秘鲁FTA等都有原产地核查、知识产权、透明度等相关条款,也提到"电子文件""数字签名"等内容[①]。这一阶段尚未形成实质性条款,但在贸易便利化和贸易方式数字化方面做出了崭新尝试,力求降低贸易成本。例如,2013年4月签订的中国-冰岛FTA、2013年7月签订的中国-瑞士FTA具有贸易便利化和海关手续等相关条款,提出加快海关通关速度、简化流程手续,同时也倡导各方使用低成本、高效率的数字化技术。

③ 第三阶段,2015—2020年为数字贸易规则的雏形阶段。2015年以后是数字经济高

[①] 杨莉.数字贸易国际规则构建的中国方案——基于中国区域贸易协定框架下数字贸易条款的演进特点解析[J].价格理论与实践,2022(10):200-203,215.

速发展时期,不论是数字技术还是数字贸易都发展迅速,数字贸易规则的内容及结构不断完善,趋向成熟,并逐渐形成"中式模板"的雏形。这个阶段的主要表现为含数字贸易规则的 FTA 数量稳定增长,数字贸易规则内容向更大范围、更高层次和更高程度拓展,对协定方的要求更为严格[1]。例如,2015 年 6 月签订的中国-韩国 FTA 及中国-澳大利亚 FTA、2019 年 10 月签订的中国-毛里求斯 FTA 等将电子商务独立成章,数字贸易规则集中于电子传输免征关税、电子认证和电子签名、无纸化贸易和个人信息保护等领域。2017 年 11 月签署的中国-智利 FTA 升级协定,在增加电子商务章节的基础上,倡导信息共享,积极寻求跨境支付监管合作。

④ 第四阶段,2021 年至今为数字贸易规则的发展阶段。该阶段以 RCEP 的正式签订为里程碑,标志着中国的数字贸易规则谈判进入高水平谈判阶段。其后的数字贸易规则都以 RCEP 为模板,逐渐纳入更高标准的核心条款。在 RCEP 之前,中国 FTA 中电子商务章节的条款内容多为 WTO 框架下的共识,而 RCEP 一方面扩充了电子商务章节的内容,如增加了"非应邀商业电子信息""网络安全""电子商务对话"等条款[2];另一方面纳入了高标准的数字规则条款并做出了明确表态,如电子商务章节包含了"计算设施的位置"和"通过电子方式跨境传输信息"条款,这是中国 FTA 第一次包括这两个高标准条款,也是中国第一次就计算设施本地化及数据跨境流动表明立场[3]。

综上所述,中国在区域贸易协定中的数字贸易规则经历了从零到一,从单一到多元的过程,数字贸易规则的内容横向拓宽、纵深发展,创新性和标准化逐渐加强,这为未来中国加入 CPTPP 以及 DEPA 打下良好基础。但是与其他数字贸易大国相比,中国还略显不足,中国的数字贸易规则发展之路仍然任重道远。

8.4.3 "丝路电商"——电子商务合作备忘录

"丝路电商"是按照共建"一带一路"倡议,充分发挥中国电子商务技术应用、模式创新和市场规模等优势,积极推进电子商务国际合作的重要举措[4]。2016 年,中华人民共和国商务部与智利外交部签署了首个双边电子商务合作的谅解备忘录。2017 年,习近平主席在北京"一带一路"国际合作高峰论坛上提出了"21 世纪数字丝绸之路"。截至 2023 年 9 月,中国已与五大洲 30 个国家建立了双边电子商务合作机制,包括菲律宾、老挝、泰国、巴基斯坦、新加坡等[5]。按照中国"十四五"规划,"丝路电商"主要进行政策沟通、产业对接、能力建设、地方合作等多层次、宽领域的务实合作,着力打造开放包容、互利共赢的"丝路电商"伙伴关系[6]。"丝路电商"目前主要开展三方面工作。

① 搭建国家间政策沟通平台。中国与伙伴国签署关于电子商务合作的谅解备忘录,建立双边电子商务合作机制。中国与伙伴国定期交流,这样双方可以进一步了解彼此的电商

---

[1] 徐德顺,马凡慧. 基于 RTA 研究全球数字贸易规则演进特点与中国方略[J]. 对外经贸实务,2021(4):4-9.
[2] 盛斌,陈丽雪. 区域与双边视角下数字贸易规则的协定模板与核心议题[J]. 国际贸易问题,2023,481(1):19-35.
[3] 朱福林. 全球高标准 RTAs 数字贸易规则演进与中国因应[J]. 学术论坛,2022,45(5):93-105.
[4] www.ndrc.gov.cn/fggz/fzzlgh/gjfzgh/202112/t20211224_1309485_ext.html。
[5] https://dzswgf.mofcom.gov.cn/slds.html。
[6] 中华人民共和国商务部,共享发展红利"丝路电商"朋友圈不断扩大. 可参见网址 http://www.mofcom.gov.cn/article/tj/tjzc/202212/20221203373025.shtml。

法律法规,深入领略并学习彼此的产业政策,促进跨境电商基础设施合作,并制定差异化、个性化的合作重点。

② 组织政企对话和企业对接。各国企业可通过政府或企业了解东道国的投资环境和相关政策,也可以直接进行业务往来,这促进了政企之间、企业之间的跨国对话,畅通了交流合作渠道。

③ 开展研修培训活动。在"丝路电商"行动框架下,商务部通过政企对话会、电子商务研修班等多样形式进行经验分享和培训教育,为伙伴国培训大量跨境电商优秀人才,共同提升数字素养[①]。

跨境电商发展迅速,国际合作稳步推进,电子商务合作步伐加快,这为中国与沿线国家打造"丝路电商",发展数字丝绸之路提供了良好的现实基础。同时,"丝路电商"也面临以下挑战。

① 投资环境复杂。"一带一路"国家多为发展中国家,在政治、经济和法律等方面具有诸多不稳定因素,其基础设施相对落后且体制机制不完善。

② 海外建仓风险大。海外建仓需要适应东道国的营商环境,也需要专业、规范的设施和服务支持,这一条件是沿线的发展中国家难以保证的。另外,跨境电商企业一般以中小微外贸企业为主,其规模实力有限,承担风险能力低。

③ 跨境物流尚未成熟。沿线各国的物流和基础设施差异大,整体物流运输效率低,并且各国之间没有形成规范的物流运输程序和统一的法律规则体系,物流市场的巨大差异降低了"丝路电商"的成效。

在目前的数字治理领域内,DEPA 是唯一关注了新兴技术的协定,其对大量新兴技术、趋势的规定有可能成为未来数字治理规则的范本。中国能否成功加入 DEPA,将影响中国在全球数字规则治理中的地位。参考 DEPA 中对电子支付系统、数据创新、人工智能、数字身份等条款的规定,并依照中国在这些新兴领域的技术进展出台相关数字治理规定,将提高中国在数字贸易新兴领域的治理水平[②]。

数字贸易已成为重组全球要素资源、重塑全球经济结构、改变全球竞争格局的关键力量。同时,国际数字经贸规则制定正加速国际经济重塑。因此,中国应强化数字领域内的国际合作,共享数字经贸发展红利;构建开放包容性数字规则体系,拓展普惠数字经贸网络;践行真正的多边主义,引领各国共商、共建数字规则。

本章关键词

规则　电子商务规则　数字贸易规则　数字鸿沟　非歧视待遇　源代码　丝路电商

本章思考题

1. 在 WTO 电子商务谈判博弈激烈的形势下,各国的分歧点是什么?中国坚持的立场

---

① 张锐,钱霖亮.电商外交:概念界定与中国实践[J].国际关系研究,2020(6):20-40,152-153.
② 谢谦.全球数字经济规则议题特征、差异与中国应对[J].改革,2023(6):29-39.

是什么?

2. 后疫情时代,全球数字贸易规则构建和新一轮电子商务谈判该如何开展?

3. 美国和欧洲在构建数字贸易规则方面各具特色,不断地在扩展并创新规则内容,这对中国构建"中式模板"有什么启示?

4. 百年变局下的中美关系对中国构建数字贸易规则的"中式模板"有什么影响?对构建全球数字贸易规则有什么影响?

5. RCEP 的签署对中国加入 CPTPP 和 DEPA 的谈判有什么启示?

第9章 现行数字贸易政策体系

随着数字贸易在全球的快速发展,许多经济体(如美国、欧盟、日本和中国)已将数字贸易纳入本国的发展战略当中,在积极参与全球数字贸易规则谈判的同时,从国家层面入手,通过数字贸易政策来鼓励、引导和扶持数字贸易发展。各国数字贸易政策的主要分歧在于数据监管和网络平台管理方面,其政策之间的协调难度较大,大多数国家均对数据的国际流动采取了积极的态度。在数字企业本地进入政策方面,各国的差异性较小,共性内容较多,各国取得协商共识的可能性也较大。

近年来,全球数字贸易规则体系日渐完善,各主要数字贸易国家也纷纷提出了一系列相关战略文件,不论是在 WTO 框架下的谈判协定中,还是在双边、多边和区域层面的谈判协定中,乃至在国家层面的数字贸易战略文件中(见表9-1),各主要经济体都明确制定了有利于本国数字贸易发展和彰显自身利益的数字贸易政策,或表达了发展诉求。

表 9-1 近年来主要经济体的数字经济和数字贸易相关战略

国家与地区	主要战略
美国	《美国数字经济议程》《美国将主导未来产业》(2019 年)
欧盟	《欧盟数字议程》《数字化单一市场战略》《迈向数字贸易战略》《2030 年数字指南针:数字十年的欧洲之路》
法国	《数字法国 2020》、国际数字战略
德国	《数字议程(2014—2017 年)》、《德国 ICT 战略:数字德国 2015》、《数字化战略 2025》
日本	"e-Japan"战略、"u-Japan"战略、"i-Japan"战略、《ICT 成长战略》、《智能日本 ICT 战略》
东盟	《东盟 ICT 战略 2020》
APEC	《促进互联网经济合作倡议》《APEC 互联网和数字经济路线图》(2021 年 11 月)

资料来源:公开资料。

9.1 美国数字贸易政策体系

9.1.1 美国数字贸易政策的演变过程

数字贸易政策是一国政府为了实现其所代表的国内各阶层的利益与意志,以权威形式标准化地规定在一定的历史时期内,在数字贸易领域应该达到的奋斗目标、遵循的行动原则、完成的明确任务、实行的工作方式、采取的一般步骤和具体措施。数字贸易政策体系是一个综合性的政策框架,旨在促进数字贸易的发展。其主要包括数字贸易规则、数字基础设施政策、数字税收政策、数字知识产权保护政策以及数字人才培养政策。在数字贸易政策体系中,各个政策之间相互关联,相互影响,共同促进数字贸易发展。

数字贸易成为世界贸易发展的新引擎。2022年,美国数字服务贸易出口6,561亿美元,占全球数字服务贸易出口的16.1%,是排在第2位的英国的近2倍。美国拥有众多超大型跨国通信企业、大型互联网企业,并将欧洲总部设在爱尔兰。

在过去的30年里,美国一直引领着全球数字贸易的发展和数字贸易政策的制定。1998—2019年,美国共发布了13个有关数字经济的报告,探讨了数字经济与数字贸易的发展前沿问题,美国国际贸易委员会对数字贸易概念的界定更是成了数字贸易研究领域的主要理论。从2003年美国-新加坡FTA中出现第一个具有法律约束的电子商务专章,到2019年美国与日本签订独立的数字贸易协议,美国大力推广"美式模板",持续影响全球数字规则的制定。

1. 第一个10年(1991—2000年):数字贸易政策的雏形期

20世纪90年代,美国通信和传播业经历了一次大变革。1996年,美国总统签署的《电讯法》(The Telecommunications Act)让美国的电信传播发展进入新纪元。同时,互联网的普及使原本依靠电话、传真和电子数据交换(Electronic Data Interchange,EDI)等手段的电子商务迅速向以因特网为平台的电子商务转移。

从1981年IBM首台个人计算机诞生、1985年Window系统面世、1988年因特网开放商业应用、1991年网上商业用户数量超过学术领域用户数量,到1995年亚马逊公司成立、1998年Google公司成立,美国开始引领全球IT产业和电子商务的发展。据统计,1995—1999年,美国的IT产业对真实GDP的贡献率达到了三分之一。

因为IT行业对于美国经济发展以及就业很重要,所以美国企业界和政府都采取了积极促进IT发展的理念,并积极促进国际扩张。1995年,克林顿政府开始拟定《全球电子商务框架》(The Framework for Global Electronic Commerce),该框架于1997年生效,从此奠定了美国数字贸易发展的精神和原则,此后的政策都是在此基础上的扩展和延伸。

《全球电子商务框架》确立了五大原则:①电子商务应由民营企业主导;②政府应避免过度干涉电子商务发展;③政府参与的重点应是提供合理、一致以及简明的商务法规环境;④政府相关电子商务立法与规定应体现因特网的分散性及其由下至上的发展特征;⑤应以全球化作为发展电子商务的基础。具体的数字贸易政策包括金融、法律和市场进入三方面,共有9条措施。

一是金融方面。①海关与数字税:主张不对数字内容产品征收关税。②电子支付系统:主张不制定僵化和高度说明性的规章制度,在短期内对电子支付实验进行逐案监视而非监管。

二是法律方面。①电子商务统一商业法规:支持制定国际统一的商业法规,以促进电子商务发展,包括认可电子合同、电子签名和其他认证程序;促进建立国际商业交易的争端解决机制等。②知识产权:政府将解决数字贸易带来的新的知识产权冲突等法律问题。③隐私:支持私营部门主导、自我调节的隐私制度。④安全:政府与产业界进行合作,以加快基础设施的发展,使人们对加密技术产生信任,并提供用户和社会所需的保障措施。

三是市场进入方面。① 电信基础设施和信息技术:美国将在国际上努力消除贸易壁垒。②内容:政府鼓励行业自我监管,采用竞争性内容分级系统以及开发有效的、用户友好的技术工具(如过滤和阻止技术),以使父母、教师和其他人有权阻止不适合孩童的内容;美国政府将寻求与贸易伙伴达成协议,消除构成非关税贸易壁垒的内容法规。③技术标准:市场而非政府应该确定技术标准和其他互操作性机制。

这个框架在当时具有很强的前瞻性和开拓性。政策拟定人之一的 Ira C. Magaziner 回顾《全球电子商务框架》中的原则时说:"美国政府内部并不能确切地知道电子商务在未来几十年将如何发展,人类正在高速航行到未知的水域,人类经验并没有为数字时代做好充分准备。但是,即使在缺乏完整信息的情况下,人类也有责任制定发展电子商务的政策。"这个框架从一开始就确立了要构建全球性数字贸易规则框架的使命。美国认为,从经济角度来讲,互联网是第一个生来就诞生于全球的市场,传统政府谈判模式已经行不通,必须由一个国际框架来形成一个无缝的世界市场。因此,在该阶段,美国主要希望通过 WTO 完成《全球电子商务框架》确立的规则和政策。1998 年 2 月,美国向 WTO 递交了一个议案,呼吁世贸组织成员之间达成"不对电子传输征收关税"协议。

2. 第二个 10 年(2001—2010 年):数字贸易政策的探索期

2001—2010 年是美国数字贸易的开拓期。2002 年,美国国会颁布了《贸易促进授权法案》(Trade Promotion Authorization,TPA),为预期并防止在数字贸易环境中出现的新贸易壁垒提出了一系列雄心勃勃的谈判目标,数字贸易政策更加具体。该法案的数字贸易政策包括 IT 产品贸易、数字服务贸易、数字产品的电子商务和数字时代的知识产权保护 4 个方面。

(1) IT 产品贸易

确保贸易伙伴加入世贸组织的 ITA,扩大 ITA 产品的覆盖范围,减少或消除对 IT 产品的非关税贸易壁垒。对于在实物载体上交付的数字产品,贸易伙伴应同意根据承载媒介的价值而非内容征收关税。

(2) 数字服务贸易

在可能的情况下,确保使用最自由的形式来安排贸易承诺(负面清单法),以便新的服务自动被旧的承诺所覆盖,并确保不出现对数字服务的歧视。一是视听服务:①不要求贸易伙伴取消现有的文化和内容产业的财政支持计划;美国只要求取消扭曲贸易的补贴和其他财政支持计划。②不要求贸易伙伴消除歧视外国内容的现行规定,只要求冻结它们在一个特定的水平(如 50% 的地方广播内容配额)。③美国要求承诺提供新的视听服务。二是电信服务、计算机及相关服务:扩大对基本电信、增值电信(如在线信息服务、数据库检索等)和计算机及相关服务的承诺范围。确保这些承诺涵盖不断发展的 IT 产品(包括娱乐游戏和软件)。三是可通过电子方式提供的对跨境贸易的更广泛的承诺。四是金融、商务、专业等服务。

(3) 数字产品的电子商务

① 确保世贸组织规定的当前义务、规则、纪律和承诺适用于电子商务。② 确保以电子方式交付的货物和服务在贸易规则和承诺下得到的优惠待遇不低于以实物形式交付的同类产品。确保此类商品和服务的分类,确保尽可能提供最自由的贸易待遇。③ 确保各国政府

不采取妨碍电子商务的贸易措施。如果合法的政策目标要求制定电子商务的国内条例,则应承诺贸易限制最少、不歧视、透明与促进开放市场环境的原则。④延长世贸组织对电子交易征收关税的暂停期。⑤明确承认保持信息自由流动的重要性。

(4) 数字时代的知识产权保护

① 确保《与贸易有关的知识产权协定》的加速、全面实施和执行。②确保美国签订的任何有关知识产权的贸易协定都反映出与美国法律类似的保护标准。对体现知识产权的新技术、新产品的传播和分销方式提供强有力的保护。确保保护和执行标准与技术发展同步,特别是确保权利人拥有法律和技术手段,可通过互联网和其他全球通信媒体控制其作品的使用,并防止未经授权使用其作品。

1997年的《全球电子商务框架》主要侧重于确定美国支持数字贸易发展的基本原则,具体政策更多倾向于国内产业发展。2002年TPA则更多地出现了具体的贸易规则,增添了数字服务贸易、信息自由流动、数字贸易非歧视和透明原则等重要谈判目标。

美国本来计划通过WTO实现这些谈判目标,尽管WTO在1998年启动了电子商务工作计划,但是谈判由于针对数字产品的归类、规则适用等问题存在分歧,故几乎没有进展,这使得美国在国际上推行自己的数字贸易政策受阻。2002年,欧洲发布了隐私权的指令和对数字内容产品征收增值税的指令,让美国更觉无法在WTO实现其数字贸易政策。于是开始把目标转向双边贸易协定。

从2001年到2010年,美国一共签订了9个双边贸易协定。尽管2001年12月生效的美国-约旦FTA的第7条为电子商务内容,有简短的3项内容,但它更具描述作用,并不具有法律约束力,只能算一次非正式的实验。真正有进展的是2003年签订的美国与新加坡的双边协定和美国与智利的双边协定,它们实现了美国TPA的数字贸易目标,为未来创立了范本。

美国-智利贸易协定的第15章为电子商务内容,共6条,包括将服务电子化提供(Electronic Supply of Service)界定为服务类别、数字产品关税、数字产品非歧视原则、电子商务合作以及术语解释。美国-新加坡贸易协定的第14章为电子商务专章,共4条,数字产品有专条。这两份贸易协定全面实现了美国数字贸易政策的谈判目标,其最大创新之处在于它们都包含了具有法律约束力和保护电子商务知识产权的章节,为设置数字时代的版权保护开辟了先例。

美国与智利、新加坡达成的数字贸易协定只是美国数字贸易雄心的开始。此后,2005年签订的美国-澳大利亚贸易协定中的电子商务专章共8条,增加了认证和数字证书、在线消费者保护和无纸化贸易管理内容;2009年签订的美国-秘鲁贸易协定中的电子商务专章共8条,增加了透明度条款。

3. 第三个10年(2011—2020年):高速发展期

当21世纪进入第二个10年后,全球数据流动增长推动全球化进入新阶段。据麦肯锡2016年的调查,2014年全球的数据流量是2005年的45倍,大部分的成就来自2010年之后。

(1) 奥巴马政府的数字贸易政策

2011年,美国可数字化交付的服务出口已经占美国服务出口的60%以上,约占美国商品和服务总出口的17%。20世纪90年代和21世纪初成立的IT公司已经成为巨大的跨国公司,美国借助它们确立了在数字贸易领域的领先地位。在美国境内,这些公司的政治作用已大大增强,它们通过游说、竞选捐款和其他形式的政治活动形成了推动美国数字贸易政策发展的主要力量。2018年,Google/Alphabet在游说方面的支出超过2,100万美元。奥巴马是这些ICT公司的支持者,他被称为美国历史上第一位"技术型总统",美国21世纪贸易议程中最重要的方面就是数字经济和数字贸易。在此期间,第一个双边协定是2012年美国与韩国签订的FTA,电子商务内容在第15章,共9条。美国-韩国FTA是美日双边协定生效前对数字贸易规定最严格的双边协定,并且是第一个包含关于跨境数据流动条款的协议(第15.8条)。该条款不鼓励设置跨境数据流动的障碍,但并未明确提及本地化要求。同时,该协议规定了接触和使用因特网的原则(第15.7条),强调了互联网自由、开放的原则。

美国国际贸易委员会在2013年7月和2014年8月分别发布了报告《数字贸易在美国及世界经济中》的第一部分和第二部分内容,第一次对数字贸易进行了界定,第一次识别了诸多针对数字贸易的贸易壁垒。2015年,TPA获得国会的重新授权,这反映了美国国会希望确保奥巴马政府和未来政府在谈判贸易协定时保持数字贸易政策的持续性,提出的数字贸易谈判目标远远超出了2002年的TPA。根据这些谈判目标,美国贸易代表办公室在2015年5月出台了数字贸易议程《数字12条》,它成了美国在TPP中谈判的标准。2017年,美国国会建立了两党"数字贸易核心小组",其专门推动数字贸易政策的制定和谈判。

《数字12条》包括促进免费开放的互联网、禁止数字海关关税、确保基本的非歧视原则、允许跨境数据流动、阻止本地化障碍、禁止强制技术转让、确保技术选择、推进创新认证方法、提供可行的消费者保护、保障网络竞争、培育创新加密产品和构建自适应框架。《数字12条》于2016年2月更新为第二版,扩充为《数字24条》,最明显的变化就是美国将产品关税、投资、市场进入等规则也一起并入了数字贸易政策,确立了数字贸易在美国贸易谈判中的核心地位。新增加的规则包括保护关键源代码,促进网络安全合作,保持市场驱动的标准化和全球交互操作性,取消所有制造产品的关税,确保对投资和跨境服务做出强有力的市场准入承诺,确保更快、更透明的海关程序,促进透明度和利益相关者参与制定法规和标准,确保与国有企业的公平竞争,促进严格和平衡的版权保护和执行,推进现代专利保护,打击贸易秘密盗窃和确认合格评定程序。

奥巴马政府深知将这些问题纳入WTO框架的进展有限,于是将"21世纪贸易协定"〔尤其是TPP和《跨大西洋贸易与投资伙伴关系协定》(Transatlantic Trade and Investment Partnership,TTIP)〕视为实现新的数字贸易政策的重要方面。TPP被美国贸易政策制定者描述为"有史以来最雄心勃勃、最有远见的数字贸易协议"。2016年生效的TPP仍然有电子商务专章,其共有18条。除了在之前的双边贸易协定中出现的所有条款外,TPP还增加了国内电子交易框架、个人信息保护、电子商务访问和使用互联网的原则、数据跨境流动、互联网互连费用分担、数据本地化、垃圾邮件、网络安全、源代码和争端解决条款。批准后的TPP中的电子商务章节满足了美国数字行业的许多需求,《数字24条》的政策主张全部都在TPP中得以实现,它被视为美国在亚太市场治理数字问题的重要一步,也被视为区域多边规则的模板。

(2) 特朗普政府的数字贸易政策

特朗普上台后,美国贸易政策方向从多边主义向双边主义转变,美国正式退出TPP。TTIP、TISA等多双边协定目前处于暂停状态。特朗普政府退出TPP被美国IT界认为是美国数字贸易发展的重大挫折,他们强烈游说政府将行业需求作为弥补纳入 NAFTA 的修订中。同时,2017 年美国贸易代表办公室发布的《2017 年贸易政策议程和 2016 年年度报告》和美国国际贸易委员会发布的《全球数字贸易的市场机遇和主要贸易限制》都指出美国企业由于别国封堵或不合理地限制数据和数字服务的流动以及窃取交易秘密而受到损害,都要求美国政府利用所有可能的杠杆鼓励其他国家开放市场,给美国企业提供公平、互惠的市场准入。

USMCA 没有让美国 IT 企业失望,在承袭以 TPP 为代表的数字贸易规则"美式模板"的基础上实现了规则升级,是目前美国所签订的区域贸易协定中最能体现美国数字贸易的核心诉求的协定。

USMCA 一共有 18 条,最明显的变化如下。①它第一次采用以"数字贸易"为名称的章节。"电子商务"可能导致某些人仅想到在线销售的商品和数字产品,而"数字贸易"包括更广泛的经济活动,以反映其更广阔的前景。②与 TPP 一样,它禁止各国要求公开源代码,还进一步禁止各国政府要求公开"源代码中表达的算法"。但监管机构要求对该信息进行特定调查、检查,检查执法行动或程序规定的除外。③它根据《数字千年版权法案》第 512 节的规定,重新为互联网服务提供商提供了 TPP 的安全港,以保护他们对用户行为的版权责任。④它比 TPP 中有关数据本地化的规定更为严格,甚至禁止有关金融服务的数据本地化。⑤它遵循 TPP,要求每个国家制定个人信息保护法律,尽管该法律的内容和执行方式由每个国家决定。USMCA 虽然没有设置强制性的最低保护标准,但并不排除一个国家采用严格的隐私保护政策。

从 20 世纪 90 年代美国政府确定保护企业创新,自由、开放的互联网以及无障碍贸易的数字贸易原则,到 21 世纪美国政府针对识别出的数字贸易壁垒,积极制定新的数字贸易政策(以为本国 IT 企业扩张扫清道路),塑造"美式"全球数字贸易规则框架,都显现出美国为保持其数字贸易在世界的领先地位而做的努力。

9.1.2 美国数字贸易政策的主要特征

美国是当前全球数字贸易发展最成熟的国家,利用本身的数字技术领先优势及其在国际贸易中的影响力,来引领全球数字贸易的发展方向。在国际贸易规则制定中,美国具有很大的话语权。一直以来,美国政府从多层面入手,始终致力于打造代表其自身发展需要的贸易规则新体系,以巩固其在全球数字贸易领域内的竞争优势和领先地位,这主要体现在近几年美国政府实施的数字贸易政策上。美国数字贸易政策的典型特征可以概括为"监管松、准入严"。

首先,美国对数据的监管相对宽松。例如,美国没有数据隐私管理的全国性法律,只有一些州立法规定"未经授权的人在披露加密个人信息前应当通知州检察长"。2018 年,加利福尼亚州颁布《消费者隐私法》,要求企业有义务向消费者披露其收集、出售或分享的消费者个人信息的资料,对企业提出更多通知、披露义务,并针对数据泄露规定了法定损害赔偿金,是美国州层面最严格的隐私立法。

其次,美国对信息通信技术产品贸易设置了较多的贸易管制。例如,美国对使用加密方式的商业通信卫星和技术存在出口管制,禁止美国企业向中兴通讯销售零部件或提供服务。尽管美国基本没有设立数字产品进口的歧视性技术标准,但是数字产品的政府采购壁垒较高,并对某些国家存在明显的歧视。

最后,美国对数字企业的本地进入实行了比较严格的限制政策。例如,美国设立外国投资委员会,以对外国直接投资(Foreign Direct Investment,FDI)进行经济安全审查,审查重点包括对国内生产的影响,对国内工业和国防能力的影响,对美国关键技术、基础设施的国际领先地位的影响。

美国数字贸易政策的具体特征表现为以下两个方面。

1. 美国数字贸易政策的核心议题——消除数字贸易壁垒从未改变

自奥巴马政府以来,美国在其数字贸易政策上的核心立场基本一致——致力于消除数字贸易壁垒,推动数字贸易领域内的贸易开放性及其自由化发展。近年来,在涉及多边、区域、双边以及国家层面的多轮贸易规则谈判中,美国多次表明其数字贸易政策的基本立场,其核心议题主要围绕"数字产品免征关税""跨境数据和信息的自由流动""数据传输与消费者隐私保护""禁止数据存储本地化要求""知识产权保护""数字贸易市场准入""非歧视性待遇"以及"数据源代码开放"等问题。其中,"跨境数据和信息的自由流动"是美国所有议题中最核心的议题。

2. 美国借助不同层面的贸易谈判协定来表达其数字贸易政策诉求

尽管美国已于2017年正式退出TPP,但美国通过各层面的贸易政策协定谈判来表达其数字贸易政策诉求的方式依旧没有改变。

① 在多边层面:2018年4月,美国政府WTO总理事会提交的关于联合声明的新议案明确提出了包括"信息自由流动"和"数字产品的公平待遇"等在内的7个议题。

② 在区域层面:2018年10月,美国与墨西哥、加拿大达成了USMCA,该协定加入了"消减数字限制措施""保护消费者隐私"以及"保证数据的跨境传输和自由流动"等议题。

③ 在双边层面:2019年1月,美国政府公布的《贸易谈判摘要》在美国-欧盟的谈判中明确要求欧盟必须向美国开放跨境数据流动。

9.2 欧盟数字贸易政策体系

9.2.1 欧盟数字贸易政策的历史演变

欧盟及其主要成员国的数字贸易政策的演变经历了多个阶段。下面是其中一些重要的里程碑。

1.《单一欧洲法案》(1992年)

《单一欧洲法案》的通过旨在建立一个统一的欧洲市场。这为数字贸易创造了一个更自由和无障碍的环境,消除了国家之间的贸易壁垒和限制。

2.《数据保护指令》(1995年)

1995年,欧盟通过了一项旨在保护个人数据隐私的指令,即《数据保护指令》。这项指令规定了个人数据的处理和传输规则,为欧洲公民提供了更多的权利和保护。

3.《数字单一市场战略》(2015年)

欧盟于2015年发布了《数字单一市场战略》,旨在创造一个统一和有竞争力的数字经济环境。该战略涉及减少地理和技术壁垒,推动数字商品和服务的自由流通,并加强网络安全和数据保护等。

4. GDPR(2018 年)

GDPR 是欧盟于 2018 年实施的一项重要法规。GDPR 强化了个人数据保护的规定,增加了数据处理者的责任和对违规者的惩罚条款。为了应对美国的数据霸权,一方面,欧盟限制对美国充分性认定的开放,仅将一部分美国企业纳入"白名单",并严格控制欧盟个人数据向"白名单"以外的美国企业和其他国家或地区的企业流动;另一方面,GDPR 增多了数据主体的权利和数据控制者的义务,并对"白名单"国家实行定期审查机制,一旦出现违反或不再符合其标准的情况,欧盟可采取措施对这些国家进行限制,甚至将其踢出"白名单"①,以防止美国和其他国家利用数据优势地位威胁欧盟的主权与个人信息安全。

5. 数字税(2020 年)

欧盟及其成员国一直在探讨针对数字服务巨头征收数字税的问题。尽管目前其还没有达成全面一致的解决方案,但一些成员国已经实施了国内的数字税方案。

6.《数字服务法案》的草案(2020 年)

欧盟于 2020 年 12 月公布了《数字服务法案》的草案,旨在对数字平台和在线市场进行更严格的监管。该法案将提供更强有力的规定,以确保数字平台在公平竞争、网络安全、消费者权益和内容监管方面遵守规则。

7. 数字市场法规(2020 年)

欧盟的数字市场法规旨在推动数字经济的增长和创新,并为数字技术公司提供更多的机会。该法规涉及的领域包括人工智能、大数据、云计算和物联网等。

8. 数字税和全球税收改革(进行中)

欧盟一直在推动全球税收改革,以确保数字经济平等纳税和公平分配税收。欧盟成员国正在与其他国际合作伙伴进行谈判,以达成全面的全球税收改革协议。自从 OECD 提出"双支柱"国际税改方案,支柱二已经进入了各国国内立法阶段,但支柱一的落地具有较大的不确定性,其实施时间从原定的 2023 年推迟到 2024 年。2022 年 11 月,欧盟委员会通过了修正《自有财源决定》的提案,提出如果支柱一在 2023 年年底仍然没有明显的进展,将实施数字服务税或类似措施,以便在 2026 年产生收入。

9. 数据流动和隐私保护(进行中)

欧盟正在加强对数据流动的规范和保护,以促进数字经济和跨境贸易的发展。同时,欧盟也在继续加强对个人数据隐私的保护,特别是在与其他国家进行数据传输和合作时更是如此。欧盟通过构建相应的数字经济秩序,对"内容"层(即个人数据)的对外流动进行严格的限定,从而获取先发优势,应对美国等国的高科技公司所带来的技术挑战和经济压力。

数字贸易政策的演变是一个动态的过程,不断受到技术创新、经济环境和国际竞争与合作的影响。欧盟及其成员国将继续努力适应和引领数字经济的发展,并制定相应的政策和法规来应对新的挑战。

---

① 陈振华,张伟华,王秉,《欧盟个人数据跨境流动充分性决定制度评价及中国因应策略》,发表于《情报理论与实践》,2024。

9.2.2 欧盟及其主要国家数字贸易政策的主要特征

欧盟的数字贸易发展水平与美日接近,但其数字贸易政策却表现出较大的独特性,在数据监管和网络平台管理方面较美日有较大区别。

1. 注重建立欧洲数字单一市场

欧盟的数字贸易政策旨在通过建立数字单一市场来实现统一和有竞争力的数字经济环境。欧盟于2010年发布《欧盟数字议程》,将创建单一数字市场作为发展数字经济的优先事项。数字单一市场包括数字商品和服务的自由流通、互联网接入、数字支付、内容管理和网络安全等方面。数字单一市场旨在消除地理和技术壁垒,促进数字经济增长和创新。

2. 注重对个人隐私和数据的保护

欧盟成员国的数字贸易政策强调保护个人隐私和数据。欧盟推出了包括GDPR在内的重要数据保护法规,对域内个人数据保护提出高标准且严格的治理规则。GDPR将个人数据定义为与已识别的或可识别的"自然人"相关的任何信息,遵循数据保护原则优于数据自由流动原则,在适用范围上兼具"属地"和"属人"数据管辖权,即无论数据控制者是否在欧盟境内设立实体机构,只要其数据处理行为涉及欧盟公民的信息就需接受GDPR的管辖。一旦违反GDPR则将面临最高2,000万欧元或企业上一财年总营业额4%的高额处罚。这些规定强化了数据处理者的责任和违规惩罚,同时为欧洲公民提供了更多的数据保护权利和更大的管辖权。欧盟旨在确保数据安全的情况下推进跨境数据流动,为欧盟国家的数字企业提供更广阔的数据市场。在数字产品和服务贸易政策等方面,欧盟总体上自由化程度较高,例如,欧盟仅对具有双重用途的产品出口实行限制政策,对进口产品没有特殊限制。

3. 专门出台企业数字税

鉴于欧盟国家的企业税政策体系严重滞后于数字经济发展,难以对基于消费者数据产生的企业收入进行征税,数字经济并没有为欧盟国家带来对等的税收收入,数字企业在市场所在国的有效纳税率达不到该国传统实体企业有效纳税率的50%,这已经危害到欧盟国家的税收公平和企业竞争公平,故欧盟专门出台企业数字税。欧盟及其成员国正在研究对数字服务巨头企业征收数字税以补充税收收入的机制。数字税是否实施目前仍存在争议,但欧盟成员国正在继续加强对数字服务公司的监管和审查。欧盟在国际上推动和支持全球税收改革,以实现有效的全球税收框架。

4. 通过一系列政策和计划推动数字技术创新

欧盟及其成员国致力于推动数字技术创新,特别是人工智能、物联网、大数据等领域的创新。从网络平台管理来看,欧盟的知识产权保护规定较为严格,有关的法律法规包括《版权指令》《欧盟专利制度》等,目前关于欧盟使用专利制度的竞争政策和其他补救措施有很多案例。

5. 缺乏独立且完整的数字贸易政策体系

尽管发展数字贸易是各国的共识,但欧盟由多个国家组成,各国的诉求与利益不尽相同,因而各国在数字贸易政策的制定中尚存分歧。

欧盟及其成员国的数字贸易政策是一个持续发展和调整的过程。在不断变化的数字经济环境中,欧盟和国际社会将面临新的数字贸易挑战和机遇,需要及时调整其数字贸易政策,以适应这些变化。

9.3 日本数字贸易政策体系

9.3.1 日本数字贸易政策的历史演变

日本数字贸易政策体系比较全面,包括数字贸易自由化、数据和隐私保护、数字技术创新等方面。

1. 日本数字贸易萌芽时期的政策

2001年1月,日本提出了"e-Japan"战略,该战略的主要目的是使每个国民都能灵活运用IT技术和最大限度地享受IT技术带来的便利,实现知识创造型社会。日本创造宽松的环境,使民间企业按照市场经济原理最大限度地发挥自身能力,争取早日成为世界最先进的IT国家之一。在此基础上,日本在2003年出台了"e-Japan"战略Ⅱ,旨在将数字信息技术应用于食品、医疗、中小企业金融等产业的发展中。随着"e-Japan"战略的实施,日本的数字信息技术得到了快速发展。

2004年3月,日本提出了"u-Japan"战略,该战略的理念是以人为本,实现所有人与人、物与物、人与物之间的连接,这里的"u"指的是"Ubiquitous, Universal, User-oriented, Unique",表示任何时间、任何地点、任何事情、任何人都可利用。该战略以基础设施建设和利用为核心,从3个方面展开:一是社会网络的基础建设;二是ICT的高度有效应用,以促进社会系统的改革,解决高龄化社会的医疗福利、环境能源、防灾治安、教育人才、劳动就业等问题;三是与前两者相关联的安心、安全地"利用环境设备"。此外,贯穿在3个方面中的横向战略还有日本的国际战略和技术标准战略。

2006年1月,日本根据IT行业的发展现状,推行《IT新改革战略》,该政策的战略目标是提高效率和生产率,创造新价值,实现健康而安全的社会。其与数字经济相关的重点工作包括以下三方面。第一,实现国家和地方的综合性电子行政服务。建立相关机构,掌握现行的申请、申报等相关在线手续的利用状况,并基于使用者角度进行行动流程的分析和需求的把握。第二,提高IT制造业、服务业等经济产业的生产率。开发、推广中小企业的经营支援工具等,进一步充实"IT经营支援队事业",采取对IT投资的支援措施。第三,实现无所不在的社区与相关省厅、地方公共团体共同合作。在福利、教育、交通等与地区生活密切相关的领域内构建先进的工作模式。

2. 日本数字贸易发展时期的政策

2009年,日本政府制定了"i-Japan战略2015",着眼于让信息技术惠及全民,并提出了以下重点内容。

① 发展和完善信息基础设施。从拥有信息的时代走向应用信息的时代,构建不依赖时间和空间,随时随地都可以放心、安全地运用信息技术的环境。

② 消除妨碍信息技术运用的壁垒。通过业务流程再造,消除信息技术应用面临的制度、惯例和组织等壁垒,实现以国民或客户为本位的、有效的且有国际竞争力的经济社会。

③ 营造信息技术应用的安全环境。信息技术应用可能带来个人信息泄露的问题,会增加使用者的风险,会给使用者带来不安全感,因此需要明确解决这些问题的基本规则,减少

信息泄露等因素造成的不良影响,建立与风险级别相适应的信息安全体系。

④ 在经济社会的各个领域广泛应用信息技术,加快日本的创新改革速度。从"e-Japan"战略到"u-Japan"战略,再到"i-Japan"战略,不仅仅是一个字母的变化,更是日本信息化战略的理念、目标与路径的全方位改变,这使日本的信息技术得到了快速发展。2013 年,日本将 IT 战略总部升级为内阁的"高速信息通信网络社会推进战略本部",统筹相关各部门工作,并将数字信息产业应用于区域振兴和智慧农业等领域。2016 年 1 月,日本内阁会议指出要建设全球领先的"超智能社会",旨在通过最大限度地利用信息通信技术,将网络空间与现实空间融合,使每个人享受高质量的服务和便捷的生活。

3. 日本数字贸易成熟时期的政策

2018 年 6 月,日本经济产业省出台了《日本制造白皮书》,详细分析了日本制造业所面临的持续低收益率问题。其与数字贸易相关的内容如下。

① 利用数字化工具强化和提升制造"现场力"。企业通过利用机器人、物联网以及人工智能等技术实现自动化、提高生产率,以应对人手不足的情况。

② 明确互联网工业是未来产业发展趋势。企业通过灵活地运用物联网、大数据、人工智能等数字化工具连接人、设备、系统及技术,实现自动化与数字化融合的解决方案,创造新的附加值。

③ 发展自动驾驶、机器人等战略性领域及产业。完善战略性领域的基础设施建设,同时加强网络安全。日本召开了综合科学技术创新会议,提出要实现不同领域间能相互利用数据,通过加强官民合作,完善不同领域之间的数据合作基础,解决数据安全、个人数据跨境转移等相关问题。日本政府在该会议上指出要在 3 年内奠定数据合作基础,在 5 年内让数据合作正式投入运行,并实现利用人工智能技术解析数据。同时,日本政府要加快发展 IT 及理工科教育,培养人工智能领域的技术人才。2019 年 6 月,G20 峰会发布了《大阪数字经济宣言》,讨论了贸易和数字经济之间的交互关系。日本政府深刻认识到数字化对包括贸易和商业在内的社会和经济的影响与日俱增,指出要促进数据的自由流动,实现更高的生产率、更优质的创新和可持续发展,实行数字经济商业模式,以数字化方式来促进数字社会包容性发展。

9.3.2 日本数字贸易政策的主要特征

日本数字贸易政策与美国较为类似,但是其在产品和服务贸易政策方面与美国略有差异。

1. 积极参与数字贸易自由化

日本参与了多个双边和多边数字贸易协定,如 CPTPP 和《欧日经济伙伴关系协定》(EU-Japan Economic Partnership Agreement,EPA)等,这些协定中包含了数字贸易原则和新的数字贸易规则,涉及算法等问题。此外,日本也在《美日数字贸易协定》和《英日经济伙伴关系协定》等双边协议中规定了新的数字贸易规则。同时,日本在多边及诸边贸易组织框架中也占据着主动地位。

2. 重视数据和隐私保护

在数据监管方面,日本的管制水平普遍较低,没有烦琐的跨境数据传输限制,其政策重点主要在于对数据安全的管理。由于日本对数据和隐私有着严格的保护,因此,在 GDPR

生效后,日本便于2019年1月获得了欧盟委员会的首个充分性认定。此外,日本也在数字贸易协定中强调了数据和隐私保护的重要性,例如,《欧日经济伙伴关系协定》就规定了数据传输和隐私保护的标准和原则。此外,日本对金融行业的数据安全管理较为严格,要求公司必须设立专门的数据保护部门。日本允许合法合理的数据跨境传输,但是要求数据传输的第三方提供数据主体的许可签名。

3. 注重数字技术创新

日本积极参与全球创新模式转变,推动初创企业成为创新的主体。同时,日本也在数字贸易协定中强调了技术创新的重要性,例如,《欧日经济伙伴关系协定》就规定了数字技术的合作领域和计划。此外,日本还在数字技术领域推动国际合作,如参与国际电信联盟等国际组织的活动,提出"数字日本创新计划"等战略计划,促进数字技术的研发和应用。

4. 在网络平台管理上注重知识产权保护

在网络平台管理方面,日本没有在网络中介责任和网络内容审查上设置特殊的政策要求,而是重点强调了知识产权保护。自2013年以来,日本建立了"日本知识产权桥"的主权专利基金,这一基金由日本几家网络公司出资创建,旨在防止海外实体对日本企业知识产权的侵犯。

5. 注重构建安全的网络环境

安全的网络环境是数字贸易发展的重要保障。随着信息技术的快速发展,人们在享受信息技术带来的生活便利的同时,也比以往承担了更多的风险。随着国际范围内网络安全问题的日益突出,日本作为亚洲最早将信息技术应用于国民经济部门和社会生活的国家,对网络安全保障的重视程度逐步提升。

6. 在数字产品和服务贸易领域实施自由化程度较高的政策

在数字产品和服务贸易领域,日本实施了自由化程度较高的政策。例如,日本对线上销售的最低免征关税额为90美元,允许电子签名;日本的数字产品零关税覆盖率为99.38%。关于数字企业的本地进入政策,日本没有明确限制电信或信息通信技术的投资,仅设定了直接投资提前通知的要求。但是日本对媒体领域的外商投资要求比较严格,将外国对广播公司的投资份额限制在20%~33%。

9.4 中国数字贸易政策体系

中国政府高度重视数字贸易的发展,近年来出台了一系列支持、鼓励和规范数字贸易行业的政策。2022年国务院发布的《国务院关于加强数字政府建设的指导意见》大力推行"互联网+监管",构建全国一体化在线监管平台,推动监管数据和行政执法信息归集共享和有效利用,强化监管数据治理,推动跨地区、跨部门、跨层级协同监管,提升数字贸易跨境监管能力。此外,国家还鼓励各省市积极推动数字贸易行业的发展,并发布了一系列政策,以推进数字贸易产业的发展。

各省市积极促进数字贸易的发展,并通过一系列政策推进数字贸易产业的发展壮大。例如,《黑龙江省"十四五"数字经济发展规划》提出了一系列政策,以促进跨境电商、智慧物流、跨境旅游、网络文化和语音服务等数字经贸合作,探索发展数据跨境交易、数字资产融通、金融科技监管沙盒等数字贸易新产业、新业态、新模式,加快建设智慧口岸群、数字产品进出口加工基地、智慧文化旅游和智慧边防示范区。

9.4.1 中国数字贸易政策的历史演变

1. 中国数字贸易萌芽时期的政策

1994年,中国正式接入国际互联网,开始了数字经济的探索。中国政府早期鼓励数字经济发展的政策主要是推动信息化建设和发展电子商务。中国早期电子商务的发展速度较快。在电子商务方面,中国还相继出台了一系列文件。2007年12月,商务部发布了《商务部关于促进电子商务规范发展的意见》(以下简称《意见》),结合中国电子商务的发展情况,指出中国电子商务的作用愈发重要,但是电子商务的发展还处于起步阶段,存在的问题较多,因此要促进电子商务规范发展。《意见》的主要内容如下。

① 规范网络交易各方的信息发布和传递行为,提高各类商务信息的合法性、安全性、真实性、完整性、时效性和便捷性。

② 提倡合法规范、公平公正的网上营销、电子签约和售后服务等行为,防范和化解电子商务中的各类交易纠纷。

③ 提倡合法规范、稳妥安全的电子支付,防范电子商务的资金结算和流转风险。

④ 规范和改善电子商务企业的商品配送行为,提高物流服务的准确性和及时性。

⑤ 面向社会公众加强宣传和引导,推动电子商务法律和政策体系建设。

2007年6月,国家发展和改革委员会、国务院信息办出台了《电子商务发展"十一五"规划》,指出"十一五"是中国发展电子商务的战略机遇期。中国要抓住机遇,加快发展电子商务:①大力推进企业电子商务应用,积极推进政府采购的电子商务应用,提高国民经济的运行效率和质量;②大力发展电子商务服务业,积极推进交易服务;③加快发展业务外包服务,形成国民经济发展的新增长点;④健全电子认证体系,加快在线支付体系建设,发展现代物流体系,推进信用、旅游、电子商务协调发展;⑤积极推进电子商务技术研发和产业化,加强电子商务创新能力建设,提高自主发展能力;⑥依据电子商务相关的法律法规,进一步规范企业行为,维护市场秩序,促进企业间电子商务的相互协作和发展;⑦加大电子商务宣传教育力度,增强公民对电子商务的应用意识和信息安全意识。

2012年7月,国务院出台《"十二五"国家战略性新兴产业发展规划》,强调要把握信息技术升级换代和产业融合发展机遇,加快建设宽带、融合、安全、泛在的下一代信息基础设施,突破超高速光纤与无线通信、物联网、云计算、数字虚拟、先进半导体、新型显示等新一代信息技术,推进信息技术创新、新兴应用拓展和网络建设的互动结合,创新产业组织模式,提高新型装备保障水平,培育新兴服务业态,增强国际竞争力,带动中国信息产业实现由大到强的转变。

2. 中国数字贸易发展时期的政策

2015年3月,时任国务院总理李克强在政府工作报告中首次提出"中国制造2025"战略。其主旨在加快新一代信息技术与制造业的深度融合,推进智能制造,强化工业基础能力,提高综合集成水平,完善多层次、多类型人才培养体系,促进产业转型升级,促进制造业数字化。2015年12月,习近平总书记在"第二届世界互联网大会"开幕式上指出:以互联网为代表的信息技术日新月异,引领了社会生产新变革,创造了人类生活新空间,拓展了国家治理新领域,极大地提高了人类认识世界、改造世界的能力。中国正处在信息化快速发展的历史进程之中,习近平总书记强调在"十三五"时期,中国将大力实施网络强国战略。习近平总书记还强调,网络空间是人类共同的活动空间,网络空间的前途命运应由世界各国共同掌握。各国应该加强沟通、扩大共识、深化合作,共同构建网络空间命运共同体。习近平总书记就此提出五点主张。第一,加快全球网络基础设施建设,促进互联互通,让更多的发展中国家和人民共享互联网带来的发展机遇。第二,打造网上文化交流共享平台,推动世界优秀文化交流互鉴,推动各国人民情感交流、心灵沟通。第三,推动网络经济创新发展,促进共同繁荣,促进世界范围内的投资和贸易发展,推动全球数字经济发展。第四,保障网络安全,促进有序发展,推动制定各方普遍接受的网络空间国际规则,共同维护网络空间和平与安全。第五,构建互联网治理体系,促进公平正义,坚持多边参与、多方参与,以更加平衡地反映大多数国家的意愿和利益。

2016 年 7 月,中共中央办公厅、国务院办公厅出台了《国家信息化发展战略纲要》(以下简称《战略纲要》),它是根据新形势对《2006—2020 年国家信息化发展战略》的调整和发展,是规范和指导未来 10 年国家信息化发展的纲领性文件,是国家战略体系的重要组成部分。《战略纲要》的目标是到 2020 年,固定宽带家庭普及率达到中等发达国家水平,到 2025 年接近国际先进水平,建成国际领先的移动通信网络,实现宽带网络无缝覆盖。其内容主要包括 3 个方面。

① 大力增强信息化发展能力。构建安全可控的信息技术体系,培育并形成具有国际竞争力的产业生态;构建国家信息基础设施,不断完善普遍服务;加强顶层设计和系统规划,完善制度体系,构筑国家信息优势,释放数字红利;优化人才队伍,提升信息技能;积极开展双边、多边国际交流与合作,共同应对网络安全面临的挑战,共同维护网络空间的公平正义。

② 着力提升经济社会信息化水平。加快建设数字中国,大力发展信息经济,促进经济转型发展;持续深化电子政务应用,以信息化推进国家治理体系和治理能力现代化;坚持正确舆论导向,发展积极向上的网络文化,增强国家软实力;优化公共服务资源配置,促进基本公共服务均等化;构建基于信息化的新型生态环境治理体系,加快建设美丽中国;加快构建中国特色现代军事力量体系。

③ 不断优化信息化发展环境。完善信息化法律框架,有序推进信息化立法进程,加强执法能力建设;创新网上正面宣传方式,加强全网全程管理,加强网络生态治理;树立正确的网络安全观,增强网络安全防御能力和威慑能力。

《国家信息化发展战略纲要》以及"十三五"国家信息化规划》是"数字中国"建设发展的纲领性文件。2019 年,中国向 WTO 总理事会提交了一份涉及电子商务相关议题的文件,该文件从 4 个方面讨论了电子商务。

① 营造良好的贸易政策环境,促进跨境电子商务发展。简化部分产品的边境监管措施、探讨在 B2C 模式下实施退税的方法,同时考虑出口增值税退税的国际惯例,澄清适用于退货的政策,包括税收政策等。

② 提高跨境电子商务政策框架的透明度。发布跨境电子商务相关的法律法规和行政措施,向 WTO 通报其发布的官方网站,并尽可能地向 WTO 提供此类法律法规和行政措施等。

③ 改善跨境电子商务的基础设施和技术条件。交流数字证书、电子签名和电子认证相关的信息和政策,促进数字证书和电子签名互认,探索改善发展中国家电子商务基础设施和技术条件等方面切实可行的措施等。

④ 其他相关议题,包括交流有关跨境电子商务相关政策问题的成员法律法规和行政措施的信息,如消费者保护、隐私保护和知识产权,以及讨论贸易政策之间的关系等,以加强消费者对跨境电子商务的信心,促进电子商务发展。

2016年12月,工业和信息化部发布《智能制造发展规划(2016—2020年)》,将发展智能制造作为长期战略任务,指出要加快智能制造的装备发展,加强关键共性技术创新,构筑工业互联网基础,推动重点领域的智能转型,推动中小企业智能化改造,培育智能制造生态体系,推进区域智能制造协同发展,打造智能制造人才队伍,到2020年基本实现数字化制造。

3. 中国数字贸易成熟时期的政策

2017年3月,时任国务院总理李克强在政府工作报告中指出要以创新引领实体经济转型升级,相关内容主要如下。

第一,提升科技创新能力。完善对基础研究和原创性研究的长期稳定支持机制,建设国家重大科技基础设施和技术创新中心,打造科技资源开放共享平台,推进全面创新改革试验。

第二,加快培育壮大新兴产业。全面实施战略性新兴产业发展规划,加快新材料、人工智能、集成电路、生物制药、第五代移动通信等技术的研发和转化,做大做强产业集群。推动"互联网＋"深入发展,促进数字经济加快成长,让企业广泛受益、群众普遍受惠。

第三,大力改造提升传统产业。深入实施《中国制造2025》,加快大数据、云计算、物联网应用,以新技术、新业态、新模式推动传统产业生产、管理和营销模式变革。

2017年10月,党的十九大报告肯定了数字经济等新兴产业的蓬勃发展对经济结构优化的作用,指出要推动互联网、大数据、人工智能和实体经济深度融合。在2017年12月的中央政治局第二次集体学习中,习近平总书记就国家信息化发展强调了以下内容。

① 要推动大数据技术产业创新发展。中国网络购物、移动支付、共享经济等数字经济新业态、新模式蓬勃发展,走在了世界前列。我们要瞄准世界科技前沿,集中优势资源突破大数据核心技术,加快构建自主可控的大数据产业链、价值链和生态系统;加快构建高速、移动、安全的新一代信息基础设施,统筹规划政务数据资源和社会数据资源,完善基础信息资源和重要领域信息资源建设,形成万物互联、人机交互、天地一体的网络空间;发挥中国制度优势和市场优势,面向国家重大需求、国民经济发展主战场,全面实施促进大数据发展的行动计划,完善大数据发展的政策环境;坚持数据开放、市场主导,以数据为纽带促进产学研深度融合,形成数据驱动型创新体系和发展模式,培育一批大数据领军企业,打造多层次、多类型的大数据人才队伍。

② 要构建以数据为关键要素的数字经济。坚持以供给侧结构性改革为主线,加快发展数字经济,推动实体经济和数字经济融合发展,推动互联网、大数据、人工智能同实体经济深度融合,继续做好信息化和工业化深度融合这篇大文章,推动制造业加速向数字化、网络化、智能化发展;深入实施工业互联网创新发展战略,系统推进工业互联网基础设施和数据资源管理体系建设,发挥数据的基础资源作用和创新引擎作用,加快形成以创新为主要引领和支撑的数字经济。

③ 要运用大数据提升国家治理现代化水平。要建立健全大数据辅助科学决策和社会治理的机制,推进政府管理和社会治理模式创新,实现政府决策科学化、社会治理精准化、公共服务高效化;以推行电子政务、建设智慧城市等为抓手,以数据集中和共享为途径,推动技术融合、业务融合、数据融合,打破信息壁垒,形成覆盖全国、统筹利用、统一接入的数据共享

大平台,构建全国信息资源共享体系,实现跨层级、跨地域、跨系统、跨部门、跨业务的协同管理和服务。要充分利用大数据平台,综合分析风险因素,提高对风险因素的感知、预测、防范能力。要加强政企合作、多方参与,加快公共服务领域数据集中和共享,推进同企业积累的社会数据进行平台对接,形成社会治理强大合力。要加强互联网内容建设,建立网络综合治理体系,营造清朗的网络空间。

④ 要运用大数据保障和改善民生。大数据在保障和改善民生方面大有作为。要坚持以人民为中心的发展思想,推进"互联网＋教育""互联网＋医疗""互联网＋文化"等,让百姓少跑腿、数据多跑路,不断提升公共服务均等化、普惠化、便捷化水平。要坚持问题导向,抓住民生领域的突出矛盾和问题,强化民生服务,补齐民生短板,推进教育、就业、社保、医药卫生、住房、交通等领域大数据普及应用,深度开发各类便民应用。要加强精准扶贫、生态环境领域的大数据运用,为打赢脱贫攻坚战助力,为加快改善生态环境助力。

⑤ 要切实保障国家数据安全。要加强关键信息基础设施安全保护,强化国家关键数据资源保护能力,增强数据安全预警和溯源能力。要加强政策、监管、法律的统筹协调,加快法规制度建设。要制定数据资源确权、开放、流通、交易相关制度,完善数据产权保护制度。要加大对技术专利、数字版权、数字内容产品及个人隐私等的保护力度,维护广大人民群众利益、社会稳定、国家安全。要加强国际数据治理政策储备和治理规则研究,提出中国方案。

⑥ 善于获取数据、分析数据、运用数据是领导干部做好工作的基本功。各级领导干部要加强学习,懂得大数据,用好大数据,增强利用大数据推进各项工作的能力,不断提高对大数据发展规律的把握能力,使大数据在各项工作中发挥更大作用。

在2018年4月召开的全国网络安全和信息化工作会议上,习近平总书记再次强调,信息化为中华民族带来了千载难逢的机遇。必须敏锐地抓住信息化发展的历史机遇,加强网上正面宣传,维护网络安全,推动信息领域核心技术突破,发挥信息化对经济社会发展的引领作用。习近平总书记提出加强以下四方面建设。

第一,提高网络综合治理能力,加强网上正面宣传,压实互联网企业的主体责任,决不能让互联网成为传播有害信息、造谣生事的平台。要加强互联网行业自律,调动网民积极性,动员各方面力量参与治理。

第二,树立正确的网络安全观,加强信息基础设施网络安全防护,加强网络安全信息统筹机制、手段、平台建设,加强网络安全事件应急指挥能力建设;依法严厉打击网络黑客、电信网络诈骗、侵犯公民个人隐私等违法犯罪行为,切断网络犯罪利益链条,持续形成高压态势;深入开展网络安全知识技能的宣传普及活动,增强广大人民群众网络安全意识。

第三,加速推动信息领域核心技术突破。优化市场环境,以更好地释放各类创新主体的活力;培育公平的市场环境,强化知识产权保护,反对垄断和不正当竞争。

第四,发展数字经济,加快推动数字产业化,依靠信息技术创新驱动,不断催生新产业、新业态、新模式,用新动能推动新发展;推动产业数字化,利用互联网新技术、新应用对传统产业进行全方位、全角度、全链条的改造,提高全要素生产率,释放数字技术对经济发展的放大、叠加、倍增作用;推动互联网、大数据、人工智能和实体经济深度融合,加快推动制造业、农业、服务业数字化、网络化、智能化等。

《中华人民共和国电子商务法》于2019年1月1日起正式实施,全文共7章89条,对电子商务经营者、电子商务合同的订立和履行、电子商务争议的解决、电子商务促进及法律责任等做出了明确的规定。2019年,政府工作报告指出要促进新兴产业发展,深化大数据、人工智能等研发应用,培育新一代信息技术、高端装备、生物医药、新能源汽车、新材料等新兴产业集群,壮大数字经济。支持新业态、新模式发展,促进平台经济、共享经济健康成长。加快在各行业、各领域推进"互联网+"。持续推动网络提速降费。开展城市千兆宽带入户示范,改造提升远程教育、远程医疗网络,推动移动网络扩容升级,让用户切实感受到网速更快、更稳定。

9.4.2 中国数字贸易政策的主要特征

1. 坚决维护网络安全和信息安全

没有网络安全和信息安全,就没有国家安全,就没有经济社会稳定运行,广大人民群众的利益也难以得到保障。当前,中国的经济和社会已经高度依赖信息网络,网络安全和信息安全关乎中国公民的合法权益,中国迫切需要采取一定的措施来保障国家的网络安全和信息安全。在中央政治局集体学习以及全国网络安全和信息化工作会议中,习近平总书记高度重视网络安全和信息安全问题,指出要树立正确的网络安全观,加强信息基础设施安全防护,强化国家数据资源保护能力,增强数据安全预警和溯源能力,加强网络安全事件应急指挥能力建设,积极发展网络安全产业,防患于未然。严厉打击网络黑客、电信网络诈骗、侵犯公民个人隐私等违法犯罪行为,坚决维护人民群众的合法利益。

2. 促进跨境电子商务的技术应用和创新驱动

电子商务作为中国发展最早的信息化产业,随着全球数字经济的快速发展,跨境电子商务已经成为数字贸易中相当重要的部分。早在《2006—2020年国家信息化发展战略》中,中国就提出要突破核心技术和关键技术,注重创新驱动。随后,《数字中国建设发展报告(2017年)》和一系列政策都指出要集中优势资源突破大数据核心技术,完善大数据发展的政策环境,坚持数据开放、市场主导,以数据为纽带促进产学研深度融合,形成数据驱动型创新体系和发展模式。鼓励企业加强技术创新和模式创新,提升数字贸易的核心竞争力。

3. 全面优化信息化发展环境

随着信息技术的不断创新、信息产业的持续发展,信息化引领创新和驱动转型的先导性作用日益凸显,信息化的迅猛发展离不开优良的发展环境。中国在《国家信息化发展战略纲要》中指出要不断完善信息化的法律框架,推进信息化的法治建设。同时,网络生态管理也十分重要,要加强对垄断和不正当竞争的监管,维护市场秩序和公平竞争的环境。加强对网络的全程管理,传播正能量,让信息化更好地造福国家和人民,为经济社会发展提供强大动力。

4. 开放包容与全球合作

中国数字贸易政策积极推动数字贸易领域的对外开放,促进数字经济全球化发展。中国通过推进全球数字贸易合作,加强与其他国家和地区的沟通与协调,共同推动全球数字贸易的发展。

9.5 数字贸易壁垒与数字贸易自由

数字贸易壁垒和数字贸易自由是相互矛盾的概念。数字贸易壁垒是指在数字贸易领域,各国为了保护本国产业和就业,采取的各种限制性措施。这些措施包括技术壁垒、市场准入限制、数据传输限制等。而数字贸易自由则是指消除这些限制和障碍,促进数字贸易的便利化和自由化。数字贸易壁垒存在于多个领域,如基础设施连通性、电子交易、跨境支付、知识产权保护等。这些壁垒的存在制约了数字贸易的出口增长,限制了其沿着扩展边界增长的可能性。

对于数字贸易自由化,美国总体上认为数字贸易壁垒不利于全球数字贸易自由化和数字经济的发展,并限制了美国企业运营数字产品和服务的优势。美国政府致力于推动数字贸易自由化,通过双边和多边途径降低和消除数字贸易壁垒。

中国通过自贸试验区、海南自贸港等部分地区试点,探索确保数据跨境安全流动的制度规则。在维护国家信息安全的前提下,提升国际通信互联互通水平、强化跨境支付系统的兼容性、完善跨境电子交易方面的监管机制、推行与国际接轨的交易规则和标准、加强不同类型企业的知识产权保护等措施,为中国数字经济发展营造了更加透明、便捷、高效、公平的营商环境。总体来说,数字贸易自由化是发展趋势,而数字贸易壁垒则是对这一趋势的阻碍。

欧洲智库欧洲国际政治经济中心于 2018 年 4 月发布了《数字贸易限制指数》报告[①]。OECD 在此基础上提出了"数字服务贸易限制性指数(Digital Service Trade Restrictiveness Index,DSTRI)"的概念,测算标准涵盖计算机和相关服务、建筑和工程服务、法律和会计服务、电信服务、分销服务、视听服务、金融服务、运输和快递服务、物流服务等领域,其取值在 0 到 1 之间,DSTRI 越高的国家相应地存在越高的数字贸易壁垒。根据 2020 年 OECD 测算的 DSTRI 来看,中国存在较高的数字贸易壁垒,中国的指数水平与美国、日本等国家的指数水平均相差 0.4 分以上。经济合作与发展组织的 DSTRI 显示,全球数字贸易壁垒明显增加。其中,世界平均 DSTRI 在 2015 到 2020 年期间从 0.16 逐渐上升至将近 0.165;在新冠疫情冲击较大的 2020 年和 2021 年基本未变,如图 9-1 所示;在 2022 年出现了跳跃性上升,在 2023 年达到 0.21。

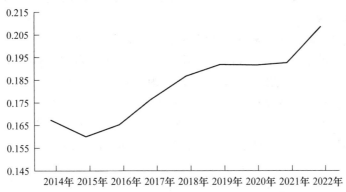

图 9-1 2014—2022 年世界平均 DSTRI 的变化情况

(资料来源:WTO,《数字贸易平衡手册》的第二版)

---

① DSTRI:该测算标准中的一、二级指标包括财政限制和市场准入(关税和贸易保护、税收和补贴、公共采购);机构成立限制(境外投资、知识产权、竞争政策、商业流动性);数据限制(数据政策、中介责任、内容访问);贸易限制(量化贸易限制、标准、在线销售与交易)。

9.5.1 数字贸易壁垒

数字贸易壁垒具有隐蔽性、多样性、灵活性,可以随时根据需要进行调整,对外国数字产品和服务产生很大的影响。对于消费者来说,它也可能会导致数字服务使用成本增加、获取的数字服务质量下降、个人隐私得不到保护等问题。因此,许多国家已经开始采取措施来消除或降低这些数字贸易壁垒,促进数字贸易的自由化。

1. 技术壁垒和知识产权侵权行为

技术壁垒是指各经济体在技术、知识产权、检验检疫、通关和认证等方面设置的,妨碍商品、技术、服务、数据等自由流通的各种关税、配额以及技术标准等非关税壁垒措施。技术壁垒阻碍国际贸易(特别是数字贸易)的发展,通常涉及数据安全和隐私保护的问题。例如,某些国家可能会要求外国数字企业在其境内设立数据中心,并将数据存储在本地服务器上。这样的要求不仅会增加外国数字企业的运营成本,而且可能涉及国家安全和隐私泄露的问题。知识产权保护是指一些国家为限制数字贸易中的知识产权侵权行为而做出的法律规定。WTO 框架下的《与贸易有关的知识产权协议》在数字贸易中发挥着重要的作用。伴随着数字贸易的发展,知识产权侵权行为不断增加,各国都加强了知识产权立法工作。

2. 市场准入限制

市场准入限制是指不允许国外的某些数字产品和服务进入国内市场的限制,通常各个国家会制定适合其国情的市场准入规定。其目的在于保护国内相关数字企业的发展,切断传播违反本国法律内容的渠道。某些国家可能会采取非关税壁垒,如技术壁垒和资质要求等,限制外国数字企业的市场准入。这些壁垒可能采取多种形式,包括对外国数字企业的资质要求、对审批流程的限制等。例如,某些国家可能会对外国数字企业进入本国市场的资格进行严格审查,或者要求外国数字企业必须通过特定的审批流程才能在本国市场提供服务。这些限制可能会使外国数字企业难以在本国市场开展业务,从而限制了数字贸易的发展。

3. 数据传输限制

数据传输限制是指一些国家对数据流出/流入的限制,包括数据本地化、个人隐私的保护。数据限制的主要标的包括个人信息数据、金融数据、电信数据、企业数据及国防数据,其目的在于保护本国个人、企业的合法权益及维护国家安全。数据传输限制也可能形成数字贸易壁垒。这些壁垒可能涉及对个人数据流动的限制,或者要求个人数据必须在一个特定的地方进行处理。例如,某些国家可能会限制个人数据的出境,或者要求个人数据必须在一个特定的数据处理设施中进行处理。这些限制不仅会增加外国数字企业的运营成本,而且可能会使得消费者难以获取到优质的数字服务。

9.5.2 数字贸易自由

数字贸易自由是指促进数字贸易发展、减少或消除数字贸易壁垒的措施和政策。数字贸易自由化可以在不同层面上进行推进,包括国家层面和国际层面。在国家层面,数字贸易自由可以通过国内政策来实现。例如,政府可以采取措施促进互联网和数字技术发展,加强数字基础设施建设,推动数字化转型和升级。此外,政府还可以通过调整税收政策、简化审批流程等措施来优化营商环境,吸引更多的数字企业和创新型企业入驻。在国际层面,数字贸易自由可以通过参与国际规则制定和合作来实现。例如,各国可以通过参与 WTO 和其他国际组织的谈判,推动数字贸易规则的制定和修改。此外,各国还可以通过加强双边和多边合作,共同推动数字贸易的发展。数字贸易自由的优势主要表现在以下几个方面。

① 促进经济发展。数字贸易自由可以促进数字经济的发展,带动传统产业的数字化转型和升级。数字贸易的发展可以提高经济的效率和竞争力,增加就业机会,推动经济增长。

② 提升消费者福利水平。数字贸易自由可以提供更多的数字服务和产品选择,提升消费者福利水平。消费者可以通过数字平台购买来自全球各地的商品,享受更加便捷、高效、低成本的服务。

③ 推动创新和创业。数字贸易自由可以促进创新和创业,为数字企业和创新型企业提供更加广阔的市场和发展空间。数字贸易的发展可以激发更多的创新和创业活动,推动技术进步和产业升级。

④ 促进全球贸易便利化。数字贸易自由可以促进全球贸易的便利化,简化贸易流程,降低贸易成本。数字技术的应用可以使得贸易流程更加高效、透明、自动化,减少人为干预和错误,提高贸易效率和准确性。

总之,数字贸易自由是促进数字经济发展和推动全球贸易便利化的重要途径。消除或降低数字贸易壁垒需要各国加强合作和沟通,共同推动数字贸易规则的制定和实施。

本章关键词

数字贸易政策　数字贸易政策体系　数字贸易壁垒　数字贸易自由　技术壁垒　知识产权保护　市场准入限制　数据传输限制

本章思考题

1. 面对美国数字贸易政策的压制,中国应如何应对?
2. 数字贸易政策体系是否充分考虑了数字经济与传统经济的融合发展?
3. 数字贸易政策体系在保护个人隐私和企业商业秘密方面采取了哪些措施?
4. 数字贸易政策体系是否充分考虑了数字贸易的国际规则和标准?
5. 简述美欧数字贸易政策的主要特征,分析其特征的内在根源。
6. 数字贸易政策体系如何应对数字经济带来的安全挑战?

第10章 数字贸易的未来发展与中国的应对措施

随着全球数字化进程的加快以及数字技术与国际贸易的融合渗透,数字贸易规模迅速扩大,其已成为全球贸易增长的新动能。与此同时,数字贸易的发展对现有贸易规则及政策形成冲击,也对各国的数字治理水平与监管协调能力提出了更高的要求。本章围绕数字贸易的发展趋势、中国数字贸易面临的机遇与挑战、中国的应对措施展开探讨。另外,本章结合中国数字贸易各方面发展的实际情况,针对如何提升中国数字贸易的国际竞争力水平这一问题,提出构建互利多赢的数字贸易规则体系,构建统一的数字贸易法律法规体系等。

10.1 数字贸易的发展趋势

10.1.1 数字贸易的未来前景

1. 全球数字贸易发展差距逐步缩小

从数字贸易区域分布来看,洲际数字服务贸易发展差距逐渐缩小。自2010年以来,欧洲数字服务贸易始终占据全球总额的50%以上,但近年来其增长速度逐渐放缓。亚洲拥有最完整的产业链和最多的贸易国,面对新冠疫情的冲击,亚洲数字服务贸易市场加速增长,且其增长速度很快,2020年亚洲数字服务贸易的增长率达到5.64%,远远高出欧洲的0.16%和美洲的0.93%。

发达国家基于资本和技术要素的比较优势,以及实力较强的跨国数字企业,在全球数字贸易市场中占据核心地位,主导以数字服务贸易为代表的全球数字贸易市场发展与数字贸易产品供给。相比之下,尽管发展中国家的数字贸易总量与发达国家的差距较大,但其增长速度较快。通过加快数字技术的发展及其在经贸领域中的应用,发展中国家积极发挥后发优势,呈现出对发达国家的追赶态势,如表10-1所示。2015—2020年,发达国家数字服务贸易占世界总额的比重始终接近80%,但逐渐下降,从78.34%下降到76.92%,发展中国家数字服务贸易占世界总额的比重则由21.66%上升到23.08%。当然,发展中国家要赶上发达国家的发展水平,还需要作出不懈努力。

表 10-1 2015—2020 年发达国家与发展中国家数字服务贸易发展概况

国家类型	指标	2015 年	2016 年	2017 年	2018 年	2019 年	2020 年
发展中国家	现价总额/百万美元	545,050	554,178	598,106	682,396	724,503	731,160
	增长率/%	0.79	1.67	7.93	14.09	6.17	0.92
	占世界总额的比重/%	21.66	21.30	21.25	21.90	22.46	23.08
发达国家	现价总额/百万美元	1,970,790	2,047,131	2,216,428	2,433,534	2,500,638	2,436,427
	增长率/%	-4.17	3.87	8.27	9.80	2.76	-2.57
	占世界总额的比重/%	78.34	78.70	78.75	78.10	77.54	76.92

数据来源：UNCTAD。

2. 数字贸易区域合作进程加快

近年来，各国积极参与数字贸易区域性合作，利用区域贸易协定的数字贸易条款，推动供应链重构，提高了供应链韧性。2021 年 10 月，G7 在跨境数据流动与数字贸易原则方面达成共识，发布《数字贸易原则》，这反映出后疫情时代欧美数字贸易治理模式呈现逐渐靠拢的趋势；CPTPP 及 USMCA 对数字贸易规则进行深层次、高标准的承诺，以加强区域内的贸易联系并维持产业体系的稳定；RCEP 进一步降低了数字贸易壁垒，加强了区域数字技术合作，促进了电子商务，提升了贸易便利化水平。在全球价值链布局区域化的推动下，区域性合作的数字贸易协定会越来越多，合作范围将不断扩大，合作深度将不断提升。

3. 贸易对象数字化发展速度逐渐加快

2019—2022 年，全球数字服务贸易增长了 36.9%，高于服务贸易的 12.9% 和货物贸易的 31.0%，全球贸易的数字化进程大大加快。数字技术与传统贸易的融合起始于贸易方式数字化，推动了贸易环节全面数字化转型，形成了以跨境电商、智慧物流、数字海关、数字支付为代表的全流程覆盖贸易新业态。新冠疫情的暴发对线下实体经济造成了巨大冲击，促使人们的消费行为从线下转移到线上，亚马逊、淘宝等头部电子商务平台的业务量在新冠疫情的冲击下逆势增长，其业务辐射全球。平台服务渗透贸易链条的各个环节，已成为后疫情时代稳定消费、实现贸易降本增效的重要动力，带动以数字要素、数字产品及数字服务贸易为主的贸易对象数字化规模逐渐扩大。新冠疫情后，贸易对象数字化的强韧性显现，使数字服务贸易呈现持续增长态势。2020 年，全球数字服务贸易出口总额为 3.17 万亿美元，虽然其同比下降了 1.78%，但其下降幅度大大低于同期货物贸易和服务贸易的下降幅度；同时，数字服务贸易在服务贸易总额中的占比提升至 63.55%。中国数字服务贸易的规模在 2020 年达到 2,939.85 亿美元，比 2019 年增长了 8.16%，占服务贸易总额的 44.42%。

4. 时空分割性和可贸易性逐渐增强

随着对贸易效率要求的不断提高，传统贸易中线下时空不可分割的面对面谈判、磋商、签约和交付的单一化线性流程正面临调整。通过标准化数字平台贸易流程，数字贸易双方将大量接触式谈判和磋商以及通关交付转变为线上时空分离、多个贸易对象同时参与完成标准化合约签订，这显著降低了由地理隔离引发的贸易壁垒，提高了贸易效率。

同时，多种线下服务贸易逐步转移到线上，如数字展品、在线教育和网络会议等，这在提升服务产品可贸易性的同时，扩大了服务产品的辐射区域、辐射人群，提升了服务产品的范围经济和规模经济效应。数字技术的使用实现了数字产品的云存储与网络跨境传输，消费者可利用电子设备,随时随地获取此类数字服务。因此,随着数字技术的不断发展,数字贸易这一随时随地获取的特征也将日趋显著。

5. 数字贸易平台的核心地位逐步凸显

随着数字贸易规模的扩大,数字贸易平台从贸易中介演化为贸易发展的新兴虚拟市场。在这个新兴市场中,数字贸易平台掌握了大量贸易数据,通过算法模型的大数据分析,为消费群体精确画像,刻画需求总体趋势与偏好,指导供应商调整生产计划与科学定价。这时,价格调节市场供求的功能逐渐被算法取代,强化了贸易平台的市场定价主导权和市场供需协调能力。

数字贸易平台公司通过在线市场实现全球销售,以其独特的网络效应、商业模式、数据要素占有和算法技术,基于数字贸易重构全球贸易新格局。多个数字贸易平台之间的广泛连接,动态优化了全球市场需求资源和生产供给资源的匹配性,从而形成了多元主体协作、多种供求信息汇集、多种生产能力组合、感知与响应速度快的贸易生态系统。该生态系统将打破贸易主体之间、贸易主体与配套服务机构之间的信息壁垒,构建国际贸易高效对接和高效迭代的新机制,进而主导未来国际贸易市场的竞争趋势。

6. 数字贸易价值增值将主要来源于贸易对象数字化和数据交易

当今的数字贸易基本实现了贸易方式全流程的数字化,使得贸易时间缩短、环节减少、库存减少、效率提升、成本降低。而基于数字产品和服务、数字化知识与信息的价值增值空间明显扩大,并成为数字贸易各主体的主要价值增值来源。一方面,数字产品和服务是包含数字技术、知识、信息、数据等高附加价值要素在内的复杂劳动产品,属于高附加价值贸易品,如电信服务、计算机服务、软件设计服务等;另一方面,随着产业数字化、数字产业化、数字化治理进程的推进,新业态、新模式不断衍生,丰富了现代产业体系的产业类型。数字产品和服务所涉及的产品种类将越来越多,该部分产品的贸易量将不断增加并超过贸易方式数字化的贡献,如数字金融、数字文创、数字医疗、工业互联网等,同时具有商业价值的数据要素的跨境流动产生的数据采集、数据确权、数据清洗、数据估值等业态及其交易也将不断增加。因此,提供远程运维服务和后市场服务等数据驱动新产品和服务已成为通用、大众、特斯拉等企业的主要利润来源[1]。

10.1.2 数字贸易规则与监管的发展趋势

推动数字贸易开放发展与合作的意义重大。一是数字贸易是国际贸易创新发展上的一次巨大飞跃,为贸易和经济增长注入新动能。二是数字贸易将推动全球价值链发生深刻变革,为全球数字经济发展和供应链稳定提供有力支撑。三是数字贸易能促进全球数字化转型和市场空间拓展,是发展机遇的蓝海。四是数字贸易为包容性发展创造了有利条件,促进了可持续平衡发展。相比之下,数字贸易规则制定相对滞后,呈碎片化态势,加强国际协调和磋商、推进规则体系构建的重要性、紧迫性凸显。世界主要国家纷纷利用区域性贸易协定进行协调和约定。各方已充分认识到,共同完善数字贸易规则体系,确保数据安全利用、数字贸易有序开展,将有助于构建良好的数字贸易发展环境,促进各方共享数字贸易发展机

---

[1] 李扬子,杨秀云,高拴平.后疫情时代数字贸易发展新趋势、困境及中国对策[J].国际贸易,2022(11):57-63.

遇,推动世界经济复苏和新一轮增长①。

全球数字贸易规制呈现多极化和"俱乐部化"。目前,以 WTO 为代表的多边自由贸易协定在促进数字贸易规则达成统一框架方面没有发挥应有的作用,无法满足全球数字贸易发展带来的规则需求,这加快了美欧抓紧向外输出规则模板,并拉拢利益相关者构筑规则同盟的趋势②。当前西方将数字经济、数字贸易视为大国竞争的战略前沿。在亚太地区,拜登政府希望能以《美墨加协定》的数字经济章节和《美日数字贸易协定》等为蓝本,制定印太经济框架(Indo-Pacific Economic Framework,IPEF)下的数字规则。从 IPEF 所涉及的数字内容来看,预计 IPEF 将增加数字经济包容性、数字基础设施建设、新兴技术研发能力建设等方面的内容。IPEF 将推动民主、透明的数字治理标准制定;促进数据自由流动和隐私保护;禁止和限制金融服务等领域的数据本地化要求;确保数字产品的非歧视性待遇;提高中小企业的数字经济可及性;加强数字经济包容性发展。此外,IPEF 将为人工智能、金融科技等先进技术的使用设立标准和伦理规则,推动相关国家在敏感和关键技术出口管制方面的协调,以形成对中国主张的数字规则的战略围堵。未来全球数字博弈将会更趋激烈③。

目前,从主要国家的贸易协定来看,未来全球数字贸易规则及其监管有 6 个显著的发展趋势。

① 进一步加强对消费者保护的国际标准化和协调。各国除了关注消费者保护法,还特别关注贸易协议框架下的协调机制,考虑有关国际机构的原则和准则。

② 通过分类监管提升数字跨境流动的自由度。已有的贸易协定基本上都同意促进跨境数据自由流动,大多数国家同意隐私保护、商业必要、国家安全等先决条件。

③ 增加对强制本地化和源代码披露的限制,扩大知识产权保护范围至算法、密钥等。但"监管例外""公共安全例外"条款还将出现在多数数字贸易协定中。

④ 更加注重网络访问和使用自由,减少对网络供应商服务内容的限制。

⑤ 明确互联网接入服务商(Internet Service Provider,ISP)的中介责任,在增加 ISP 知识产权保护责任的同时,扩大中介服务提供商的义务范围,缩小其责任豁免范围。

⑥ 扩大数字贸易的自由化程度,具体表现在继续沿用零关税,以及在一定条件下扩大数字产品的非歧视待遇至原来不涵盖的音像制品③。

10.1.3 数字贸易技术的发展趋势

数字贸易正在重塑全球贸易格局,主要经济体一方面将使用国家力量攻克前沿数字技术,争夺全球数字贸易技术的主导权,另一方面将实施"技术主权"政策(欧盟等经济体)或"技术脱钩"政策(美国等经济体),以增加其在数字贸易领域的优势。其中,平台企业既是贸易发展的重要载体,又在一定程度上引领国际规则走向,将成为未来数字贸易技术竞争的焦点。

1. 数字平台是数字贸易发展的重要载体和关键基础设施

数字平台对国际贸易的影响范围广、影响程度深。数字平台与数字贸易有着极强的共

---

① 张琦,陈红娜,罗雨泽.数字贸易国际规则:走向趋势与构建路径[J].全球化,2022,114(1):70-78,135.
② 张茉楠.全球数字贸易竞争格局与中国数字贸易国际合作的战略选择.区域经济评论,2022,59(5):122-131.
③ 张雪春,曾园园.数字贸易规则及相关争议[J].武汉金融,2022(9):3-11.

生性,前者在提升贸易便利、削减贸易成本上的独特优势,正是后者爆发式增长的关键。根据国际上对数字贸易的界定[①],对于包含在传统贸易统计框架内的数字订购或数字交付,以及尚无法纳入统计的数据流动,数字平台赋能都是其重要特征[②]。从实现的功能看,这些平台涵盖营销、广告、电子商务、服务交付、支付、社交及研发、设计等多种数字贸易类型[③],如表10-2所示。

表10-2 主要的数字平台类型

数字贸易类型	交易方式	贸易出口方	贸易进口方	主要交易内容	平台举例
营销、广告等	数字订购/数字交付	平台	平台商家	中介及周边服务、广告服务等	脸书、谷歌、YouTube、TikTok
电子商务	数字订购	平台、平台商家	平台商家及消费者	中介及周边服务、商品	亚马逊、阿里巴巴
服务交付(餐饮、住宿、交通)	数字订购	平台	平台商家及消费者	中介及周边服务	Booking、Uber、airbnb
融资、支付等	数字订购/数字交付	平台、金融机构、银行等	平台商家	中介及周边服务、金融服务等	PayPal、支付宝
沟通、远程零工服务、电话会议	数字订购	平台、平台用户	平台用户	中介及周边服务、劳务等	WhatsApp、Zoom、微信
研发、设计等	数字订购/数字交付	平台、平台用户	平台用户	中介及周边服务、研发服务或产品	App Store、GitHub(代码托管平台)

2. 平台创新将成为数字贸易技术问题的制胜点

所谓平台创新,是指以客户价值为核心,构建多方业务主体的生态经营系统,从而在平台上业务单元之间能产生协同效应,并且每个业务单元都能获得自己的商业价值。平台型技术创新体系是指基于数字技术平台,面向海量创新需求进行精准感知和洞察,通过对全球创新资源的广泛连接、高效匹配和动态优化,构建起多主体协作、多资源汇集、多机制联动的创新生态,进而形成新技术、新产品、新业态快速孵化、规模扩散、持续迭代的创新体系。

(1)新一代数字科技企业已成为新技术创新的引领者

数字贸易时代,移动互联、人工智能、云计算、大数据、物联网等新技术持续演进,加速了全球平台型公司的崛起及国家竞争实力的消长。在过去10年中,基于平台的创新生态成为企业和国家竞争的焦点。2010年,从上市公司中市值前十名的公司排名来看,只有两家数字科技企业位列其中。但到2020年年底,排名前九的均是提供数字服务或数字产品的新兴

---

① OECD-WTO-IMF, Handbook on Measuring Digital Trade Version 1.
② 陈红娜.提升大型数字平台在我国参与国际合作竞争中的支撑作用[J].重庆理工大学学报(社会科学),2022,36(7):8-15.
③ 陈红娜.提升大型数字平台在我国参与国际合作竞争中的支撑作用[J].重庆理工大学学报(社会科学),2022,36(7):8-15.

数字科技企业。

(2) 芯片产业平台化、生态化的步伐加快

从 PC 时代的 WIN-TEL 体系①到移动互联网时代的"ARM+安卓"体系,围绕应用场景创新、芯片与操作系统所构建的产业生态一直是产业竞争的焦点。英特尔、ARM、博世、特斯拉、英伟达等行业领导者围绕 CPU、GPU、NPU②等技术和产品,不断构建平台化、生态化的创新体系,构建开发者生态、软件生态以及垂直应用生态,构建企业核心竞争优势。

芯片是全球科技竞争的核心区域。中国芯片制造领域的"卡脖子"问题主要是尖端 EUV 光刻机以及先进半导体禁售。另外,在芯片领域美国还有两个关键"卡点":一是设计芯片的 EDA(Electronic Design Automation,电子设计自动化)软件;二是核心器件,如 CPU 芯片的核心 IP。CPU 芯片作为计算机的运算中心和控制中心,其核心 IP 是信息产业的生态基石,美国对其的垄断尤其值得重视。近年来,RISC-V③架构的快速发展正推动 CPU 行业走向技术路线的变革拐点。采用开源模式的 RISC-V 架构有望改变芯片的行业格局,为中国突破美国对 CPU 芯片的核心 IP 及其生态的垄断、解决芯片行业"卡脖子"问题提供机遇。

(3) 传统制造业巨头纷纷走上数字化创新之路

在 2012—2021 年,美国上市公司的市值平均增长 1 倍,其标准普尔 500 指数增长 2 倍,而平台型公司的市值增长了 10 倍。传统企业巨头纷纷加速平台化转型,开始了工业互联网等的创新之路。GE(Predix 平台)、西门子、施耐德、罗克韦尔、ABB、三一、徐工等传统企业,围绕"智能机器+云平台+工业 App"的功能架构,整合"平台提供商+应用开发者+用户"的生态资源,纷纷打造工业互联网平台,试图强化工业大数据入口的主导权,培育海量开发者,打造基于产业互联网平台的新生态。业界也涌现出一批产业互联网平台"独角兽",如美国的 Uptake、C3IoT,中国的树根互联、徐工信息等。从全球来看,虽然产业平台化的进展较慢,但产业平台化的潮流势不可挡④。

10.2　中国数字贸易面临的机遇与挑战

10.2.1　中国数字贸易面临的机遇

1. 数字化渗透不断深入,电子商务蓬勃发展

随着互联网、大数据、区块链等新型信息技术的发展和深入,数字经济依托新型数字技术而蓬勃发展,中国数字化程度也位居世界前列,且数字化程度还在不断提高。2021 年,美

---

① 指 Microsoft(微软)与 Intel(英特尔)的商业联盟。
② CPU、GPU 和 NPU 都是计算机处理器。CPU(中央处理器):CPU 是计算机系统中最重要的处理器,用于执行通用计算任务,如操作系统、办公软件、浏览器等。GPU(图形处理器):最初是为了图形渲染而开发的,随着计算机的发展,也被用于执行大量的并行计算任务,如深度学习、机器学习等。NPU(神经网络处理器):专门用于执行神经网络计算任务的处理器,其设计目的是提高深度学习模型的训练和推理速度。
③ RISC-V(Reduced Instruction Set Computing-V):一种开源指令集架构,用于芯片设计。
④ 安筱鹏,苏中,安琳.平台型技术创新:数字时代大国竞争制高点[J].发展研究,2022,39(3):26-34.

国数字经济蝉联世界第一,规模达 15.3 万亿美元,中国位居第二,规模为 7.1 万亿美元①。2021 年中国电商交易额共计 42.3 万亿元,在网络零售市场、移动支付规模等方面位于世界第一。中国作为电子商务第一大国、数字经济第二大国②,具有庞大的市场体量,电子商务市场规模位居世界前列。根据宽带发展联盟的最新数据,2021 年第四季度,中国固定宽带用户的平均下载速度约为 62.6 Mbit/s,同比提升 17.2%。移动宽带用户使用 5G 网络访问互联网的平均下载速率达到 146.3 Mbit/s,是使用 4G 网络访问互联网的平均下载速率的 4 倍。中国固定宽带和移动宽带的下载速率均进入全球前五③。数据显示,中国数字基础设施建设成果显著,且互联网普及率和网民规模也在不断增长。由此可见,中国拥有的庞大市场、众多的互联网用户以及不断完善的数字基础设施,为中国数字贸易发展提供了支撑。

2. 数字服务贸易蓬勃发展,成为推动贸易增长的新动能

数字服务贸易是数字贸易重要的组成部分,是剔除了货物贸易数字化的数字贸易,其开展依赖将传统服务嵌入不同的数字化载体中进行交付和销售。全球跨境数据流动规模大幅增长,2005—2022 年,跨境数据流动规模从 3,554 Gbit/s④增长至 997,301 Gbit/s,增长超 280 倍⑤。近年来,美国、欧盟等国高度重视数字服务贸易的发展,2013 年美国发布的《数字贸易法案》提出,美国在互联网赋能的平台、网络和服务方面处于全球领先地位,互联网服务贸易、数据及其他数字信息的贸易日益成为美国经济增长的关键驱动因素,行政机构和私营部门利益攸关方应共同促进全球互联网开放,消除数字服务贸易开展的障碍。2016 年的 TPP 谈判将网络安全、跨境投资和市场准入等条款纳入数字贸易协定章节中。

近年来欧盟也在不断重视并加强数字服务贸易领域的发展战略部署。《数字单一市场战略》由欧盟委员会于 2015 年发布,以消除 28 个成员国之间的数字壁垒,并解决数字版权、IT 安全及数字保护等领域的法律纠纷问题,同时明确了建立单一市场的三大支柱:一是为消费者和企业提供更好的数字商品和服务;二是为数字网络和服务的蓬勃发展创造合适的环境;三是促使欧洲数字经济的潜力最大化。2017 年的《数字贸易战略》提出反对各种以数字保护为借口,阻止数字贸易以及禁止强制数据本地化的各种措施。2018 年的《通用数据保护条例》提出赋予欧盟公民在个人数据获取、安全转移、删除、被窃时知情等权利,旨在为数字信任创建一个坚实的框架,为基于可信任数据技术的未来竞争优势奠定基础。此条例的颁布对现行数字服务模式产生了巨大影响。

随着数字技术的快速发展与广泛应用,作为数字技术和国际贸易深度融合的产物,数字贸易正成为全球数字经济开放与合作的重要纽带,有力推动了数字技术创新、产业数字化转型,国际贸易和世界经济在全球要素资源重组、国际生产网络重塑等方面的作用日益凸显。综合上述数据可知,数字服务贸易在加速发展,尤其是电信服务、计算机和信息服务及其他商业服务等可数字化服务贸易的发展速度将会进一步超越旅游和运输等传统服务贸易。

3. 在"双循环"新发展格局下数字贸易渠道和贸易范围进一步拓宽

中共二十大报告明确提出,要加快构建以国内大循环为主体、国内国际双循环相互促进

---

① 中国信通院,《全球数字经济白皮书(2022)》。
② 中华人民共和国商务部,《中国电子商务报告 2021》。
③ 中国信通院,《中国宽带发展白皮书(2022)》。
④ Gbit/s:一种计量单位,用于衡量数字通信中的数据传输速度,以及描述网络带宽、路由器和交换机的性能等。
⑤ 国务院发展研究中心对外经济研究部和中国信通院,《数字贸易发展与合作报告 2023》。

的新发展格局。国内循环越顺畅,越能形成对全球资源要素的引力场,越有利于构建以国内大循环为主体、国内国际双循环相互促进的新发展格局,越有利于形成参与国际竞争和合作的新优势。在新发展格局下,国内贸易和对外贸易一体化程度有望提升,国际贸易范围不断扩大,数字产品、数字服务、数据信息等贸易种类进一步增加,国内和国际市场间的资源配置效率不断提高,数字贸易渠道和贸易范围有望进一步拓宽[①]。

在国内国际双循环格局下,国内和国际市场间的联系不断加深,市场间数据、信息要素的流通加快,流动范围扩大。同时,数字贸易依托于大数据、物联网、人工智能等信息技术的快速发展与广泛应用,数据和数字技术是数字贸易时代的新型比较优势来源[②]。

近年来,大数据、云计算、物联网、人工智能等新型信息技术发展迅猛,这打破了贸易间的时空限制,促使贸易双方的交易成本大大降低,减少了空间物理距离对贸易的制约,可以说数字贸易助力了贸易各环节降本增效提质,促进了信息传递共享,拓宽了贸易渠道,同时也创新了服务提供方式(其中一部分传统服务的提供方式由线下面对面接触转移到线上远程交付),并且扩大了跨境贸易的范围,且增加了跨境交易种类。因此,在新发展格局下,数字贸易的贸易方式、交易内容等均有了进一步扩充。此外,2020 年新冠疫情在全球范围内暴发,倒逼传统企业向数字化进行转型,数字贸易也迎来了新一轮的发展机遇。

4. RCEP 的签署生效促进了中国数字贸易发展

2020 年 RCEP 正式签署。RCEP 于 2022 年 1 月 1 日起生效。RCEP 涵盖了中国、韩国、日本、澳大利亚、新西兰和东盟等 10 个亚太地区国家,对亚太地区数字贸易战略合作和数字伙伴关系网络的建立起到了推动和促进作用。随着 RCEP 的生效,中国数字贸易也迎来了发展机遇。RCEP 首次在亚太区域达成了范围全面、水平较高的诸边电子商务规则,并在电信、电子商务、知识产权等领域做出了高水平承诺,体现了各成员国在数字经济和数字贸易领域进一步推动市场开放、完善监管体制、开展经贸合作的决心。

从 RCEP 对数字贸易相关领域做出的协定来看,其电子商务章节中的合作、无纸化交易、线上消费者保护、数据存储本地化、通过电子方式跨境传输信息等条例,有助于激发中国数字贸易市场的发展动力,促进亚太地区各缔约国间的数字贸易国际市场提高开放程度,助推数字贸易高质量发展。一方面,RCEP 有助于发展跨境电子商务。RCEP 在电子商务章节中对电子商务信息跨境传输、保护线上消费者和个人信息、设立国内监管框架监管电子交易等方面,着力营造透明、高效的数字贸易制度环境。另一方面,通过电子方式跨境传输信息是开展跨境电子商务的基础,RCEP 认可数据跨境流动,提出各缔约方为实施商业行为而进行数据跨境流动的行为是符合协议规定的,并认同各缔约方在数据跨境流动上可能有各自的监管要求。RCEP 在数据跨境流动上还考虑到柬埔寨、老挝、缅甸的现实情况,并对这些国家实施特别规定,由此可见,其具有一定的政策空间。总体来说,RCEP 认可数据跨境流动,并十分重视数据跨境流动在开展跨境电子商务中的重要作用。

此外,考虑到缔约方同时包含了发达经济体、发展中经济体以及欠发达经济体,这些缔约方之间的数字贸易以及经济水平差异较大,因此 RCEP 在数据存储本地化方面制定的规

[①] 赵新泉,张相伟,林志刚."双循环"新发展格局下我国数字贸易发展机遇、挑战及应对措施[J].经济体制改革,2021(4):22-28.

[②] 盛斌,高疆.超越传统贸易:数字贸易的内涵、特征与影响[J].国外社会科学,2020(4):18-32.

则条例是:任何缔约方不得将要求涵盖的人在该缔约方领土内使用或设置计算设施作为开展业务的前提条件。同时,RCEP还兼顾各缔约方对计算设施使用或位置有各自举措,并考虑到公共政策目标而允许缔约方实施与上述规定不符的例外行为。此项规定的目的是禁止数据存储本地化,降低各缔约方之间的市场准入门槛,为企业跨境投资贸易提供便利。另外,此项规定有利于培育数字贸易新业态、新模式。RCEP采用原产地累积规则,将促进区域内贸易合作,使企业能够更加灵活地调整供应链布局,建立更精细、更完善的产业链分工体系,优化资源配置,降低生产成本,提高产品竞争力①。

5. 中小企业和个人在数字贸易中的参与程度有望大幅提升

在传统贸易时期,中小企业在国际贸易活动中的参与度较低,其竞争实力与其他大型企业的差距较大,对外贸易成本较高,在贸易市场中占据"一席之地"的难度很大,这也导致中小企业很少参与到国际贸易市场中。数字贸易时代,随着数字技术的进步,贸易方式、贸易环节开始呈现出"数字化""网络化""信息化"特征,通过互联网和创建的平台,可以完成在线搜索、在线支付结算,即使产品或服务供应商和消费者的物理距离较远,数字化的贸易形式也可以减少区位、距离对贸易的限制,进而使中小企业实现规模经济,降低贸易成本。可以说,数字技术的进步和数字贸易的发展对中小企业参与国际贸易是一个重大利好。

此外,数字贸易的发展促使数据和信息等各种资源要素的流动性增强,使其不再闭塞于固定范围,数字技术在一定程度上打破了信息壁垒,并使得数据信息日益公开、透明、可查询、可追溯。中小企业也可以通过数字平台、社交媒体等方式获取信息,获取信息的渠道有所增加,接触的信息也更加多元、广泛。这使中小企业与其他大型企业在信息获取上的差距有所减小。进而,更多中小企业将会进入贸易市场中并与其他大型企业进行竞争,这使市场环境更具有竞争性而非巨头企业垄断,从而让市场机制发挥更大作用。对消费者而言,消费者凭借发达的互联网可以搜索和深入了解中小企业的相关信息,提高对中小企业的认知度,加深对中小企业所生产的产品或服务的了解,并激发购买欲望。长此以往,这将促进中小企业的发展和壮大。因此,从长期来看,中小企业和个人消费者将在数字贸易中发挥重大的作用,并从中获益。

10.2.2 中国数字贸易面临的挑战

中国数字贸易的总体规模已经跃居世界前五,中国已成为仅次于美国的第二大经济体,但在对关键技术的掌控、数字产业的国际竞争力等方面仍与发达国家存在差距。此外,中国有关数字贸易的法律法规、监管体系等仍不完善,且滞后于中国数字贸易的发展增速。在数字贸易国际规则上,中国也处于被动地位,在一些核心关键议题上仍没有明确的主张,且与发达经济体在此类议题上还存在分歧,这加大了重构新型数字贸易国际规则的难度,也使中国要面对更为复杂的国际环境。

1. 数字产业的关键技术存在短板,数字贸易发展质量有待提高

"十三五"时期,中国以数字交付为特征的数字服务贸易进出口总额已经从2015年的2,000亿美元迅速增长到2020年的2,947.6亿美元,占服务贸易的比重也由2015年的

---

① 仉力,张哲.RCEP生效在即,我国数字贸易迎发展机遇[J].进出口经理人,2021(12):9-11.

30.6%提高到2020年的44.5%。据预测,该比重将在2025年继续提高至50%①。但目前中国数字贸易质量还有待提高。

长期以来,中国数字产业发展在很大程度上依赖模式创新和资本扩张,其对关键技术攻关的投入相对较少,在一些基础关键技术领域的短板突出,与领先国家的差距较大。核心技术和自主创新能力存在短板,若不掌握关键技术,则无法对企业的数字化转型升级以及数字贸易的高质量发展提供内生动力。核心技术、核心资源等受制于人,这相当于让他人掌握中国数字贸易发展的"命脉",中国数字贸易难以获得突破性进展,难以实现高质量发展,产业链、供应链的稳定性和安全性也受到影响。例如,在软件产业方面,美国拥有 Microsoft、Google、Oracle、Adobe 等全球软件巨头,主导了关键的基础软件领域,占据了全球五成以上的软件收入。而中国在基础软件、开发工具软件等方面依赖国外,在关键领域的创新突破较少,在数字服务分工中位于价值链中低端环节,与发达国家还有一定差距。

此外,新一轮科技革命加速推动全球经济的数字化转型与产业变革,而经济低迷下的逆全球化加剧,单边主义和保护主义盛行,供应链本地化倾向明显加强②。由此可见,关键技术的缺失以及严峻的国际环境给中国数字贸易发展带来了挑战,因此中国需要加强数字贸易治理,出台并落实相应的鼓励措施。

2. 数字市场建设尚不完善,市场秩序有待改善

数字产业发展通常遵循"从内到外"的规律。国内数字市场是基础,有利于早期技术产业培育和竞争力提升,为产业进一步融入全球分工和参与全球竞争提供支持。当前,中国国内数字市场体系建设仍不完善,尚未形成统一、高效、有序的数字市场,这在一定程度上制约了数字技术产业的发展,不利于国际竞争力的提升。

① 数据要素流通不畅。由于数据确权、定价、保护等相关机制和规则仍处于探索阶段,不同企业、不同政府部门的数据流通非常困难,数据的"条块分割""信息孤岛"现象并存,阻碍了相关业务创新和政务服务优化。

② 数字服务准入面临区域分割和地方保护。部分监管政策和地方政府对数字服务跨区域经营加以限制,或优先考虑本地企业和排斥外来企业。这导致各地出现大量同类型的中小数字服务企业,但由于这些企业过度依赖地方保护,因此其竞争力不强,很难进一步走向全国乃至世界市场。

③ 政务服务的联通性较弱。数字市场存在标准不统一、数据不互通等问题,这导致数字服务企业跨地区开展业务时需要反复多次提交标准各异的材料,满足不同的监管要求③。

3. 数字治理体系不健全,监管机制相对落后

中国对数字经济的监管治理一直较为宽松,一方面是因为中国数字贸易相对于发达国家而言起步较晚,国内还未形成一套成熟的管理体系;另一方面是因为中国鼓励产业快速发展,因此对相关产业或企业的监管较为宽松。随着中国数字经济规模的不断扩大,逐渐出现了诚信缺失、市场混乱、垄断和无序扩张等问题。

---

① http://www.gov.cn/xinwen/2021-09/04/content_5635357.htm。
② 李贞霏. 我国数字贸易治理现状、挑战与应对[J]. 理论探讨,2022(5):173-178.
③ 张春飞,岳云嵩. 我国数字贸易创新发展的现状、问题与对策研究[J]. 电子政务,2023(2):96-106.

① 法律法规的滞后问题。由于缺乏经验,因此出台的法律法规往往针对的是已然发生的问题,法律法规的出台具有一定的滞后性,其难以及时有效地对市场中出现的不良行为进行规范,因而目前中国对于数字贸易领域的规范监管还不到位。长此以往,数字治理体系的不健全将会导致难以约束不良行为,使市场秩序混乱,这不利于中国数字贸易的健康发展。其中,数字贸易领域的知识产权侵权问题一直存在,在数字贸易中数字产品(如音乐、电影等)盗版横行,这不仅损害了生产者的利益,还会造成创新动力下降。而消费者也会对数字产品产生信任危机,减少购买需求,这将严重影响中国数字产品的市场竞争力。因此,现阶段急需推动建立并完善数字治理体系。

② 跨境数据流动监管缺乏实施细则问题。自2022年以来,国家互联网信息办公室先后发布了《数据出境安全评估办法》《数据出境安全评估申报指南(第一版)》,形成了中国数据出境的制度框架和监管安排。但这些文件在重要数据范围界定、各行业数据分级分类等方面较为笼统,不够细化,在后续贸易过程中容易出现数据界定不明的问题,这将对中国数字贸易发展形成阻碍。

③ 中国在数据跨境流动和网络平台管理政策上与其他国家的协调问题。中国与许多国家在数据跨境流动的问题上有不同主张,如何在保护数据信息安全的同时顺利地与各国进行数字产品和服务的交易是需要思考和解决的难题。

④ 各类型平台的监管治理问题。数字平台在数字经贸活动中扮演了组织者、参与者和执法者等多重角色,是数字治理的重点对象。中国平台治理刚刚起步,且中国对境外平台监管考虑不足,这势必会阻碍数字贸易的发展。

4. 数字贸易规则谈判与重构面临强大的外部竞争压力

在数字贸易国际规则谈判方面,中国虽然已经取得初步进展,但是仍严重滞后于美欧日等发达经济体,面临被相关国家"数据流动圈"排除在外的风险。同时,数字贸易规则的制定并非一蹴而就,而是多边利益相互平衡考量的综合结果。

首先,中国对关键议题的研究不足,尚未提出中国数字贸易国际规则主张和中国方案。当前,数字贸易规则的制定已经成为国际社会关注的焦点,美欧等发达国家通过签订区域自由贸易协定等方式提出自己的主张,以争取在数字贸易国际规则制定上掌握话语权,在数字贸易发展领域获得贸易便利和主动权。而目前中国签署的一系列国际贸易规则更多关注跨境电子商务领域中的谈判和规则制定,而对于数字贸易国际规则的谈判却没有提出明确的主张。因此,与发达经济体相比,中国对数字贸易规则的研究起步较晚,对其的研究不够深入,大多研究限定在合规性分析和解释上,难以准确判断相关规则给中国带来的经济收益和风险挑战。因此,中国在跨境数据流动、源代码保护、计算设施本地化等新兴关键议题上只提出了原则性主张,缺乏主动性。

其次,在制定数字贸易国际规则过程中,中国在上述的相关关键议题上的主张与发达经济体的主张存在一定分歧。例如,在数据跨境自由流动议题上,美国主张在隐私信息安全得到保障的基础上允许数据跨境流动,并认为数据红利只有在数据共享、共通的情况下才能实现;而中国对信息安全、网络安全与隐私保护极为重视,并出台了相应的法律法规,如《中华人民共和国网络安全法》对数据跨境流动和数据存储本地化进行了明确规定,并提出了相应的限制规定。中国与美欧等发达经济体及其他国家在关键议题上的主张差异与分歧,在一定程度上加大了中国数字贸易规则国际谈判的难度。同时,美日欧等发达经济体的数字经济发展水平处于世界前列,其构建的"美式模板""欧式模板"对重构数字贸易国际规则新体系具有较大影响,这对中国的数字贸易发展提出了挑战,全球规则的不断演变也使中国数字贸易行业面临着更为复杂的国际环境。

5. 数字企业遭遇外部打压

在5G、人工智能、半导体等与信息通信相关的前沿高技术领域,中国企业面临复杂、严峻的外部环境和巨大的不确定性,正遭到越来越多的歧视和针对性打压,无论是在整合全球资源方面还是在拓展全球市场方面的难度均有所提升。

① 境外融资难度加大。例如,美国将三家中国电信运营商从纽交所"摘牌",以及对中国上市企业提出更高的信息披露要求。

② 从境外进口高技术产品的难度加大。截至2022年1月,中国累计已有465个实体或个人被纳入"实体清单",这些实体或个人购买美国的技术和服务均需获得美国商务部的许可。

③ 海外市场开拓难度加大。一些国家以人权、网络安全、国家安全为由限制中国产品和服务的进口,如2020年印度封禁了中国上百款手机应用程序。

④ 海外投资难度加大。跨国并购是企业开展国际业务、整合国际资源、获取技术支持的重要途径,在信息通信领域很常见。然而,美欧日等发达经济体相继出台新的外资安审政策,并将中国企业作为审查重点。据统计,2021年中国投资者向美国外资投资委员会(Committee on Foreign Investment in the United States,CFIUS)提交了44份正式申报,这相比上年增长150%,排在所有国家之首。

6. 数据信息和隐私安全面临挑战

随着数字贸易的不断发展以及数字技术的快速兴起,国内国际间信息、数据等要素的流动更加频繁,且流动范围日益扩大。因此,数据流动,特别是跨境数据流动对于国家和个人信息安全以及隐私保护尤为重要。而《中华人民共和国网络安全法》未对个人信息、重要数据界定、数据出境安全评估的标准和程序等进行详细规定,对数据本地化存储的规定也较为笼统。2021年9月实施的《中华人民共和国数据安全法》对数据安全制度、数据安全保护、政务数据安全与开放等做出了一般性规定,但是该法的诸多规定过于宽泛,其落地实施仍依赖后续出台更加具体的实施细则。

数据信息安全和个人隐私保护是各国开展数字贸易国际合作的重要前提,因此对于此议题,国际上各国的主张各不相同。欧盟对于个人隐私和信息安全极为重视,认为开展数字贸易合作的前提必须是个人隐私和数据信息安全得以保障。美国拥有如脸书、微软等数字头部企业,在社交媒体、搜索引擎、电子商务、云计算等领域均处于全球主导地位,因而出于对自身利益的考虑,会更加希望数据自由流动,数据信息共享、共通。而中国数字贸易的发展时间较短,但发展速度较快,现有的数字贸易规则还不能适应快速发展的数字贸易。同时,保护信息安全和个人隐私的法律法规也应加快完善,以为中国数字贸易发展创造良好的制度环境和法律保障。

10.3 中国的应对措施

10.3.1 构建互利多赢的数字贸易规则体系

在数字贸易发展进程中,国家作为数字贸易的积极推动者和规则制定者,起着十分关键性作用。建设数字贸易规则体系有利于推动数字经济的发展,积极参与国际贸易多边谈判有利于促进国际贸易和科学技术交流,从而促进经济发展。

1. 主动参与数字贸易规则制定,促进数字贸易发展

虽然中国数字贸易体量大,具备一定的市场规模优势,但目前中国与其他数字贸易强国相比,数字贸易的发展水平较低,综合竞争力较弱,特别是其在产业发展层面和技术支持层面相对落后,这导致了中国在相关国际规则制定中的话语权不大。从产业发展层面上看,中国的数字产品和数字服务主要是传统产业的数字化转型升级,尚未形成以优势企业为主导带动的整体数字贸易相关产业同步增长的发展态势,导致数字贸易中的各个领域不能均衡发展,存在相关企业在外部经营环境良好的情况下自身却缺乏高质量发展的矛盾,在产品和服务的质量方面还有很大的改善空间;从技术支持层面上看,目前中国数字领域内的应用基础研究还不够,核心技术、关键零部件以及系统软件等依赖进口,受制于人,因而中国在数字贸易发展中还存在一些不稳定因素,这迫使中国在全球数字贸易的发展中只能适应国际规则。

数字贸易是新时期科学技术创新的产物,中国应积极参与数字贸易规则制定和提高科技创新水平,掌握数字经济发展的主动权,这样更有利于推动制造业数字化的发展。"美式模板"和"欧式模板"为数字贸易规则的建设添砖加瓦,同时也指引着欧美国家数字贸易的未来发展方向。在数字贸易规则制定中,中国应根据自身经济发展特点和科学发展水平提出适合发展中国家的数字贸易规则,为中国及其他发展中国家的数字经济发展保驾护航。

2. 积极参与多边谈判,加强多边合作

多边的数字贸易规则谈判带来多边的数字经济合作和科学技术的交流,从而实现技术的进步。中国虽然在全球多边谈判过程中积极提出有关数字贸易规则制定的相关建议,但所呈现出的影响力甚微,在国际数字贸易规则制定上仍处于跟随的窘境。这导致中国常处于被动接受与适应国际数字贸易规则的处境,在将国内标准对接国际规则时缺乏足够动力,不利于数字贸易深入推进。

现阶段,美国主导的一系列双边与多边贸易协定已经初步形成数字贸易国际规则的雏形。对此,政府相关部门、行业协会应积极研判美国在数字贸易规则制定上的主张与战略意图,积极参加国际上有关数字贸易协定的谈判,并参与数字贸易规则制定;另外,在后续双边与多边贸易规则谈判与制定中,应力争加入中国所主张的相关数字贸易条款,抢占国际数字市场发展先机,为构建公平竞争的国际数字贸易环境贡献中国智慧。

未来,中国可以更多地参与并签订多边数字贸易协定,积极与经济和技术发达的国家合作,积极与太平洋沿岸国家合作,实现共同发展。只有实现前沿性和颠覆性技术的突破,才能在新一轮科技革命中参与规则的制定,取得先机。

3. 设计数字贸易规则"中国方案",构建高标准数字贸易规则

建立高标准的数字贸易规则是一个系统工程,需要有步骤地推进。近年来,中国积极投身建设数字贸易平台,参与国际贸易合作,推进高标准数字贸易规则的制定。

首先,依托 WTO《服务贸易总协定》中的规则,全面审核与修改当前既有的数字贸易法律法规,使其符合国际数字贸易规则要求,减少贸易中可能出现的争端。其次,针对中国数字贸易领域中的细分行业企业,如跨境电商、数字旅游、数字医疗等数字行业,尽快填补相关政策法规的空白。最后,建立数据使用与监管、数字贸易征信、电子交易等细分领域的配套规则,推动数字证书在跨境数字贸易中的国际互认,以保护交易过程中的知识产权、消费者隐私权与消费者权益等。

同时,需要特别注意与区域性组织建立多边的数字贸易规则体系,这将有效地提高区域数字贸易合作的效率。积极参与前沿的数字贸易规则谈判,维持甚至提升与贸易伙伴经济一体化的程度,避免被新的贸易规则边缘化。

10.3.2 构建统一的数字贸易法律法规体系

1. 完善数字贸易统计制度,扩大数据开放共享程度

美国等发达国家非常重视数字贸易的研究,尤其是通过相关数据做出分析,并及时对这些数据进行有效的维护、及时的更新。但是,在中国这项工作目前还没有被充分重视起来,所以要加强这方面的工作,尤其是在数字贸易的分类上,要以国际标准为依据,将责任落实到具体实际中,保障数据呈现出的状态是连续的,这样才能构建好系统性、权威性的数据库,以便在今后的贸易中能够根据这些数据做出更为精准的判断,以及进行更为有效的管理。

同时,要进一步促进数据的共享与开放,这就涉及政府部门数据以及个人与商业数据两个方面。新加坡在这两方面已为中国做出先进示范,通过"智慧国家 2025"计划的贯彻落实,不仅在电子政务、智慧交通、智慧医疗等方面取得了全球领先的成果,而且在网络安全策略方面也取得了骄人的成绩。从政府部门数据的角度来看,中国在电子政务内容建设方面已经取得了初步成效;从个人与商业数据的角度来看,中国要处理好个人数据保护与数据服务提供商使用数据之间的关系,规范企业数据共享和使用的行为。

2. 健全数字贸易领域的相关法律法规,做好风险防范工作

数字贸易产品和服务最突出的特点是通过数字技术加速了产品流转和经济流动,网络数据传播简化了传统贸易程序,提升了国际贸易交互效率。任何一种新兴业态模式的发展都需要法律的规范与监管,以防止系统性风险的发生与传递。在当下数字贸易法律法规尚未健全、法治环境极为重要的背景下,中国出台数字贸易的法律法规显得尤为迫切。

① 创立能够促进数字贸易良好发展的制度环境。具体在行政许可、商事登记制度和竞争法领域针对数字贸易自由发展的制度进行创新。数字贸易领域内的法律法规不仅要关注数字贸易保护,也要针对跨境贸易中存在的洗钱、欺诈等行为进行防御和阻止,这样才能在保证安全前提下有效地推进数字贸易发展。

② 构建能与国际接轨、弥补国内外差距的数字贸易规则体系。需要率先构建跨境平台经济、全口径统计、税收、贸易便利化及消费者保护等一系列制度,把短期风险和长期风险、局部风险和整体风险统筹嵌入数字贸易治理中,逐步形成符合 WTO 有关原则的标准体系,掌握全球数字贸易规则和标准制定的主动权,以应对各类歧视性条款。

③ 保障知识产权立法的健全,建立更加严格的知识产权保护体系。面对各种网络侵权行为和假冒行为要严惩不贷,同时要提高民事诉讼与执行程序的效率,确保执法过程的透明度,消除地方保护主义和贪污腐败等问题。

④ 继续提出中国主张,以代表绝大多数发展中国家的利益。为推进多边主义提供前置制度基础,遵循法治精神和维护多边贸易体系。

⑤ 建立对外贸易预警机制。外贸发展的无序竞争使中国部分出口企业对国际市场的了解甚微,无论是在当前还是在未来,贸易保护主义都是长期困扰中国出口贸易正常进行的堵点。因此,政府、行业协会应与企业加强有效联动,建立行之有效的应对各种贸易壁垒的预警机制,通过有效的信息搜索渠道,及时将进出口市场的变化信息提供给出口企业,使其及时应对,改变一些出口商品的出口方式和价格,避免遭遇频繁的贸易壁垒打压。

10.3.3　构建与数字贸易协同发展的产业集群

1. 推进数字经济与实体经济深度融合

作为一种贸易新业态,数字贸易与数字经济相伴相生,贯穿于产业、平台、生态、监管、制度等各个维度,推动了产业数字化转型,并且正加速与实体经济的深度融合。作为经济全球化背景下数字技术的重要应用,数字贸易已然成为数字技术赋能实体经济的重要突破方向。

加快产业现代化与数字化转型,打造高水平、国际化的数字产业集群,以培育数字贸易新模式、新业态,提升国际竞争力。一是增强数字技术与传统产业、服务贸易的融合能力。加快数字政府、智慧城市建设,积极推进工业互联网、智慧农业等的发展。同时,研发设计与服务贸易行业相关的信息技术,充分利用人工智能、大数据、区块链等数字技术提升数字贸易出口质量与水平。二是加快数字技术创新能力,积极培育数字贸易领域中的新模式、新业态。构建自主可控的数字化产业链、创新链、供应链生态系统,并加快数字贸易孵化基地建设,为中国数字技术创新能力提升打造环境基础。

2. 夯实数字贸易新业态的发展基础

随着信息技术的发展和数字贸易基础的建立,出现了越来越多的新业态、新模式,如数据交易、云外包、平台分包等。中国正尝试以自贸区为试点,加快数字贸易新型基础设施建设、发展数字贸易新业态、构建数字贸易新场景,进一步提升产品与服务的数字化水平,刺激消费需求的释放,为数字贸易发展夯实基础①。

一是充分发挥政府的宏观调控作用。相关部门应重点加大对高技术产业的扶植力度,不断发挥市场在资源配置中的决定性作用,提高资源配置效率。把握数字时代发展机遇,优化数字产业结构与布局,提高中国数字产业的国际竞争力。二是加快第三产业数字化转型。在较易转型的领域和环节优先开展数字化改造,从而带动整体产业数字化转型。三是完善数字产业基础政策。借鉴发达国家数字产业的转型经验,结合中国实际,加强数字领域的基础理论研究,制定数字产业发展规划,打造全方位、立体化的数字贸易新格局。

3. 紧跟时代潮流,推动数字技术产业的发展

一是关注新兴数字技术研发,加快新型信息基础设施建设。既要从加大对新技术的研

---

① POMFRET R. "Regionalism" and the global trade system[J]. The World Economy, 2021, 44(9): 2496-2514.

发力度入手,提升通信网络和算力基础设施的稳定程度,用信息基础设施建设为新型基础设施建设夯实基础;也要不断地将5G技术应用于智能交通、智慧能源等新型基础设施建设,促进科学技术和制造、交通、能源等多行业的融合发展,使得融合基础设施建设多元发展和全面发展。二是加快产业数字化升级,大力发展跨境电商、数字娱乐、在线教育、远程医疗等新兴业态,利用线上服务平台推进"上云用数赋智"行动,培育数字经济新业态、新模式。

10.3.4 构建与数字贸易同步发展的人才体系

1. 进一步提升中国教育发展和科技水平

高技术、高学历的人力资本是一个行业取得国际竞争力的重要源泉。首先,要提高高等教育入学率,为数字贸易的发展源源不断注入智力要素。大力发展教育,给在校生提供奖励,同时为他们提供更多的从业机会。其次,在发展教育的同时,要不断改进教育的弊端,防止学生为了学习而学习,盲目地攀比成绩,甚至进行突击学习和短暂的阶段性学习。在学习过程中,应该从实际问题出发,防止脱离现实的科研。探索跨学科联合培养的模式,密切联系数字贸易产业发展需要,做到"产学研"一体联合发展。通过科技投入转化平台的建立和完善,对科研成果与现实的对接加以鼓励。大力提升科研投入,鼓励自主创新,加强科技成果转化。

2. 加大人才培养力度

高端人才是数字贸易竞争力的重要影响因素,因此要着重培养数字领域中的人才,打造数字领域中的人才队伍。

① 完善人才制度设计。首先,政府可以设立人才激励机制,增加高端人才吸引力,引进一批数字技术研究人员和数字贸易领域中的高级管理人才,在引进高端人才之后注意留住人才,给予人才多方面的支持,解决高端人才的研究、开发工作的后顾之忧。其次,通过"揭榜挂帅"等方式鼓励数字技术人员进行重大项目的研究,给予研究人员较大的主动权,利用国家自然科学基金和社会科学基金等支持开展数字贸易理论和实践研究。

② 改革人才培养模式。整合社会教育资源,打造数字技术人才培养中心。在国际经济与贸易、国际商务专业上要增设与数字贸易相关内容的教学,结合数字贸易发展的要求创新人才培养模式,同时注重市场反馈。

③ 放宽限制,吸引国外优秀的数字技术人才,以满足国内需求。

中国应积极扩大对外开放,优化数字服务产业结构,加强数字基础设施建设,培养更多高水平人才,积极参与数字贸易规则建设,以提升中国在数字贸易领域的国际竞争力。

3. 积极储备推动企业数字化发展的人才

对于数字贸易企业的发展,人才要素是提升竞争力的根本。贸易数字化对企业的员工和管理人员的数字素养都提出了更高的要求。数字素养是指人们在数字化环境中获取、处理、传递信息的能力。它包括信息素养、计算思维、创新思维等多个方面。另外,由于数字贸易涉及多产业融合,因此需要企业具有更多复合型人才。第一,企业要加大数字贸易领域人才的培养力度,针对企业发展数字贸易的需要建立相关人才的培养和管理体系。第二,企业可以对现有的人力资源进行数字化理论知识和技能的培训,帮助企业内部员工提高数字素养,以满足数字化发展的需求。第三,企业可以与高校和研究机构进行合作,从而持续不断地得到数字化的复合型人才。

10.3.5　加快数字贸易基础设施建设

1. 积极参与数字基础设施高质量投资建设

数字贸易的核心竞争力在于数字基础设施,中国应积极参与数字基础设施高质量投资建设,充分发挥现有的数字技术和建设经验,鼓励、支持通信科技企业积极走进其他技术较为先进的国家;同时应加强数字科技创新,积极推动与其他国家在数字服务与农业、交通、能源、制造等领域的合作。一是加强对数字通信领域(如 5G、人工智能、大数据、云计算等)相应新型数字基础设施的建设,充分发挥中国新一代通信技术的比较优势。二是注重网络安全保障,构建完善的网络安全保障系统,为核心信息基础设施提供更安全的保护体系。

2. 推动数字贸易技术创新

习近平总书记在中共二十大报告中强调,必须坚持科技是第一生产力、创新是第一动力。技术创新是数字贸易发展的不竭动力,掌握技术创新就能掌握数字贸易发展的主动权。

① 突破数字贸易核心技术难关。关键核心技术是技术创新的关键,是经济发展的动力源泉。自美国芯片断供以来,中国的信息通信行业受到极大影响,进而影响数字贸易的发展速度。中国要突破关键技术难关,开发属于自己的核心技术,打破技术壁垒。

② 将区块链技术纳入数字贸易框架中。区块链技术的去中心化、高透明度、可追溯性和难伪造等特点为数字贸易的发展提供新的技术支持。应用区块链技术将进一步降低数字贸易的交易成本,促进数字贸易资源共享。搭建贸易金融区块链平台,促进金融、贸易、信息等资源融合发展,为数字贸易发展提供高质量安全的平台保障。

③ 推进 5G 技术应用。5G 技术具有传输速率高、能耗低、容量大等特点,为数字贸易提供了更多发展机会和应用场景。站在区域高度部署 5G 网络,建设城市网络和数据中心,保障各地分部网络建设达标,尽快建设 5G 产业集群,产生规模经济优势,降低 5G 网络使用的边际成本。在应用层面,实现 5G 技术与工业融合发展,开展"5G+工业互联网"项目,并积极推动 5G 应用到与工业相关的产业中,提高 5G 技术与工业全产业链共同发展的水平。在技术层面,政府对 5G 技术的政策保障机制要到位,比如增加对 5G 技术开发和创新的投入,建立 5G 技术开发与创新基金;银行放宽贷款条件和增加贷款金额。在管理层面,要加强 5G 安全管理,完善安全保障机制,尤其是要加强数据安全的管理,增强危机事件处理能力。

3. 建成新型数字贸易基础设施

新型数字贸易基础设施要体现智能化、数字化特点,因此要做到两点:一是对信息系统等基础设施进行统一规划、统一建设;二是实施网络升级,促进网络智能化改造。

① 扶持数字服务贸易产业发展。数字服务贸易是数字贸易的主体,是未来增长潜力最大的领域。为了壮大数字服务贸易产业实力,政府出台政策,鼓励引进信息技术和数字服务等领域的优质企业,扶持重点企业并向其提供研发创新支持。在区域层面,要加强联动,形成产业深度合作的良好局面,建设区域产业集群。

② 促进数据跨域流动。数字贸易的发展离不开数据,数据流动推动数字贸易的发展和创新。建设数字贸易数据交流平台,形成数据交流圈,提高资源配置效率,降低交易成本。推动数据安全技术发展,鼓励高校、企业和政府三方合作,共同开发数据安全新技术。实施行业数据分级分类保护,对重点行业、重点数据实施最高级别保护,但要注意数据的流通性,防止形成数据壁垒。

③ 营造良好的数字贸易生态环境。搭建数字贸易公共服务平台,构建"共性技术支撑平台""数据资源交易合作平台""跨境数字贸易营销平台""数字贸易应用场景展示平台""大数据分析应用平台"等五大数字贸易公共服务子平台,提升数字贸易公共服务效率。优化数字营商环境,构建数字营商环境评估体系,打造公平、公正、互通有无的良好环境。政府要引导和鼓励数字服务企业积极上市,保险公司要加快金融产品创新和拓展与数字贸易相关的新业务。

本章关键词

平台创新　平台型技术创新体系　数字素养

本章思考题

1. 为什么要推动数字贸易开放发展与合作?
2. 从主要国家的贸易协定来看,未来的全球数字贸易有哪几个显著的发展趋势?
3. 中国是仅次于美国的第二大经济体、电子商务第一大国,为何中国的数字技术,尤其是关键技术仍存在短板?
4. 简述中国数字贸易所面临的机遇与挑战。
5. 简述数字贸易规则制定应努力的方向。

参 考 文 献

[1] 刘多.《全球数字经济新图景(2020年)——大变局下的可持续发展新动能》解读[J]. 互联网天地,2020(10):8-15.

[2] 鼎韬产业研究院. 数字贸易背后的产业逻辑——数字技术对服务贸易的核心影响(上)[R]. 2023.

[3] THOMPSON D, BREWER J, BRANDT F, et al. Dynamic network for digital resource allocation [J]. Instrumentation in the Pulp and Paper Industry, Proceedings,1980,2(5):3.

[4] 马库姆,贾贵仁. 数字领域的保护工作[J]. 缩微技术,1998(3):35-41.

[5] 许绥文. 漫笔之四:数字资源的创建——SGML与元数据[J]. 北京图书馆馆刊,1999(1):41-44.

[6] 丘东江. 图书馆学情报学大辞典[M]. 北京:海洋出版社,2013.

[7] BERNARD A B, WAGNER J. Export entry and exit by German firms[J]. Weltwirtscha Ftliches Archiv,2001,137(1):105-123.

[8] BERNARD A B, JENSEN J B, LAWRENCE R Z. Exporters, jobs, and wages in U. S. manufacturing:1976-1987[J]. Brookings Papers on Economic Activity. Microeconomics,1995:67-119.

[9] BRODA C, GREENFIELD J, WEINSTEIN D E. From groundnuts to globalization: a structural estimate of trade and growth[J]. Research in Economics,2017,71(4):759-783.

[10] Carl S, Hal R. Information rules:a strategic guide to the network economy[M]. Harvard Business Review Press,1998.

[11] SHAPIRO C, VARIAN H R. The art of standards wars[J]. California Management Review,1999,41(2):8-32.

[12] CLERIDES S K, LACH S, TYBOUT J R. Is learning by exporting important? Micro-dynamic evidence from Colombia, Mexico, and Morocco[J]. The Quarterly Journal of Economics,1998,113(3):903-947.

[13] EATON J, KORTUM S, KRAMARZ F. An anatomy of international trade: evidence from French firms[J]. Econometrica,2011,79(5):1453-1498.

[14] MAREL E. Sources of comparative advantage in data-related services[J]. RSCAS

Working Papers,2020.

[15] GUELLEC D,PAUNOV C. Digital innovation and the distribution of income[M]// Measuring and Accounting for Innovation in the Twenty-First Century. University of Chicago Press,2021:323-370.

[16] GUPTA J,VEGELIN C. Sustainable development goals and inclusive development[J]. International Environmental Agreements: Politics, Law and Economics,2016,16(3):433-448.

[17] LILEEVA A,TREFLER D. Improved access to foreign markets raises plant-level productivity for some plants[J]. The Quarterly Journal of Economics,2010,125(3):1051-1099.

[18] LENDLE A,OLARREAGA M,SCHROPP S,et al. There goes gravity: eBay and the death of distance[J]. The Economic Journal,2016,126(591):406-441.

[19] ROCHET J C,TIROLE J. Platform competition in two-sided markets[J]. Journal of the European Economic Association,2003,1(4):990-1029.

[20] 顾言慧,刘俊舟.长尾企业关系营销中顾客关系的探讨[J].电子商务,2008(1):48-51.

[21] 郝宇彪,刘江汇.贸易博览会对中国贸易发展的影响机制分析——基于平台经济理论视角[J].社会科学,2019(8):46-56.

[22] 安德森.长尾理论[M].乔江涛,译.北京:中信出版社,2006:10-12.

[23] 李允尧,刘海运,黄少坚.平台经济理论研究动态[J].经济学动态,2013(7):123-129.

[24] 林毅夫.比较优势运用与我国信息产业发展[J].上海经济研究,2000(9):8-12,17.

[25] 刘典.推动中国数字内容贸易繁荣发展:进展、挑战与路径分析[J].经济与社会发展,2022,20(1):1-13.

[26] 刘杰.发达经济体数字贸易发展趋势及我国发展路径研究[J].国际贸易,2022(3):28-36.

[27] 李惠娟,任政亮,代丹丹.国内国际双循环格局、创新能力与中国数字贸易高质量发展——企业微观层面的检验[J].现代财经(天津财经大学学报),2022(10):56-72.

[28] 马述忠,濮方清,潘钢健.数字贸易的中国话语体系构建——基于标识性概念界定的探索[J].新文科教育研究,2023(1):22-44,141.

[29] 牛志伟,邹昭晞.比较优势动态转换与产业升级——基于中国制造业发展指标的国际比较[J].改革,2020(2):71-88.

[30] 彭剑波,覃亦欣.中国文化服务贸易的现状、问题及对策[J].辽宁经济,2020(1):43-45.

[31] 盛斌,高疆.超越传统贸易:数字贸易的内涵、特征与影响[J].国外社会科学,2020(4):18-32.

[32] 速水佑次郎,拉坦.农业发展的国际分析[M].郭熙保,张进铭,等译.北京:中国社会科学出版社,2000.

[33] 王思语,张开翼,郑乐凯.我国自由贸易试验区数字贸易禀赋与提升路径研究[J].

上海经济,2020(5):22-36.
[34] 许小年.商业的本质和互联网[M].2版.北京:机械工业出版社,2023.
[35] 赵放,李季.中日双边产业内贸易及影响因素实证研究[J].世界经济研究,2010(10):35-40,50.
[36] 徐欣,夏芸.中国企业出口具有学习效应吗?——来自"英国脱欧"自然实验的新证据[J].科学学研究,2022(1):69-80.
[37] 张文博,王健,谢彬彬.基于规则的数字贸易平台经济运行管控的规则制定与机制研究[C]//数据社会与数字经济暨"一带一路"合作国际学术会议论文集.2022.
[38] 张宇,蒋殿春.数字经济下的国际贸易:理论反思与展望[J].天津社会科学,2021,238(3):84-92.
[39] 鼎韬产业研究院.全球化4.0:数字贸易时代的到来[R].2021.
[40] 张大卫.扩大制度型开放促进数字贸易高质量发展[J].全球化,2023(5):19-26.
[41] 全球数字贸易白皮书[R].2021.
[42] 洪银兴.基于完善要素市场化配置的市场监管[J].江苏行政学院学报,2018(2):47-56.
[43] 浙江大学中国数字贸易研究院、阿里巴巴(中国)网络技术有限公司.数字经济时代中国中小企业跨境电商白皮书[R].2019.
[44] 沈玉良.上海率先构建全球数字贸易平台研究[J].科学发展,2019(7):33-41.
[45] 周广澜,王健.基于eWTP的数字贸易探索与实践[J].对外经贸实务,2021(3):7-10.
[46] 孙琪.我国跨境电商发展现状与前景分析[J].商业经济研究,2020(1):113-115.
[47] 洪银兴.基于完善要素市场化配置的市场监管[J],江苏行政学院学报,2018(2):47-56.
[48] 数字经济时代中国中小企业跨境电商白皮书[EB/OL].[2024-08-06].https://supplier.alibaba.com/content/detail/1328737.htm.
[49] 沈玉良.上海率先构建全球数字贸易平台研究[J].科学发展,2019(7):33-41.
[50] 周广澜,王健.基于eWTP的数字贸易探索与实践[J].对外经贸实务,2021(3):7-10.
[51] 孙琪.我国跨境电商发展现状与前景分析[J].商业经济研究,2020(1):113-115.
[52] 董星辰."双循环"背景下中小企业数字贸易发展研究[J].企业科技与发展,2021(8):16-18.
[53] 熊励,孙怡,许肇然,等.上海率先构建全球数字贸易平台研究[J].科学发展,2019(12):31-41.
[54] 马述忠,濮方清,潘钢键,等.数字贸易学[M].北京:高等教育出版社,2022:91-103.
[55] 张群,周丹,吴石磊.我国数字贸易发展的态势、问题及对策研究[J].经济纵横,2020(2):106-112.
[56] 刘杰.发达经济体数字贸易发展趋势及我国发展路径研究[J].国际贸易,2022(3):28-36.
[57] 张俊娥.数字贸易重塑全球价值链的创新举措探讨[J].新疆社会科学(汉文版),2021(3):48-59.
[58] 李扬子,杨秀云,高拴平.后疫情时代数字贸易发展新趋势、困境及中国对策[J].国际

贸易,2022(11):57-63.

[59] 杨继军,艾玮炜,范兆娟.数字经济赋能全球产业链供应链分工的场景、治理与应对[J].中国社会科学文摘,2023(3):81-83.

[60] 曹宗平,黄海阳.中国数字贸易发展的协同关系与路径探索[J].华南师范大学学报(社会科学版),2022(1):130-140.

[61] 濮方清,马述忠.数字贸易中的消费者:角色、行为与权益[J].上海商学院学报,2022(1):15-30.

[62] 夏杰长,肖宇.数字娱乐消费发展趋势及其未来取向[J].改革,2019(12):56-64.

[63] 李晓华.数字经济新特征与数字经济新动能的形成机制[J].改革,2019(11):40-51.

[64] 刘洪愧.数字贸易发展的经济效应与推进方略[J].改革,2020(3):40-52.

[65] AZMEH S, FOSTER C, ECHAVARRI J. The International trade regime and the quest for free digital trade[J]. International Studies Review,2020,22(3):671-692.

[66] 黄志雄.网络主权论:法理、政策与实践[M].北京:社会科学文献出版社,2017.

[67] 苏珊·阿里尔·阿伦森.数字贸易失衡及其对互联网治理的影响[J].信息安全与通信保密,2017(2):63-69.

[68] 何波.俄罗斯跨境数据流动立法规则与执法实践[J].大数据,2016,2(6):129-134.

[69] MELTZER J P. Cybersecurity, digital trade, and data flows:re-thinking a role for international trade rules[J]. Global Economy & Development WP,2020:132.

[70] 朱雪婷,王宏伟.全球数字贸易规则博弈态势与焦点[J].技术经济,2022,41(4):86-93.

[71] 彭磊,姜悦.数字贸易规则本质与中国数字贸易规则体系构建研究[J].国际贸易,2022(9):71-78.

[72] 李墨丝.超大型自由贸易协定中数字贸易规则及谈判的新趋势[J].上海师范大学学报(哲学社会科学版),2017(1):100-107.

[73] 李墨丝.CPTPP+数字贸易规则、影响及对策[J].国际经贸探索,2020,36(12):20-32.

[74] 杜冰清.自由贸易协定中的数字贸易规则研究[J].中国商论,2023(1):50-52.

[75] 盛斌.构建中国特色开放型经济学理论体系:从发展自信到理论自信[J].世界经济研究,2022(12):16-19.

[76] WEBER R H. Digital trade in WTO-law - taking stock and looking ahead[J]. Asian Journal of WTO & International Health Law and Policy,2010(1):1-24.

[77] ANDERSON J E, VAN WINCOOP E. Gravity with gravitas:a solution to the border puzzle[J]. American Economic Review,2003,93(1):170-192.

[78] 王瀚迪,袁逸铭.数字经济、目的国搜寻成本和企业出口产品质量[J].国际经贸探索,2022(1):4-20.

[79] 钞小静,薛志欣,孙艺鸣.新型数字基础设施如何影响对外贸易升级——来自中国地级及以上城市的经验证据[J].经济科学,2020(3):46-59.

[80] 陈颖,高宇宁.数字贸易开放的战略选择——基于美欧中印的比较分析[J].国际贸易,2022(5):49-55.

[81] 李玉昊.RTAs框架下美式数字知识产权规则及其数字贸易效应研究[D].北京:对外经济贸易大学,2021.

[82] 范鑫.数字经济发展、国际贸易效率与贸易不确定性[J].财贸经济,2020,41(8):145-160.

[83] 白洁,张达,王悦.数字贸易规则的演进与中国应对[J].亚太经济,2021(5):53-61.

[84] 陈寰琦.国际数字贸易规则博弈背景下的融合趋向——基于中国、美国和欧盟的视角[J].国际商务研究,2022(3):85-95.

[85] 程斌琪,李杨.后疫情时代WTO电子商务议题谈判前景[J].国际经济合作,2021(3):15-24.

[86] 杜冰清.自由贸易协定中的数字贸易规则研究[J].中国商论,2023(1):50-52.

[87] 段平方,候淑娟.基于美式模板和欧式模板下中国数字贸易规则体系的构建[J].南华大学学报(社会科学版),2019,20(5):51-59.

[88] 国务院发展研究中心对外经济研究部,中国信息通信研究院.数字贸易发展与合作报告2021[M].北京:中国发展出版社,2021.

[89] 何枭吟.美国数字经济研究[D].长春:吉林大学,2005.

[90] 贺小勇,高建树.数字贸易国际造法的共识、分歧与因应[J].学术论坛,2022(4):93-104.

[91] 柯静.WTO电子商务谈判与全球数字贸易规则走向[J].国际展望,2020,12(3):43-62,154-155.

[92] 李墨丝.WTO电子商务规则谈判:进展、分歧与进路[J].武大国际法评论,2020(6):55-77.

[93] 刘晨哲,宾建成.数字贸易国际规则的新进展[EB/OL].(2021-08-11)[2024-08-06].https://epaper.csstoday.net/epaper/read.do?m=i&iid=6100&eid=41942&sid=193228.

[94] 马述忠,孙睿,熊立春.数字贸易背景下新一轮电子商务谈判的中国方案:机制与策略[J].华南师范大学学报(社会科学版),2022(1):104-115.

[95] 盛斌,陈丽雪.多边贸易框架下的数字规则:进展、共识与分歧[J].国外社会科学,2022(4):93-110,198.

[96] 石静霞.数字经济背景下的WTO电子商务诸边谈判:最新发展及焦点问题[J].东方法学,2020(2):170-184.

[97] 汤霞.数据安全与开放之间:数字贸易国际规则构建的中国方案[J].政治与法律,2021(12):26-38.

[98] 徐程锦.WTO电子商务规则谈判与中国的应对方案[J].国际经济评论,2020(3):29-57.

[99] 徐德顺,马凡慧.基于RTA研究全球数字贸易规则演进特点与中国方略[J].对外经贸实务,2021(4):4-9.

[100] 杨慧瀛,叶君瑶.美式数字贸易规则的演进及对中国的启示[J].商业经济,2022(10):73-76.

[101] 杨莉.数字贸易国际规则构建的中国方案——基于中国区域贸易协定框架下数字贸

易条款的演进特点解析[J]. 价格理论与实践,2022(10):200-203,215.

[102] 于鹏. WTO电子商务规则谈判新进展及前景[J]. 中国经贸导刊,2019(22):19-22.

[103] 岳云嵩,霍鹏. WTO电子商务谈判与数字贸易规则博弈[J]. 国际商务研究,2021,42(1):73-85.

[104] 张俊娥,董晓红. 从USMCA看中美数字贸易规则领域的分歧及中国应对策略[J]. 对外经贸实务,2021(2):42-45.

[105] 张茉楠,周念利. 数字贸易对全球多边贸易规则体系的挑战、趋势及中国对策[J]. 全球化,2019(6):32-46,135.

[106] 张锐,钱霖亮. 电商外交:概念界定与中国实践[J]. 国际关系研究,2020(6):20-40,152,153.

[107] 张英,马如宇. 中国与"一带一路"沿线国家"丝路电商"建设的路径选择[J]. 对外经贸实务,2019(12):19-22.

[108] 赵宏瑞,李树明,张春雷,等. 在WTO全球电子商务谈判中分享中国《电子商务法》经验:基于后疫情时代背景[J]. 北京航空航天大学学报(社会科学版),2021(4):39-49.

[109] 中国信通院. 全球数字经贸规则年度观察报告(2022年)[M]. 北京:中国出版社,2022.

[110] 周念利,陈寰琦. 数字贸易规则"欧式模板"的典型特征及发展趋向[J]. 国际经贸探索,2018,34(3):96-106.

[111] 朱福林. 全球高标准RTAs数字贸易规则演进与中国因应[J]. 学术论坛,2022,45(5):93-105.

[112] Meltzer J P. A new digital trade agenda. Strengthening the global trade and investment [J]. The E15 Initiative (ICTSD),2015(11):1-22.

[113] KHAN A,JILLANI M A H S,HAMMAD A A A,et al. Plurilateral negotiation of WTO e-commerce in the context of digital economy:recent issues and developments[J]. Journal of Law and Political Sciences,2021(26):28-54.

[114] BURRI M. A WTO agreement on electronic commerce:an inquiry into its legal substance and viability [J]. Georgetown Journal of International Law,2022(53):565.

[115] ABENDIN S,DUAN P F. Global e-commerce talks at the WTO:positions on selected issues of the United States,European Union,China,and Japan[J]. World Trade Review,2021,20(5):707-724.

[116] AARONSON S A. The digital trade imbalance and its implications for internet govern-ance[J]. Global Commission on Internet Governance,2016(25):1-40.

[117] Yasmin Ismail. Cooperation,capacity building,and implementation considerations of developing countries in the e-commerce joint statement initiative [R]. IISD,2022.

[118] Yasmin Ismail. e-commerce in the world trade organization:history and latest developments in t-he negotiations under the joint statement[R]. IISD,2020.

[119] Yasmin Ismail. E-commerce joint statement initiative negotiations among world trade organization members: state of play and the impacts of COVID-19[R]. IISD,2021.

[120] BACCHETTA M,GENEVA W T O,LOW P,et al. Electronic commerce and the role of the WTO[J]. WTO Special Studies,1998,2(3):696-711.

[121] Wunsch-Vincent S. The digital trade agenda of the U. S.: Parallel tracks of bilateral, regional and multilateral liberalization[J]. Aussenwirtschaft,2003,58(3):327-330.

[122] VALOVIC T. A framework for global electronic commerce: an executive summary[J]. Telecommunications,1997,31(9):35-36,40.

[123] MAGAZINER I C,CUTTER A G,COSTA L A. The framework for global electronic commerce: a policy perspective[J]. Journal of International Affairs,1998,51(2):527-538.

[124] 徐奇渊,赵海. 从全球化三个阶段来理解中美博弈的演进逻辑[EB/OL]. (2020-01-20). http://chinawto.mofcom.gov.cn/article/br/bs/202001/20200102931968.shtml.

[125] FEFER R F,AKHTAR S I,MORRISON W M. Digital trade and US trade policy[J]. Current Politics and Economics of the United States, Canada and Mexico, 2017,19(1):1-52.

[126] US International Trade Commission. Digital trade in the US and global economies, part 2[J]. Washington: US International Trade Commission, 2014.

[127] USITC. Global digital trade 1: market opportunities and key foreign trade restrictions[EB/OL]. (2021-11-24). http://www.usitc.gov/publications.

[128] USTR Office. 2017 trade policy agenda and 2016 annual report[R]. 2017.

[129] 杨筱敏. 美国数字贸易规则和措施新动向[EB/OL]. https://www.sohu.com/2017.

[130] 陈寰琦,周念利. 从 USMCA 看美国数字贸易规则核心诉求及与中国的分歧[J]. 国际经贸探索,2019,35(6):104-114.